C·H·Beck
PAPERBACK

Vertreibung und Vernichtung, aber auch Selbstbehauptung und Freiheitskampf durchziehen die dreitausendjährige Geschichte der Armenier. Dieses Buch gibt umfassend Auskunft über das hierzulande kaum bekannte Schicksal des ältesten christlichen Staatsvolkes, seine faszinierende Kultur sowie aktuellste Gegenwartsprobleme in seiner postsowjetischen Heimat zwischen Ararat und Kaukasus.

Tessa Hofmann arbeitet als Soziologin am Osteuropa-Institut der Freien Universität Berlin. Sie hat zahlreiche Publikationen zur Kultur und Geschichte Armeniens vorgelegt.

TESSA HOFMANN

Annäherung an Armenien

Geschichte und Gegenwart

C. H. BECK

Mit 15 Abbildungen

Die 1. Auflage dieses Buches erschien 1997.
2., aktualisierte und ergänzte Auflage. 2006

Originalausgabe

Unveränderter Nachdruck
3. Auflage. 2018
© Verlag C. H. Beck oHG, München 1997
Satz: Druckerei C. H. Beck, Nördlingen
Druck und Bindung: Beltz Grafische Betriebe GmbH,
Bad Langensalza
Umschlagentwurf: malsyteufel, Willich
Umschlagabbildung: Das Kloster Chorwirap vor dem Berg Ararat
(Foto: Gerayer Koutcharian)
Printed in Germany
ISBN 978 3 406 72996 6

www.chbeck.de

Inhalt

I. Hajastan: Land der Armenier 7

II. Armenische Geschichte zwischen Bedrohung und
Behauptung 14
Ur- und Frühgeschichte 14
Hajassa, Nairi und Urartu:
Erste Staaten, frühe Größe 15
Urartus Erben 23
Zwischen Rom und dem Iran:
Vom 6. Jahrhundert v. Chr. bis 428 26
Der lange Kampf um Freiheit (I): Gegen Perser,
Byzantiner, Araber und eigene Unterdrücker 34
Zwischen Arabern, Byzantinern und Seldschuken:
Die Zeit der Königreiche (885–1065) 42
Renaissance und blutige Zwischenspiele: Georgier,
Mongolen und Turkmenen 45
Im Schutz der Kreuzzüge: Das kilikische Reich der
Rubeniden 48
Die lange Nacht: Unter der Herrschaft der Safawiden und Osmanen 53
Der lange Kampf um Freiheit (II): Russisches Intermezzo 62
Druckereien und Schulen: Im Zeichen der
Aufklärung und nationalen Erweckung 66
Unter der Herrschaft der Zaren: Ostarmenien von
1828 bis zum Ersten Weltkrieg 70
Der lange Kampf um Freiheit (III): Zwischen
Reform, Revolution und Reaktion 79
Der Völkermord: 1915 und 1916 94
Schuld, Sühne, Vergeltung, Verleugnung: Vergangenheitsbewältigung 107

Entstehung und Untergang der ersten Republik
   Armenien: 1918–1920..................... 118
Unter sowjetischer Herrschaft: 1921–1991 127
Kleiner Staat mit großen Problemen:
   Die zweite Republik Armenien............... 143
Nicht anerkannt, doch existent: Die Republik Berg-
   Karabach 167

III. Armenien, seine Diaspora und seine Minderheiten   183

   Geworg Emin: Wir 205

IV. Armenische Kultur: Ein Überblick 209

   Religion und Kirche 209
   Sprache und Schrift 217
   Anderthalb Jahrtausende armenischer Literatur 219
   Die Buchmalerei 228
   Die Baukunst 233

Anhang

Grunddaten der armenischen Geschichte 245
Zum Nach- und Weiterlesen...................... 250
Abbildungsnachweis 256
Glossar 257
Register...................................... 258

I. Hajastan: Land der Armenier

Hajastan, Heimat der Menschen, die sich Nachfahren *Hajks* nennen, eines mythischen Stammvaters. Land der kahlen, rauhen Gebirge, über die dunkle Wolkenschatten gleich Herden still dahingleiten, im steten Wechsel begriffene Natur. Land der grünen Gebirgsmatten, der weiten Hochebenen und vertikal gestaffelter Landschaften. Kräftige Braun-, Ocker- und Orangetöne im Vordergrund, dahinter eine Palette von Rosa, Blau und Violett, wie sie das einzigartige Zusammenspiel von Höhe, Sonnen- und Lichteinfall an jedem Nachmittag erzeugt. Hajastan: Die Klage des Herbstwinds im gelben Laub der alten Pappel, am Ufer eines schnell über sein Geröllbett eilenden, eiskalten Flusses. Flinke Eidechsen, die in der Mittagsglut über die jahrhundertealten Tuffsteinmauern einer Klosterruine huschen. Ein einsam über der Schlucht kreisendes Adlerpaar. Hajastan: Nirgends lieblich, oft bedrückend, in seinem gleißendsten Licht noch düster wie die skeptisch gerunzelten, schwarzen Brauen seiner Einwohner, fast immer dramatisch und meist gewaltig, in der Schönheit wie im Entsetzen über die Ausmaße seines Leids. Land der Dunkelheit und des Todes, wie es einer seiner größten Dichter genannt hat.

Mit den Mitteln der Dichtung und darstellenden Kunst ist Hajastan genauer zu fassen als mit denen der exakten Wissenschaft. Denn im Verlauf seiner über dreitausendjährigen Geschichte wurden ihm immer engere Grenzen gezogen. Immerhin war Europäern und Nordamerikanern zu Beginn des 20. Jahrhunderts noch der Begriff *Armenisches Hochland* geläufig. Darunter verstand man ein riesiges Gebiet von 316 000 Quadratkilometern, das sich zwischen den benachbarten Hochländern des Iran und Kleinasiens erstreckte, im Norden begrenzt durch die Kurasenke sowie den Kleinen Kaukasus, im Süden durch die mesopotamische Tiefebene und den

Armenischen Taurus. Das Hochland gliederten von Nordosten nach Südwesten aufgefaltete Gebirgsketten, die mit einer Durchschnittshöhe von 1700 Metern Armenien zu einer „Berginsel" machten, wie der deutsche Geograph Carl Ritter (1779–1859) diesen höchsten Teil Vorderasiens zutreffend nannte.

Armeniens Berge bilden erdgeschichtlich junge Formationen, die am Ende des Tertiärs, meist sogar erst im Quartär, durch starke tektonische Bewegungen und anschließende Erosionsprozesse entstanden. Menschliche Eingriffe, vor allem Rodungen sowie Schaf- und Ziegenhaltung, verwandelten das einst über weite Strecken bewaldete Hochland in eine Steppenlandschaft. Die Gebirgszüge bewirkten zudem eine starke Sonderung in zahlreiche Einzelregionen. Selbst auf dem kleinen Territorium der heutigen Republik Armenien läßt sich diese Vielfalt unterschiedlicher Landschaftsformen schon bei wenigen Ausflügen buchstäblich erfahren, etwa in die historische Provinz Schirak, im Mittelalter das bedeutendste mehrerer de facto unabhängiger Königreiche. Die für Armeniens Entwicklung wichtigsten Kulturoasen lagen im Wan-Becken sowie in der Senke zwischen den erloschenen Vulkanriesen Aragaz (4098 Meter) und Ararat. Hier befindet sich Jerewan, seit 1918 Hauptstadt der kleinen Republik, wo etwa die Hälfte ihrer Einwohner lebt. Überragt vom schneebedeckten stumpfen Kegel des Großen sowie dem reinen Konus des Kleinen Ararat (5165 bzw. 3925 Meter), bildet die Araratebene eine landschaftlich wenig spektakuläre, dafür kulturell seit der Urzeit besonders reiche Region.

Im Armenischen heißt der Große Ararat noch immer *Massis*, eine Zusammensetzung aus Ma (Mutter, Haupt) und Sis (Berg), also „Mutter" oder „Göttin der Berge", denn Ma nannten die kleinasiatischen Völker die Stammutter der Götter, als deren Wohnsitz ihnen der höchste Berg galt. Nach dem biblischen Schöpfungsmythos landete Noahs Arche „auf dem Gebirge Ararat" (Genesis 8,4). Damit war freilich nicht der *Massis* gemeint, sondern Urartu, wie die Assyrer das altorientalische Reich am Wan-See nannten. Durch falsche Vokalisation assyrischer Keilschrifttexte wurde im Hebräischen aus Urartu

„das Land Ararat", das Christen später mit dem majestätischsten Berg Armeniens gleichsetzten. Bis in die Neuzeit galt der armenischen Kirche seine Besteigung als Frevel. Erst im Zuge der Aufklärung kam es 1829 zur ersten überlieferten Besteigung durch einen Europäer, den deutschen Gelehrten Friedrich Parrot von der Universität Dorpat (heute Tartu/Estland). Der dreitägige, nicht allzu schwierige Aufstieg zum Ararat wird durch eine grandiose Rundsicht bis zum Schwarzen und Kaspischen Meer belohnt, sie macht nachvollziehbar, warum der Ararat in alten Landkarten als Mittelpunkt der Welt erscheint. Selbst im Dunklen erweckt der Berg Ehrfurcht, wenn sein markanter Schattenriß, schwärzer als die Nacht, über der Ebene aufragt. Erblicken die Bewohner der Großstadt Jerewan morgens sein gewaltiges Schneehaupt, nehmen sie es als gutes Omen für den beginnenden Tag, manche ein wenig seufzend, denn seit 1921, als ihn Sowjetrußland an die Türkei abtrat, ist ihr *Massis* „in Gefangenschaft". Die Türken nennen den Ararat Ağrı Dağı („Berg der Wehen", „Berg der Schmerzen").

Gebirge begrenzen die Ararat-Ebene nach Südosten und Norden. Felsige Flußtäler in der historischen Region Wajk führen in das zerklüftete Sangesur, dessen Hochebene ein tiefer Canyon durchschneidet. Die nord- und südöstlichen Ränder des heutigen armenischen Siedlungsraums bieten Laubwaldreste, oft allerdings nur noch als Buschwald.

Dem Hochland entspringen zahlreiche Flüsse sowie die Ströme Euphrat, Tigris, Kura und Arax, den christliche Spekulation mit dem biblischen Gihon gleichsetzte. Das verlorene Paradies wurde im Quellgebiet von Euphrat, Tigris, Arax-Gihon sowie des Rioni-Phison vermutet, dem Hauptstrom des antiken westgeorgischen Reiches Kolchis. Drei große Binnenseen, im Armenischen „Meere" genannt, bilden wichtige Landmarken des Hochlandes: Der Urmia-See (arm. Kaputan) im Iran, mit 4680 Quadratkilometern der größte, markierte einst die Grenze zwischen armenischem und iranischem Siedlungsgebiet. Der ebenso wie der Urmia-See alkalihaltige Wan-See (altarm. Tosp, 3765 Quadratkilometer) ist einer der vielen Salzseen Kleinasiens. In seinem Nordwesten ragt der Sipan auf, mit 4434 Metern der zweithöchste Berg des Armenischen Hochlandes, im Westen der sagenumwobene Nimrud (3050 Meter), nicht zu verwechseln mit dem gleichnamigen Gipfel des Ankar-Berges in Kommagene. Beide tragen den Namen eines mythischen Jägers, der nach armenischem Glauben aus Babylon stammte und im Krater des Nimrud-Berges haust. Der fischreiche Süßwassersee Sewan (auch: Geram-See), „Armeniens blaue Perle", bildet auf fast 2000 Metern Höhe und mit 1416 Quadratkilometern den größten Hochgebirgssee der Welt.

Trotz seiner Flüsse und Seen ist Armenien in weiten Regionen ein wasserarmes Land, zumal viele Bäche und Flüsse im Sommer fast versiegen. Das Klima ist niederschlagsarm und extrem kontinental: Kurzen, doch bitterkalten Wintern folgen lange, heiße Sommer. Zu den klimatischen Unbilden kommt, mit Ausnahme einiger fruchtbarer Ebenen wie die von Karin (Erzurum), Musch (Muş) und Schirak, ein ertragsarmer, oft steinübersäter Boden, dessen Kargheit die Redensart „Hajastan – karastan" (Armenien, ein Steinland) umschreibt. Um die Nachteile des „Steinreichtums" und der sommerlichen Wasserknappheit auszugleichen, wurden bereits im dritten vorchristlichen Jahrtausend künstliche Bewässerungssysteme angelegt. Reich gesegnet ist das Hochland dagegen mit Bodenschätzen: Gold, Silber, Blei, Eisen, Zink und vor allem Kupfer machten es seit dem dritten Jahrtausend v. Chr. zu einem frühen Zentrum der Metallverhüttung und -verarbeitung, deren Meisterschaft noch von Autoren der griechisch-römischen Antike hervorgehoben wurde. Im Mittelalter wurde Kupfererz in Balk, dem heutigen Rapan, und Taschirk (Lori) verhüttet, Eisenerz in Ardsnik südlich des Wan-Sees. Die Silber- und Goldschmiedekunst ist seit alters hochentwickelt, besonders berühmt waren die Silberjuweliere aus dem Gebiet von Wan.

Die Armenier nannten ihr Hochland *Bardsr Hajk* (Hocharmenien), die Römer *Armenia maior*, das „Größere Armenien", an das westlich des Euphrat bis zum *Gajl get* (Wolfsfluß, griech. Halys, türk. Kızıl Irmak) das „kleinere Armenien" anschloß. *Armenia minor* umfaßte fast 100000 Quadratkilometer sowie die uralten Städte Sebastia (Sivas), Cäsarea (Kayseri) und Melitene (Malatya). Es wird in der Armenien-Literatur oft mit Kilikien oder „Neu-Armenien" verwechselt, einem 50 000 Quadratkilometer großen Landstrich zwischen dem Taurus, Anti-Taurus und Amanos-Gebirge. Die Region gliedert sich in das gebirgige Oberkilikien sowie das nur 150 bis 200 Meter über dem Meeresspiegel gelegene Unterkilikien, die fruchtbarste Region Kleinasiens. In diesem klimatisch geschützten Landstrich gedeihen außer Zitrusfrüchten auch Baumwolle, Sesam und Ölbäume.

Die Begriffe „Ost"- und „Westarmenien" lassen sich sowohl historisch-politisch als auch philologisch anwenden. Im ersten Fall stehen sie synonym für den Gegensatz von Russisch- und Türkisch-Armenien, im zweiten ist die Grenze zwischen ost- und westarmenischen Dialekten etwa bei Wan anzusetzen.

Von Armeniern mehrheitlich bewohnt waren 1921 nur noch etwa 55 000 Quadratkilometer im Transkaukasus, von denen Sowjetrußland 20 000 auf türkisches Verlangen hin Aserbeidschan einverleibte. Weitere Vertreibungen reduzierten den Siedlungsraum auf derzeit rund 38 000. Davon bilden 29 743 Quadratkilometer die Republik Armenien sowie 4 400 Quadratkilometer das ehemalige Autonome Gebiet Berg-Karabach, das sich im Dezember 1991 zur eigenständigen Republik erklärte, der Rest gehört zur georgischen Provinz Dschawacheti-Samzche. Armenien ist somit politisch dreigeteilt, wobei es nach etwa 600 Jahren völliger Staatenlosigkeit nun gleich zwei Staaten bildet. Der größere Teilstaat besitzt ungefähr die Fläche des deutschen Bundeslandes Brandenburg.

Dank seiner zentralen Lage sowie der breiten Hochtäler und -ebenen bildete das Armenische Hochland ein wichtiges Durchzugsgebiet für den Fernhandel zwischen Europa, dem Iran und Kleinasien. In der Araratebene kreuzte sich die vom Iranischen Hochland zum Schwarzen Meer führende Handelsstraße mit der Nord-Süd-Route. Auch der nördliche Zweig der Seidenstraße, auf der die Kenntnis der Porzellan- und Seidenherstellung Armenien Jahrhunderte früher erreichte als Europa, führte durch Armenien, der vermutlich älteste Nachweis von Seidengewebe stammt aus dem urartäischen Russahinili am Wan-See. Die Papierherstellung setzte sich in Armenien, vermittelt über muslimische Kulturen, schon ab dem 10. Jahrhundert durch. Bis heute gehören die Aprikose sowie das Wort und die Farbe „Karmin"- bzw. „Karmesinrot" zur europäischen Alltagskultur, ohne daß freilich ihre armenischen Ursprünge wahrgenommen werden. Die Aprikose wurde bereits zur Zeit Alexanders des Großen aus Armenien nach Südeuropa gebracht. Plinius der Ältere nannte sie „armenischer Apfel" (armeniaca mala), ihr botanischer Name *prunus armeniaca* (Armenische Pflaume) erinnert ebenfalls an das Herkunftsland. Wie die biblische Version der Sintflutlegende erkennen läßt, war Armenien ein uraltes Zentrum der Weinkultivierung, wo man bereits im 4. Jahrhundert v. Chr. vierzig verschiedene Traubensorten kannte. Karminrot erinnert an den *wordan karmir* („roter Wurm"), eine auf den Blättern einer besonders am Ararat verbreiteten Pimpernellenart (Dactylis littoralis) gedeihende Schildlaus. Ihr Blut lieferte das begehrte Karmesin, ein einzigartiges Koschenillerot, das die alten Israeliten zu biblischer Zeit ebenso schätzten wie später die Araber, die es „Armenisch-Rot" nannten. Karminrot diente zur Textilfärbung und in der sakralen Buchmalerei. In Europa wurde es erstmals 1518 in Pisa hergestellt. Das Englische und Französische entlehnten das Wort *carpet* dem Armenischen, wo es allerdings einen Web- und keinen Knüpfteppich bezeichnet. Als winterkaltes Land hat Armenien stets Bedürfnis an wärmender Bodenbedeckung besessen und schon sehr früh eine hohe Teppichknüpfkunst hervorgebracht. Der in einem sibirischen Skythengrab aus dem vierten oder dritten vorchristlichen Jahrhundert entdeckte *Pazyryk*, der älteste bekannte Knüpfteppich der Welt, stammte aus Armenien.

Armenien hofft, bald wieder Nutzen aus seiner handelsstrategisch günstigen Lage zu ziehen. Es war ihm aber im Verlauf seiner Geschichte nicht vergönnt, nur Relais im Kulturaustausch zwischen Orient und Okzident zu bleiben. Seine zentrale Stellung im nördlichen Vorderasien machte es oft zum Zankapfel zwischen seinen östlichen und westlichen Nachbarn. Nicht nur seismisch, sondern auch politisch betrachtet liegt Armenien in einem intensiven Bebengebiet, wo bereits das Überleben einer hohen Kunst gleicht, denn es verging kaum ein Jahrhundert ohne Krieg und Gewalt.

II. Armenische Geschichte zwischen Bedrohung und Behauptung

Ur- und Frühgeschichte

Das Armenische Hochland gehört zu den ältesten Siedlungsgebieten der Menschheit. Seine lange Altsteinzeit (100000–12000 v. Chr.) belegen roh behauene Faustkeile und Höhlenzeichnungen, etwa bei Garni im Geram-Gebirge östlich von Jerewan, sowie Werkzeuge und Waffen aus Obsidian (Vulkanglas), das auch am Wan-See, dem südlichen Kulturzentrum, reichlich vorhanden war, wo es vor allem am Nimrud-Berg abgebaut wurde.

Der Übergang zur seßhaften Ackerbaukultur der Jungsteinzeit vollzog sich vielleicht schon um 10000 v. Chr., spätestens aber im 6. vorchristlichen Jahrtausend, bei gleichzeitigem Fortbestand von Nomadismus in den höhergelegenen Regionen. Der lange Zeitraum vom 6. bis Mitte des 4. Jahrtausends v. Chr. wird, nach einem Fachbegriff aus der südosteuropäischen Archäologie, als Äeneolithikum oder „Kupferzeit" bezeichnet, denn nun diente außer Obsidian auch Kupfererz dem Fernhandel, der in der mittleren Bronzezeit von der Mitte des 3. bis zur Mitte des 2. Jahrtausends v. Chr. große Bedeutung erlangte. Die bronzezeitliche Kultur manifestierte sich wie in Westeuropa durch Steinsetzungen, darunter Steinkreise und, als regionale Besonderheit, reliefierte Menhire oder Steinstelen, die im engen Zusammenhang mit dem Wasser- und Fruchtbarkeitskult errichtet wurden. Im Armenischen heißen sie *Wischapner*, „Drachen" oder „Drachen-Schlangen", obwohl sie als glatte Fischkörper, mit großem Kopf und deutlich erkennbaren Kiemen, Mund und Flossen gestaltet wurden. Auf ihren Vorderseiten wurden häufig Stiere dargestellt, die ebenso wie Fische Fruchtbarkeit symbolisierten.

Mit der Gründung von Stammesfürstentümern Ende des 3. vorchristlichen Jahrtausends entstanden befestigte, stadtartige Siedlungen, zum Beispiel Schengawit bei Jerewan und Mochrablur. Die seit Beginn der Bronzezeit um die Mitte des 4. Jahrtausends v. Chr. entwickelte Wehrbauweise wird über fast drei Jahrtausende beibehalten: An schwer zugänglichen Stellen errichtete man Fundamente, Stütz- und Tragmauern in Zyklopenbauweise, darüber dicke Mauern aus Lehmziegeln. Besonders intensiv wurde der Festungsbau in der späten Bronzezeit, als ein Netz von ungefähr 500 Wehrsiedlungen fast das gesamte Hochland überzog, besonders dicht im Wan-Becken, an den Hängen des Aragaz, im Geram-Gebirge sowie in Nordarmenien. Die Metallbearbeitung erreichte schon in der mittleren Bronzezeit eine erste Blüte, wobei vielfältige und auch anspruchsvolle Verfahren meisterhaft angewandt wurden, darunter die Ziertechniken der Granulation, des Filigran sowie der Gravur.

Der Aufschwung war der frühen transkaukasischen Kura-Arax-Kultur zu verdanken, die das gesamte Gebiet zwischen dem Südkaukasus, dem Urmia-See sowie große Teile des Armenischen Hochlandes einschloß. Ihre Träger waren im wesentlichen Churriter, ein im dritten vorchristlichen Jahrtausend zugewandertes, ursprünglich wohl kaukasisches Volk. Um 2000 v. Chr. tauchten am Westrand des Armenischen Hochlandes indoeuropäisch-iranische Völker auf, vor allem Hethiter und die ihnen sprachlich eng verwandten Luwier, und unterwarfen bzw. assimilierten die altansässigen Stämme der sogenannten Protochattier. Die Hethiter standen ihrerseits stark unter dem kulturellen Einfluß der Churriter.

Hajassa, Nairi und Urartu: Erste Staaten, frühe Größe

Den Hethitern sind auch die ersten Schriftzeugnisse über das Armenische Hochland zu verdanken. Mittelhethitische Keilschrifttexte erwähnen die Einwohner von *Hajassa* (15. bis 13. Jahrhundert v. Chr.), einem nordöstlich an das Hethiterreich angrenzenden Gebiet im Dreieck der heutigen Städte Trapesunt, Erzurum und Erzincan, dessen Name an das armenische Hajastan sowie die Eigenbezeichnung als *haj* (Mz. *Hajer*, altarm. *Hajk*) erinnert. An der Spitze dieses starken Bündnisses standen ein Stammesführer sowie der Rat der Ältesten. Die ethnische Zugehörigkeit der Einwohner *Hajassas* zu den Churritern oder den Hethitern ist ungeklärt.

Die nächsten Schriftbelege stammen von den Assyrern, deren König Salmanassar I. 1273 v. Chr. einen Feldzug nach *Uruatri* unternahm und dort „acht Länder" sowie „51 Städte" eroberte. Es scheint sich um ein Gebiet am Oberlauf des Großen Zab, dem Armenischen Tauros sowie am Wan-See gehandelt zu haben, wo ein lockeres Bündnis churritischer Stammesfürsten bestand. Andere Feldzugsberichte des 13. bis 9. Jahrhunderts v. Chr. erwähnen die *Nairi*-Länder, eine weitere Konföderation von Territorialherrschern im Raum zwischen dem Wan- und dem Urmia-See, die die Assyrer im 9. Jahrhundert v. Chr. allerdings mit *Uruatri* gleichsetzten.

Mit ihrem Reichtum an Erzen, Getreide und Vieh bildeten Uruatri und die Nairi-Länder für die Assyrer geradezu verlockende Ziele ihrer Beutezüge. Das zwang die betroffenen Bergstämme Mitte des 9. Jahrhunderts v. Chr. zu einem dauerhaften Bündnis unter Aramu (Aram), dem ersten namentlich überlieferten Herrscher Urartus, wie die Region nun in assyrischen Inschriften genannt wurde. Mit der Gründung einer Königsdynastie unter Sarduri I. (ca. 835/40–825/24 v. Chr.) und umfassenden Verwaltungsreformen unter seinen Nachfolgern Ischpuini (825–810 v. Chr.) sowie Menua (ca. 810–785/80 v. Chr.) konsolidierte sich das Staatswesen, das sich selbst *Biainili* nannte. Die Reformen sahen nicht nur einen einheitlichen Kalender sowie Maßeinheiten vor, sondern auch die Verstaatlichung weiter Ackerflächen. Der zentralistische urartäische Staat stützte sich auf die Priester- und Beamtenschaft, an deren Spitze der König stand, der zugleich als oberster Priester fungierte. In ihren Inschriften bezeichneten sich die urartäischen Herrscher stets als Vollstrecker des Willens ihres Staatsgottes *Chaldi*, in dessen Namen sie Kriege führten sowie Städte, Burgen und andere Großbauten errichten ließen. Aus den gewaltigen Kornspeichern und Viehbeständen des Königs wurden unter anderem die etwa 20 000 Krieger des stehenden Heeres und ihre Familien ernährt. Wenn auch die Urartäer im allgemeinen offene Feldschlachten mit den Assyrern vermieden, betrieben sie vor allem im 8. vorchristlichen Jahrhundert selbst eine planmäßige Expansion, um sich lästige Gegner vom Hals zu schaffen und in den Besitz neuer Anbauflächen oder Rohstoffressourcen zu gelangen: Im Norden bezwangen sie das Stammesbündnis *Etiuni* und eroberten dabei die Araratebene, im Westen unterwarfen sie ein *Chate* genanntes Bündnis unter Führung des Königs des späthethitischen Stadtstaats Malatya (Melitea) und gewannen die reichen Eisenerzlager am Mittellauf des Euphrat, im Südosten bezwangen sie das „Land Mana" südlich des Urmia-Sees. Zu Beginn der Herrschaft Sarduris II. (ca. 760–730 v. Chr.) hatte Urartu den Höhepunkt seiner Ausdehnung erreicht und erstreckte sich über 800 Kilometer vom Mittellauf des Euphrat nach Osten sowie 500 Kilometer von Norden nach Süden, unter Einschluß des Urmia-Sees und des ganzen südlichen Transkaukasus. Wie im eigentlichen Reichsgebiet wurden die Neueroberungen durch ein dichtes, auch die Fernhandelsstraßen kontrollierendes Netz von Garnisonen und Burgen gesichert. Eigentliches Machtzentrum blieb aber der Wan-See, an dessen Ostufer Tuschpa, ursprünglich ein bedeutender Kultort, schon unter Sarduri I. zur Residenz erhoben worden war. Er errichtete seine Burg auf dem heute Van Kale („Wan-Festung") genannten Felsen. Erst in der Niedergangsphase verlegte Russa II. (etwa ab 695/85 v. Chr.) die Residenzburg auf den Felsen der nach ihm benannten Neugründung Russahinili (türk. Toprak kale – „Erdfestung") im Nordosten des Wan-Sees.

Seit 810 v. Chr. gelang es Urartu, für etwa 70 Jahre Assyrien die Vormachtstellung in Vorderasien streitig zu machen. Dabei verbündete es sich offenbar mit den vom Iranischen Hochland westwärts wandernden Reitervölkern der Kimmerer, Skythen und Meder, die ihm schließlich selbst zum Problem wurden. Als Auseinandersetzungen mit den Kimmerern das urartäische

Heer banden, wagten die Assyrer wieder Vorstöße. Da sich das Armenische Hochland schwer erobern, geschweige denn auf Dauer halten ließ, konzentrierte sich der Assyrerkönig Sargon II. nach seinem Sieg 714 v. Chr. auf die systematische Zerstörung des Macht- und Siedlungszentrums im Wan-Becken: Die Bevölkerung wurde massakriert, Städte, Siedlungen und Ernten wurden verbrannt, Felder überschwemmt, Obstbäume und Weinstöcke abgehackt, Ardini, das Heiligtum des Gottes *Chaldi*, geschändet und vollständig geplündert. Der verzweifelte König Russa I. stürzte sich in sein Schwert „wie ein Schwein", wie es gehässig in den Berichten der Sieger heißt. Geschwächt und gedemütigt, mußte sich Urartu an der Wende vom 8. zum 7. Jahrhundert v. Chr. erneut auf eine Koexistenz mit Assyrien einstellen. Beide Reiche gingen kurz nacheinander unter den Angriffen neuer Feinde aus dem Norden unter. Skythen und die mit ihnen verbündeten Meder, beide iranische Völker, griffen Mitte des 7. Jahrhunderts erst die nördlichen und östlichen Stadtfestungen an, dann folgte vom Ende des 7. bis zur Mitte des 6. Jahrhunderts die Zerstörung der Hauptstadt und der übrigen Burgen, die in der Regel gebrandschatzt wurden. Die späteste Erwähnung eines urartäischen Königsnamens stammt von 640 v. Chr., die letzte Erwähnung Urartus als Landesnamen von 418 v. Chr.

Urartu gehörte bis ins 19. Jahrhundert zu den „vergessenen Kulturen", jedenfalls vom Standpunkt der europäischen Archäologie. Seither haben zahlreiche Ausgrabungen, Funde sowie die Entzifferung seiner Keilinschriften recht genaue Vorstellungen über diese altvorderasiatische Kultur ermöglicht. Allerdings erwecken die Abhandlungen häufig den schiefen Eindruck, als sei dieses Reich plötzlich und zusammenhangslos aus dem Dunkel der Frühgeschichte aufgetaucht, um ebenso kometenhaft nach dreihundertjähriger Existenz zu verlöschen. Berücksichtigt man dagegen die augenfälligen Kontinuitäten, erscheint Urartu als Bindeglied zwischen den bronzezeitlichen Kulturen im Transkaukasus und im Armenischen Hochland, insbesondere aber zwischen den Churritern des 3. und 2. vorchristlichen Jahrtausends und den Armeniern. Wenn

Abb. 1: Die Residenzburg oberhalb der urartäischen Metropole Tuschpa (Wan), hier: Felsenkammern und Inschriften.

auch Urartu, besonders auf dem Zenit seiner Machtentfaltung, kein ethnisch einheitlicher Staat war, dürfte die staatstragende Schicht churritisch gewesen sein. Nur am Anfang orientierte man sich kulturell an Assyrien. In der Konsolidierungsphase ersetzte König Ischpuini in der Verwaltung Akkadisch durch Urartäisch, das man allerdings auch weiterhin in der assyrischen Keilschrift schrieb. Daneben existierte eine bis heute unentzifferte, im Armenischen Hochland vielfach belegte, bodenständige Hieroglyphenschrift, deren Bilder und Zeichen bis in die Jungsteinzeit zurückreichen. Auch der Götterhimmel Urartus weist auf ältere Zusammenhänge hin: An der Spitze des etwa 80 Gottheiten zählenden, streng hierarchischen Pantheons standen drei vorurartäische Götter mit ihren Gattinnen: *Chaldi* war ursprünglich wohl nur ein unbedeutender churritischer Stammesgott, der in Urartu aus ungeklärten Gründen zum Herrn des Himmels, der Herden und der Königswürde aufstieg. Seine Gemahlin *Aruba(i)ni* beschützte als Fruchtbarkeitsgöttin zugleich die Familien. Im Kriegsgott *Tejscheba* läßt sich unschwer der ursprünglich churritische Sturm- und Wettergott *Teschschub* erkennen, seine Gattin *Huba* galt als Herrin des Himmels. Im Sonnengott *Schiwimi* überlebte dessen churritischer Vorläufer *Schimigi*. Ansonsten herrschte Religionstoleranz, Gottheiten unterworfener Völker wurden problemlos übernommen. Turmartige Tempel standen im Zentrum der zinnenbekrönten Zitadellen und Stadtfestungen. Diese im Urartäischen *sussi* genannten Bauten wurden, wie die Wehr- und Residenzbauten, auf einem Sockel aus Hau- oder Bruchsteinen sowie aus sehr dicken Ziegelmauern errichtet und besaßen einen quadratischen Grundriß mit ausgeprägten Eckvorlagen. Auch hier handelt es sich um eine bodenständige Tradition, denn quadratische Türme wurden bereits in den bronzezeitlichen Stadtfestungen errichtet. Außerdem verehrten die Urartäer ihre Götter vor sogenannten Göttertoren, die als Scheintore in Felsen gemeißelt wurden und der orientalischen Vorstellung von der Geburt des Gottes aus dem Berg entsprangen. Vor diesen Felstoren lag eine Kultterrasse mit kleinen Altären sowie schlichten, oben bogenförmig abschließenden Steinstelen.

Urartus Wirtschaft stützte sich auf Viehzucht und eine vielfältige Feldwirtschaft mit zahlreichen Obst- und Gemüsesorten. Besonders begehrt waren die urartäischen Pferde, die meist an erster Stelle der von den Assyrern akribisch genau erstellten Beuteverzeichnisse genannt wurden. Seine Herrscher schwärmten geradezu von den Gärten ihrer Gegner: „Das Bild der Stadt bestimmten freundliche Gärten, die mit Obstbäumen und Weinstöcken bestanden waren, so daß sie von Früchten so reichlich tropfen wie ein Regenguß des Himmels"[1]. In derselben Stadt Ulhu, der Erholungsstätte des urartäischen Königs, gaben sich die assyrischen Sieger einer Orgie in den versteck-

---

1 Zitiert nach Wartke, Ralf-Bernhard: Urartu, das Reich am Ararat. Mainz am Rhein: Philipp von Zabern, 1993. (Kulturgeschichte der antiken Welt. 59), S. 96.

ten Weinkellern Russas II. hin und schöpften seinen guten Wein „wie Flußwasser". Wein scheint ein Grundnahrungsmittel gewesen zu sein, denn in den Garnisonen und befestigten Städten fanden sich stets große Vorräte in riesigen Amphoren.

Zum Ritual urartäischer Landnahme gehörte der Bau von Bewässerungssystemen. Urartus Herrscher erwähnen immer wieder, wie sie im Auftrag *Chaldis* bisherige Wüsteneien in blühende Fluren verwandelten, so etwa im Araxtal oder in der Araratebene. Wie auch beim Festungs- oder Tempelbau, übernahmen und vervollkommneten sie dabei ältere, bodenständige Methoden und Techniken. Zu ihren Neuerungen gehörte wohl das Qanat-System: Unterirdische Stollen sammeln das Grund- und Sickerwasser unter den Schuttflächen der Gebirge und leiten es an die Erdoberfläche. Das weitverzweigte urartäische Bewässerungssystem aus Kanälen, Deichen, Stauseen, Zisternen und Qanat-Stollen beeindruckt selbst noch in seinen Resten, die von großartigen technischen und organisatorischen Leistungen zeugen, wobei man vermutlich, wie beim Festungsbau inschriftlich belegt, die Arbeitskraft der Krieger unterworfener und dann zwangsumgesiedelter Völkerschaften benutzte. Teilweise wurden die Kanäle und Straßen sogar durch hartes Felsgestein getrieben. Zu diesen Zeugnissen früher ingenieurtechnischer Leistungen zählen der Stausee (Keschischgöl) Russas I. (um 735/730 bis 713 v. Chr.) sowie der 71 Kilometer lange Kanal König Menuas, der die Hauptstadt Tuschpa mit Wasser versorgte. Einige seiner Stichkanäle betreiben noch immer Wassermühlen. Spätere Generationen vermochten sich diese überragenden Leistungen nur durch halblegendäre Personen zu erklären und schrieben den Kanal Menuas der biblischen Assyrerkönigin Semiramis (arm. Schamiram) zu.

Urartus befestigte Städte bildeten Zentren eines spezialisierten Kunsthandwerks, das im Auftrag des Hofes oder der Tempel arbeitete. Von einem besonders hohen Entwicklungsstand zeugt das Metallhandwerk, das einerseits an die Leistungen der Bronzezeitkulturen anknüpfte, andererseits aber schon als eisenzeitliche Kultur anzusprechen ist: In der Antike galten der Transkaukasus und das Armenische Hochland als Ursprungsland der Eisenerzgewinnung und -bearbeitung. Schon an der Wende vom 9. zum 8. Jahrhundert wurde das urartäische Heer von Bronze auf Eisen umgerüstet, die ausgemusterten Bronzewaffen wanderten als Weihegaben in die Tempel oder wurden zu Götterbildnissen umgeschmolzen. Urartus Juweliere beherrschten fast sämtliche der heute üblichen Verfahren, darunter anspruchsvolle Ziertechniken wie den Zellenschmelz. Herausragende Leistungen vollbrachten die Handwerker auch im Möbelbau: Elegante Tische, Stühle, Betten und Throne wurden kunstvoll aus Einzelteilen zusammengefügt, die anmutigen Beine endeten oft in Löwenkrallen oder Rinderhufen. Weitere Spezialitäten bildeten die Steinbearbeitung, die Herstellung der selbst von den Assyrern sehr geschätzten Textilien sowie die Wanddekoration durch Malerei, Inkrustation und Mosaiken.

Im Mittelpunkt der darstellenden Kunst standen die Religion und der Königskult: Immer wieder wurden opfernde Herrscher dargestellt, häufig neben einem Lebensbaum, dem bisweilen stark stilisierten Sinnbild ewiger Erneuerung und königlicher Herrschaft. Die ebensooft dargestellten Götter erscheinen menschenartig, doch altorientalischer Ikonographie gemäß mit Flügeln und einem Hörnerpaar als Zeichen der Göttlichkeit. Sie stehen, im Profil, auf den ihnen zugeordneten Tieren: *Chaldi* häufig auf einem Löwen, *Tejscheba* auf einem Stier. Geflügelte Mischwesen, darunter Greifen, sowie Sternrosetten erinnern an die Bilderwelt neuassyrischer Wandmalereien und Palastreliefs, die vor allem in der Frühphase Urartus gern nachgeahmt wurden. In ihrer selbstbewußten, eigenständigen Ausprägung zeigt die urartäische Kunst eine Vorliebe für geometrische und ornamentale Muster sowie eine deutliche Neigung zur Abstraktion und Stilisierung. In steter Wiederholung schreiten Tiere, Menschen und Götter wie in einer feierlichen Endlosprozession dahin, ohne Dynamik und „erzählende" Komponenten. Diese Kunst gibt sich, ihrem höfisch-zeremoniellen Charakter entsprechend, zeitlos und täuscht eine ununterbrochene Kontinuität vor. Daneben bestand, wenn auch seltener belegt, eine lebendigere, stärker realistische Volks- oder Provinzialkunst, die ein größerer Formenreichtum sowie eine stärkere Unbefangenheit und Individualität in der Darstellung vor allem profaner Themen auszeichnet. Sie tritt uns besonders auf Gürteln und Waffen oder, in der Wandmalerei, bei Jagdszenen und Landschaften entgegen.

Urartus Erben

Zur direkten politischen Erbin wurde Medien, das sich Urartu/Armenien bereits um 590 v. Chr. tributpflichtig machte, zum mittelbaren Erben das Reich der persischen Großkönige, die zwischen 550 und 330 v. Chr. über Armenien herrschten. Sie eigneten sich mit den Zitadellen und befestigten Städten der Urartäer auch deren Festungs- und Sakralbauweise an. Die *apadana* genannten Säulenhallen der Achämeniden erscheinen als direkte Fortsetzung des zwei- oder dreischiffigen Hallenbaus urartäischer Paläste, ebenso wie die turmförmigen Feuertempel Altpersiens unverkennbar die *sussi*-Tempel Urartus zum Vorbild haben. Auch die Skythen griffen ikonographisch und stilistisch auf die Kunst der unterworfenen Urartäer zurück und vermittelten ihrerseits urartäische Elemente nach Mittel- und Westeuropa.

Zum Haupterben wurde jedoch das auf dem ehemaligen Herrschaftsgebiet Urartus lebende Volk, das erstmals der ionisch-griechische Logograph Hekataios von Milet (ca. 560–480 v. Chr.) sowie eine Inschrift des persischen Großkönigs Darios I. aus dem Jahr 519 v. Chr. unter der Bezeichnung Armenier (griech. Armenoi) erwähnten. Vor allem in der Alltagskultur und im Volksglauben erhielten sich zahlreiche Elemente, die an Urartu, wenn nicht gar an dessen Vorgängerkulturen erinnern und von der großen Langlebigkeit der Traditionen im Armenischen Hochland zeugen. Dazu gehören nicht nur Elemente der Tracht wie die weichen urartäischen Bändermützen, die Übernahme der Territorialgemeinde oder des Kalendersystems. Unübersehbar ist auch die Kontinuität bei bestimmten Techniken der Landwirtschaft oder dem Bau von Erdwohnungen, die dem Terrain ideal angepaßt waren und in denen sich winters Menschen und Tiere unter einem Dach gegenseitig wärmten.

Sprachanalysen lassen vermuten, daß an der Ethnogenese der Armenier außer churritisch-urartäischen auch indoeuropäische, vor allem luwische, ferner autochthone kleinasiatische und transkaukasische Stämme sowie, zu geringeren Anteilen, semitische (aramäische) Bevölkerungsgruppen beteiligt waren. Als grobe Eckdaten gelten das 6. bis 2. vorchristliche Jahrhundert. Armenisch enthält erhebliche nicht-indoeuropäische Bestandteile im Wortschatz, der Grammatik und im Lautbestand, die es mit dem Georgischen sowie dem Urartäischen teilt. Bis zu 20 Prozent des bekannten churritisch-urartäischen Wortschatzes sind durch das Armenische belegt, darunter Worte wie „dsar" (Baum), „dsow" (Meer), „howit" (Tal) und „oriord" (Mädchen von vornehmer Abstammung, Fräulein). Urartäische Personen- und Ortsnamen wurden im Armenischen lange weitergeführt: Aramu, der erste schriftlich belegte Urartäerkönig, ist als Aram ein bis heute beliebter Vorname. Tuschpa und Biainili wurden zu Tosp und Wan, an die, nach über tausend Jahren, Mowses Chorenazi, der „Vater der armenischen Geschichtsschreibung", erinnerte, als bei allen übrigen Völkern der Region längst das Wissen um Urartu verblaßt war. In seiner „Geschichte Armeniens" (um 480)[2] schildert Chorenazi die Urartäermetropole Tosp, ihre Keilinschriften, die Felsengräber ihrer Könige sowie den „Kanal der Semiramis" als eine der wunderbarsten Erscheinungen Armeniens und bezeichnet die Urartäer als unmittelbares Vorgängervolk der Armenier. Ebenso legen die Inschriften, die die Achämenidenkönige Darios I., Xerxes I. und Darios II. (423–404 v. Chr.) im einstigen Herrschaftsgebiet Urartus und wohl nach dem Vorbild seiner Könige hinterließen, eine Gleichsetzung von „Uraschtu" (Urartu) und „Armina" (bzw. „Harminuja") nahe, denn in diesen elamisch, babylonisch und altpersisch verfaßten Textvarianten erscheinen beide Landesnamen als Synonyme.

---

2 Manche Forscher datieren das Werk sogar erst in das 6. bis 9. Jahrhundert.

Für eine urartäisch-armenische Kontinuität spricht schließlich auch der armenische Entstehungsmythos, der in zwei Varianten im 5. sowie 7. Jahrhundert schriftlich fixiert wurde: Danach stammte *Hajk*, ein Stammesfürst und Vorfahr der Armenier, ursprünglich aus Mesopotamien, wo er sich gegen die anmaßenden Ansprüche des Königs und „Riesen" *Bel* auflehnte, der als göttlich verehrt werden wollte. *Hajk* wich mit den Seinen aus, zog in das „Land Ararat", wohin ihm *Bel* aber folgte und ihn zur Unterwerfung aufforderte. Da *Hajk* und die Seinen zu gering an Zahl waren, um *Bels* Streitmacht standhalten zu können, suchte *Hajk*, ein berühmter Bogenschütze, den Zweikampf und erschoß *Bel* nach einer deftigen Schmährede. Später übergab er das „Land Ararat", in dem man unschwer das Kerngebiet Urartus südlich des Wan-Beckens erkennt, seinem Enkel Kadmos und zog weiter nach Norden, wo er sich auf dem seither nach ihm *Hajk* (Armenien) genannten Hochland niederließ. Läßt man die biblischen Motive beiseite, bleibt der realhistorische Konflikt zwischen dem mächtigen Assyrien, verkörpert in *Bel* bzw. dem mesopotamischen Sonnengott *Baal*, und den Bergstämmen Urartus, die Assyrien erst ausweichen müssen, sich ihm dann aber als überlegen erweisen und schließlich ihren Siedlungsraum nach Norden ausdehnen können. Auch der Mythos von *Ara dem Schönen* und der Assyrerkönigin *Schamiram* faßt den Nord-Süd-Konflikt zwischen Urartu und Assyrien im persönlichen Konflikt zweier Herrscher zusammen. Wie beim *Hajk*-Mythos oder dem späteren armenischen Nationalepos geht es dabei um das Leitmotiv der Freiheit und Würde. In ihrem Namen leisten die Helden der frühen Mythen und Sagen Widerstand, ihretwegen sterben sie sogar, wie der Mythos von *Ara* lehrt. Die altarmenische Provinz A(j)rarat, das Land um die Araratebene, trägt den Namen des Heros *Ara*, bei dem es sich ursprünglich um einen kleinasiatischen Frühjahrsgott vom Typus des sterbenden und wieder auferstehenden Gottes gehandelt haben dürfte. Der Baumkult, dem schon die Urartäer huldigten, war in der vorchristlichen Religion Armeniens eng mit dem mythischen Orakelpriester *Anuschawan*, dem Enkel *Aras des Schönen*, verbunden: Ihm offenbarte das Rauschen des Pappelwaldes in Armawir, einer urartäischen Stadtgründung in der Araratebene, die Zukunft. An vielen Wallfahrtsstätten Armeniens stehen mit Kleidungsfetzen behängte heilige Bäume, oft Weiden oder Pappeln. Der Lebensbaum nimmt in der christlich-armenischen Ikonographie eine ähnlich zentrale Stellung ein wie schon in der urartäischen.

Zwischen Rom und dem Iran: Vom 6. Jahrhundert v. Chr. bis 428

Bereits im Altertum erschwerte Armeniens geopolitische Stellung die Bildung eines dauerhaften Zentralstaates. Nur in Übergangszeiten, wenn die Macht neuer Prätendenten in den stärkeren Hegemonialstaaten noch ungefestigt war, konnten die drei nacheinander herrschenden frühen Königsdynastien der Jerwanduni, Artaschesjan und Arschakuni vorübergehend eine eigenständige Rolle spielen. Meist aber zwangen äußere Bedrohungen und eine seit dem dritten Jahrhundert wachsende innere Instabilität die armenischen Herrscher zu einer reaktiven Schaukelpolitik zwischen dem Seleukidenreich im Süden, dann Rom im Westen sowie dem Iran im Osten, wo sich Dynastien der Meder, Perser und Parther bekämpften und ablösten.

Mediens Oberherrschaft über Armenien währte nur 40 Jahre, denn schon 550 v. Chr. zerschlug Kyros der Große, der Begründer der persischen Achämenidendynastie, dieses Reich und erhob sich zum Herrscher fast des gesamten Kleinasien sowie Armeniens, das die Achämeniden durch Satrapen regierten. Sie entstammten einer von Jerwand I. (griech.-pers. Orontes, 570–560 v. Chr.) begründeten Dynastie, die bereits für die Meder Statthalter gestellt hatte und deren ethnische Zugehörigkeit ungewiß ist. Da aber die Oberherrschaft sowohl der Meder als auch der persischen Großkönige über weite Strecken nur nominell blieb, gelten die Jerwandiden somit als das erste armenische Herrschergeschlecht. Ihr Machtzentrum bildete anfangs die urartäische Siedlung Argischtihinili in der

Araratebene, jetzt Armawir genannt, später die Neugründung Jerwandaschat zu Ehren des Stammvaters.

Die Jerwandidendynastie überlebte das Ende des persischen Großreichs, das Anfang des 4. Jahrhunderts v. Chr. unter den Schlägen Alexanders des Großen zerbrach, nicht aber das Seleukidenreich, das sich als Zerfallsprodukt des kurzlebigen Alexanderreiches in Syrien etablierte und im dritten vorchristlichen Jahrhundert Armenien verschiedentlich zu vereinnahmen versuchte. Antiochos III. Seleukios (223–187 v. Chr.) ließ die beiden letzten Jerwandidenherrscher beseitigen und setzte zwei armenische Adelige, Sareh und seinen Sohn Artasches, als seine Statthalter über Armenien ein. Beide erklärten sich, unter dem Schutz Roms, zu unabhängigen Königen, nachdem Antiochos durch seinen Angriff auf Griechenland die erste Intervention des Römischen Reiches in Kleinasien herausgefordert hatte und in der Schlacht von Magnesia 189 v. Chr. besiegt worden war.

Mit Artasches I. (189–ca. 160 v. Chr.) entstand eine neue Dynastie, die bereits unter ihrem Gründer begann, sämtliche armenischen Sprachgebiete zu vereinen. Zur neuen Kapitale des ausgedehnten Artaschidenreiches wurde Artaschat, wie frühere Hauptstädte in der Araratebene gelegen, wobei der karthagische Feldherr Hannibal, der sich nach seiner Niederlage gegen die Römer nach Armenien geflüchtet hatte, an der Auswahl und Planung dieses „armenischen Karthago" beteiligt gewesen sein soll. Den Zenit seiner politischen Macht erreichte Armenien unter Tigran II. Artaschesjan (geb. um 140 v. Chr.), der als Diplomat womöglich noch erfolgreicher wurde denn als Feldherr, vielleicht auf Grund der Tatsache, daß ihn sein Onkel, König Artawasd I., als Geisel an den Hof des parthischen Königs Mithradates II. (123–87 v. Chr.) geben mußte, wo Tigran schon früh Einblick in Intrigen und Machtpolitik erhielt. Bereits Mitte des 3. Jahrhunderts entstanden, war das Partherreich im Kampf gegen die Seleukiden zur vorderasiatischen Vormacht aufgestiegen. Allerdings tauschten die Parther Tigran bald gegen das „Land der siebzig Täler" im Südosten Armeniens aus. Als König (95–55 v. Chr.) belagerte Tigran II.

um 87 v. Chr. die einstige medische Residenz Ekbatana (heute Hamadan) und gewann im Kapitulationsvertrag etliche Grenzgebiete zurück, darunter Nordmesopotamien sowie Medien-Atropatene (das heutige Aserbeidschan), das Tigran II. durch Heiratsdiplomatie noch enger an sich band, indem er seine Tochter mit dem Herrscher jenes Gebiets vermählte. Zuvor hatte er auf ähnliche Weise seine Macht durch die Ehe mit Kleopatra, der jungen Tochter des iranischstämmigen Herrschers über den Pontos, Mithradates VI. (um 131–63 v. Chr.)[3], gefestigt. Mit seinem kriegerischen Schwiegervater machte sich Tigran II. 93 und 91 v. Chr. über das mit Rom verbündete Kappadokien her. Bei solchen Beutezügen setzten die Artaschidenherrscher und insbesondere Tigran II. die schon von den Urartäern praktizierte Zwangsumsiedlung unterworfener Völker fort: Etwa eine halbe Million aus Kappadokien, Kilikien und Mesopotamien Verschleppter stellten die Sklaven, vor allem jedoch die Einwohner der seit Urartus Niedergang entvölkerten Städte Armeniens. Nur dem König steuerpflichtig, entwickelten sie sich wieder zu blühenden Zentren des Handels und Handwerks und bildeten meist zuverlässige Verbündete der Königsmacht.

Im Jahre 83 v. Chr. bestieg Tigran in Antiochia am Orontes den Thron des unterworfenen Seleukidenreiches. Sein Herrschaftsgebiet, ein großflächiger Vielvölkerstaat hellenistischer Prägung, in dem Griechisch als Verkehrssprache diente, erstreckte sich um das Jahr 70 v. Chr., auf dem Höhepunkt von Tigrans Macht, vom Mittelmeer bis zum Kaspischen Meer, von der Kura im Transkaukasus bis Akkon in Galiläa. Nordsyrien bildete die kulturell und wirtschaftlich entwickeltste Region dieses Großreichs. Trotzdem entschloß sich Tigran zur Gründung von Tigranakert, seiner zentraler gelegenen Hauptstadt an einem der nördlichen Zuflüsse des Tigris. Seine Einfälle in Kappadokien, die drei sogenannten pontischen Kriege (89, 83–81, 74 v. Chr.), die sein Schwiegervater gegen Rom führte, und schließlich Tigrans Weigerung, den nach Armenien geflüchte-

---

3 Bekannter als Mithridates, genannt Eupator Dionysios.

ten Mithradates auszuliefern, riefen endgültig Rom auf den Plan, dessen Feldherr Lucullus im Jahre 69 v. Chr. Tigranakert zerstörte und danach Armeniens nördliche Hauptstadt, Artaschat, belagerte. Verrat aus der eigenen Familie erschwerte Tigrans Lage: Sein Sohn hatte sich gegen ihn erhoben, Asyl bei den Parthern gefunden und die Tochter des parthischen Herrschers geheiratet. Gemeinsam mit seinem Schwiegervater griff Tigran d.J. nun ebenfalls Artaschat an und lief nach seiner Niederlage zu Gnäus Pompejus über, der inzwischen im Auftrag des römischen Senats den Feldzug gegen Armenien fortsetzte.

In dieser schwierigen Situation entschloß sich der nunmehr 75jährige Tigran II. in kluger Vorausberechnung der Psychologie seines ruhmsüchtigen, aber phlegmatischen römischen Gegners zu einem bislang unbekannten Akt der Diplomatie: Allein, ohne Gefolge, erschien der Greis im römischen Feldlager und wurde von dem gerührten Pompejus, der Tigran II. mehr als dessen wankelmütigen Sohn schätzte, äußerst ehrenvoll behandelt. Wenn auch Armenien ein hoher Tribut auferlegt wurde, so wurde es im Friedensvertrag von 66 v. Chr. zum „Freund und Verbündeten des römischen Volkes" erklärt und bei künftigen Territorialzwisten mit Parthien stets von Rom begünstigt. Doch die kurze Expansionsphase war vorüber, Armeniens Könige mußten nun für den Bestand der territorialen Einheit Sorge tragen. Unter den gegebenen Verhältnissen fiel es ihnen immer schwerer, neutrale Unabhängigkeit zu wahren. Schon Artawasd II. (55–34 v. Chr.), der Sohn und Nachfolger Tigrans II., mußte sich abwechselnd den Parthern und dem Römer Antonius anschließen, der ihn und seine Familie 34 v. Chr. gefangennahm und, in goldene Ketten gelegt, seiner Geliebten, Kleopatra von Ägypten, schenkte. Sie ließ den unbeugsamen Armenier einkerkern und drei Jahre später in Alexandria enthaupten. Sein Sohn und Nachfolger Artasches II. (30–20 v. Chr.) vernichtete mit parthischer Unterstützung die römischen Garnisonen, bis ihn Anhänger Roms ermordeten und Rom ihn durch seinen Bruder Tigran III. (20–ca. 8. v. Chr.) ersetzte, der sich aber bald ebenfalls zu proparthischer Parteinahme gezwungen sah. Mit dem frühen Tod des im Jahr 1 v. Chr. gefallenen Tigran IV. (8–5 v. Chr.), der sich noch selbstbewußt „König der Könige" genannt hatte, endete die Artaschidendynastie, die Römer setzten fortan Statthalter ein. Roms Druck auf Parthien und Armenien trieb die Annäherung der einst verfeindeten Länder voran. Als schließlich der parthische König Wasgen I. (Wolosges) seinen Bruder Trdat (52–59, 66–ca. 75) in Armenien zum König erhob, lieferte dies den Anlaß für den parthisch-römischen Krieg (54–64 n. Chr.), in dessen Verlauf der Feldherr Cn. Domitius Corbulo 59 die Hauptstadt Artaschat dem Erdboden gleichmachte. Wieder rettete ein geschickter diplomatischer Schachzug Armenien die Freiheit: Im Friedensschluß mit Rom befriedigten die Parther die Eitelkeit ihrer Gegner, indem sie den römischen Kaisern das Recht zuerkannten, hinfort die Könige Armeniens zu krönen. Als Pufferstaat, der römisches Einflußgebiet vor den Einfällen nördlicher Bergstämme schützte, blieb Armenien für Rom weiterhin nützlich. Dessen eingedenk, gab Kaiser Nero dem neuen König Trdat I. im Jahre 64 einen triumphalen Empfang und stattete ihn reich mit Geld und Handwerkern für den Wiederaufbau Artaschats aus, das nun zu Ehren des Kaisers Neronia hieß. Mehr mit Diplomatie denn militärischer Stärke gelang es den Königen Armeniens, in den folgenden zwei Jahrhunderten Frieden und Freiheit zu bewahren.

Die Dynastie der Arschakiden assimilierte sich schnell an ihre armenische Umgebung, ohne daß die dynastischen Beziehungen zum Partherreich je ganz abrissen. Für eine Neubelebung des parthischen Elements in Armenien sorgte nicht zuletzt der Machtwechsel von 226, als ein persischer Usurpator im Iran die militante Sassanidendynastie gründete und den Glanz des altpersischen Großreiches wiederherzustellen versuchte. Der entmachtete parthische Adel floh rachedürstend nach Armenien, 230 begann dessen Krieg mit dem Sassanidenreich. Zu der äußeren Bedrohung kam wachsende innere Instabilität: Schon im 3. bis 5. Jahrhundert vollzog sich in Armenien der Übergang zum Feudalsystem, was eine erhebliche Schwächung der Zentralmacht nach sich zog. Die einst starke

Stellung des Königs, die sich wohl aus einem ursprünglichen Sakralkönigtum ableitete und sich auch später noch in der Vergöttlichung des Herrschers sowie im Titel „König der Könige" ausdrückte, war durch den Aufstieg des Dienstadels zunehmend ausgehöhlt worden. Dazu gehörten einerseits die vom König eingesetzten *Strategen*, die nach seleukidischem Vorbild über die 120 *gawarner* („Gebiete", „Gaue") geboten, in die das Land eingeteilt war. Größere, meist vier Gaue umfassende Einheiten hießen *nachang* (Gouvernement). In Grenzregionen wurden sie von einem *bdeschch* (Markgraf) regiert, der noch weitreichendere Machtbefugnisse besaß als die *nachararner*, wie man seit der Arschakidenzeit die Gaufürsten und später den gesamten Adel nannte. Außerdem entwickelten sich die schon in der Artaschidenzeit eingeführten höfischen Ämter unter den Arschakiden zu Erbämtern: Das besonders wichtige Amt des *sparapet*, des Oberbefehlshabers, wurde von der Sippe der Mamikonjan ausgeübt, das verschiedene Aufgaben umfassende Amt des *aspet* (wörtl. „Ritter") von den Bagratuni, den Befehl über die königliche Garde (*malchasutjun*) hatten die Chorchoruni inne. Für seine Leistungen erhielt der Dienstadel Landbesitz, den hörige Bauern (*mschaker*) bestellten. Die *nachararner* mußten zwar im Kriegsfall dem König Waffendienst leisten, doch ihre stehende Hausstreitmacht begünstigte ihre wachsende Verselbständigung. Politisch waren sie nicht nur häufig mit dem Königshaus, sondern ebenso untereinander zerstritten, zerspalten in eine pro-römische, eine pro-iranische sowie eine zentristische Fraktion, auf die sich der König als einzige verlassen konnte. Den sich seit 330 häufenden Adelsaufständen begegneten die Arschakidenherrscher mit zeitüblicher Grausamkeit: Ganze Sippen wurden damals ausgerottet. Die seit urartäischer Zeit bestehenden Territorialgemeinden freier Bauern (*schinakanner*), die sich kollektiv Land und Arbeit teilten, traten in ihrer sozialen Bedeutung zunehmend hinter die privaten Grundbesitzer (*dastakertner*) zurück, ebenso die Städte, deren Privilegien Trdat III. Arschakuni (287–294) beschnitt, um den immer selbstbewußter auftretenden Adel zu beschwichtigen. Während der oströmisch-persischen Vormachtkriege (um 350–365) gingen sie endgültig zugrunde, die Perser verschleppten zahlreiche Einwohner in den Iran. Von diesem Schlag haben sich altarmenische Städte wie Artaschat und Jerwandaschat nie wieder erholt.

Vor diesem komplizierten Hintergrund wachsender innerer und äußerer Spannungen vollendete sich Anfang des 4. Jahrhunderts die Christianisierung Armeniens. Armenien empfing das Christentum sowohl von Syrien, dessen Mönchstum vor allem das frühe armenische Klosterwesen prägte, als auch von dem westlichen Nachbarn Kappadokien. Zeitgleich mit oder kurz vor den heftigen Christenverfolgungen der Jahre 302 und 303 unter dem römischen Kaiser Diocletian wurden auch in Armenien die Anhänger des neuen Glaubens gejagt, dessen König Trdat III. (der Große) mit Unterstützung Diocletians den Thron für die Arschakiden zurückerobert hatte. Der Umschwung zur Duldung des Christentums, der sich im Römischen Reich seit 311 mit dem Toleranzedikt des Galerius, der Bekehrung Constantins des Großen 312 sowie 313 dem Mailänder Edikt vollzog, wurde in Armenien durch eben diesen König Trdat überboten, der nach armenischer Überlieferung das Christentum schon im Jahr 301 zur Staatsreligion erhoben haben soll. Nach altorientalischen Vorbildern blieb das Amt des geistlichen Oberhaupts (hebr.-arm. *kahanapet*, später griech. *Katholikos* genannt) bis 438 in der Familie des „Erleuchters" Grigor (239–325) erblich, eines parthischstämmigen Adligen, der durch ein Heilwunder Trdat III. zum Christentum bekehrte. Selbst wenn dies, wie verschiedentlich gemutmaßt, erst 314 oder 315 geschah, bleibt die armenische Kirche damit dennoch die älteste bestehende Staatskirche der Welt.

Daß sie bald auch zur National- und Volkskirche wurde, verdankte sie der frühen Übersetzung der Bibel und Schriften der Kirchenväter als Voraussetzung für eine intensive Mission. Denn nicht nur einzelne Adelshäuser, sondern ganze Landstriche verharrten Anfang des 5. Jahrhunderts noch im Heidentum oder im iranischen Elementenkult. Die Bibelübersetzung erforderte wiederum die Schaffung eines Nationalalphabets, das

Abb. 2: Mesrop Maschtoz entwarf 405 das armenische Nationalalphabet und übersetzte die Bibel in die Landessprache. Hier: Sein Denkmal vor dem Jerewaner Handschriftenarchiv Matenadran.

die bisherigen Kanzleisprachen Griechisch und Aramäisch ablösen konnte. Mit Unterstützung des damaligen Katholikos Sahak des Parthers (Partew, 397–439) und des Königs Wramschapuh (389–414), der in einer der immer selteneren Perioden inneren und äußeren Friedens herrschte, löste der Mönch und vormalige Hofsekretär Mesrop Maschtoz (362–440) im Jahre 405 diese gewaltige Aufgabe. Gleich anschließend machten sich Mesrop und Sahak mit einem eigens dafür ausgebildeten Mitarbeiterstab an die Bibelübersetzung, die sie 433 abschlossen. Zu diesem Zeitpunkt war das Arschakidenreich bereits untergegangen. Es hatte 387 die Teilung in einen oströmischen sowie einen drei Viertel größeren, sassanidischen Einflußbereich hinnehmen müssen. Im „römischen" Armenien konnten sich die Arschakiden nur bis 389 behaupten, im persischen scheiterten sie 428 am Widerstand der *nachararner,* die die Fremdherrschaft der Sassaniden vorzogen. Armenien verlor für vier Jahrhunderte seine Eigenstaatlichkeit, doch die wichtigste Kulturleistung der Arschakiden, die Christianisierung, überdauerte und erwies sich als folgenreichstes Ereignis in der gesamten armenischen Kulturgeschichte: Zum einen schnitt es die Kultur fast völlig von ihrer Vergangenheit ab, denn das siegreiche Christentum verhielt sich in seiner Anfangsphase in Armenien ebenso aggressiv wie in anderen Ländern. Vorchristliche Heiligtümer wurden systematisch zerstört, ein möglicherweise bereits vorhandenes armenisches Alphabet aus vorchristlicher Zeit geriet als „heidnisch" außer Gebrauch bzw. ging „verloren". Die im 5. Jahrhundert aufblühende, meist von Klerikern im Auftrag einzelner Fürstenhäuser ausgeübte Geschichtsschreibung stand bereits im Dienst des nationalen Christentums und bewahrte nur solche Fragmente aus der Epik des ersten Jahrtausends, die dem Weltbild und den Zielen der armenischen Chronisten jener Zeit dienten. Trotz mancher schriftlicher Zeugnisse aus den antiken Kulturen der Nachbarstaaten, vor allem Roms und Griechenlands, bleibt darum das Bild des vorchristlichen Armeniens lückenhaft und verschwommen. Andererseits verhinderte damals wie später einzig der christliche Glaube die Assimilation an die Kulturen der benachbarten Großmächte. Die armenisch-apostolische Kirche bot selbst in der Diaspora und im Exil jenen inneren Zusammenhalt, den der Staat nicht mehr geben konnte.

Der lange Kampf um Freiheit (I):
Gegen Perser, Byzantiner, Araber und eigene Unterdrücker

Die Sassaniden gewährten Armenien bis Ende der 440er Jahre halbe Unabhängigkeit, um sich seine Unterstützung im Kampf gegen die nomadischen Hunnen und Kuschanen zu sichern. Das änderte sich nach Schah Jesdigerds II. (438–457) Sieg über die Kuschanen sowie seiner Aussöhnung mit Byzanz. Allen Schichten einschließlich des christlichen Klerus wurden nun drückende Steuern auferlegt. Das bisher von christlichen Geistlichen ausgeübte Privileg der Rechtsprechung wurde den *magi*, den Priestern des Awesta-Kults, übertragen, wie der Masdaismus (Zoroastrismus) auch genannt wird. Eine reformierte Version des altiranischen Elementenkults hatte bereits Artaschir, der Begründer der Sassanidendynastie, zur Staatsreligion erhoben, Jesdigerd II. zwang sie auch den unterworfenen oder tributpflichtigen Völkern seines Vielvölkerreiches auf. Unter Führung des *sparapet* Wardan Mamikonjan (391–451), der 428 im Dienst der Perser erfolgreich gegen die Hunnen gekämpft hatte, erhoben sich im Herbst 449 die Bevölkerung Armeniens und die meisten *nachararner* gegen das Religionsdiktat sowie die Verletzung bisheriger Adelsvorrechte. Am 26. Mai 451 kam es in der Ebene von Awarajr, unweit der heutigen persischen Kleinstadt Maku, zur Feldschlacht von 66 000 Armeniern, davon die Hälfte Jugendliche, Frauen und einfaches Fußvolk, gegen die etwa 90 000 Mann starke, multinationale Streitmacht des Schah. Obwohl die Perser in der Überzahl und zudem mit einem Dutzend Streitelefanten ausgerüstet waren, fielen auf ihrer Seite mehr als doppelt so viele Krieger wie auf armenischer. Gleichwohl räumten die Armenier in der Dunkelheit der Nacht das Schlachtfeld, denn nach dem Tod ihres charismatischen Anführers zogen sie es vor, den Kampf als Partisanenkrieg fortzusetzen. Nach den Worten des Mönches Jerisches, eines armenischen Augenzeugen und Chronisten, endete die Schlacht unentschieden, denn „Treffliche hatten mit Trefflichen gerungen und beide Seiten eine Niederlage erlitten." Trotzdem ging die Schlacht von Awarajr als Inbegriff und Vorbild des Volkskrieges für Glaubensfreiheit und Unabhängigkeit in die armenische Geschichte ein, Wardan und seine gefallenen Gefährten als Märtyrer, derer die Armenier jährlich am *ton Wardananz* („Festtag der Wardaner") gedenken, der auf den letzten Donnerstag vor Beginn der Großen Fastenzeit (erste Februarhälfte) fällt.

Fortgesetzter Partisanenkampf zwang den Schah zum Einlenken und zu vorübergehenden Steuererleichterungen. Zugleich aber wurden führende Adlige und Geistliche in den Iran verschleppt und die Zahl persischer Garnisonen in Armenien erhöht. Erneuter Druck in den 460er Jahren rief einen weiteren Aufstand hervor, diesmal geführt von Wahan Mamikonjan, dem Neffen des gefallenen Helden Wardan, der im Mai 482 eine persische Strafexpedition in offener Feldschlacht unweit des symbolträchtigen Awarajr besiegte und 483 bei einem tollkühnen Ausfall aus dem belagerten Dwin den Persern entkam. Zermürbt vom dauernden Partisanenkrieg in Armenien und gleichzeitigen Hunnenangriffen, akzeptierte Schah Wararsch beim Friedensschluß das Christentum als Staatsreligion Armeniens, stellte die Privilegien des Adels wieder her und erkannte Wahan Mamikonjan als *marspan* (Statthalter) an. In den folgenden 85 Jahren des Friedens entwickelte sich die noch von den Arschakiden gegründete Stadt Dwin zu einem blühenden Zentrum des Handels und Handwerks. Eine erneute Verschärfung des persischen Drucks auf Armenien seit Mitte des 6. Jahrhunderts löste 571 einen Aufstand unter Führung von Wardan Mamikonjan d.J. („dem Rothaarigen") aus. Byzanz erklärte sich unter der Bedingung, daß sich auch Ostarmenien seiner Oberherrschaft unterstelle, zur Intervention bereit. Die folgenden byzantinisch-persischen Kämpfe um Armenien endeten nach 20 Jahren mit der zweiten Teilung des Landes, diesmal zugunsten von Byzanz, das mit seinen armenischen Besitzungen alles andere als schonend umging. 526 hatte Kaiser Justinian die innere Autonomie der *nachararner* vollständig aufgehoben und einen *Strategen* in Westarmenien eingesetzt, das administrativ in vier Provinzen unterteilt wurde, jedoch einen Wehrbezirk bildete. Aus byzantinischer Sicht galten die armenisch-apostolischen Christen seit dem Konzil von Chalcedon 451 als Schismatiker. Entsprechend versuchten byzantinische Kaiser und Kleriker immer wieder, die armenische Kirche zumindest in ihrem Herrschaftsbereich zur Annahme der damaligen Konzilsbeschlüsse zu zwingen. Weitere Benachteiligungen wie schwerer Steuerdruck sowie für den Bau der zahlreichen Festungen zu erbringende Frondienste lösten auch im bzyantinischen Armenien Mitte des 6. Jahrhunderts einen Aufstand aus, den Artawan Artsruni anführte.

Im Herbst 640 tauchte, mordend und plündernd, die neue Vormacht Vorderasiens auf, das arabische Kalifat. Der Historiker Howhannes Draschanakertzi (um 850–929) schilderte auch nach über 200 Jahren das Ereignis als schreckenerregend: „Sengender Südwind", der „die Macht von Nationen und Stämmen" hinwegfegte und „die Gärten des Landes in Schutt und Asche legte". Armeniens „Adelshäuer verschwanden, und jene, die blieben, wurden wie Sklaven unterjocht." Getrieben von der Dynamik des Islam, einer jungen und deshalb besonders aggressiven Eroberungsreligion, hatten die Araber in den 630er bis 640er Jahren das einst mächtige Sassanidenreich erobert und vernichtet. Auch bei zwei weiteren Vorstößen (643, 650) in die Araratebene machten sie reiche Beute und verschleppten Tausende Einwohner. Da Byzanz den bedrängten Armeniern wieder einmal seine Hilfe verweigerte, sah sich der Hochadel Ostarmeniens 652 zu Verhandlungen mit den Eroberern gezwungen. Ein für Armenien recht günstiger Vertrag gewährte eine dreijährige Steuerfreiheit sowie den Verzicht auf den Bau von Garnisonen gegen die Anerkennung arabischer Oberhoheit.

In der arabischen Armenienpolitik wiederholen sich die Methoden früherer Eroberer: Auf eine relativ duldsame Anfangsphase, in der die innere Autonomie des Adels noch weitgehend unangetastet blieb, folgte Ende des 7. Jahrhunderts die Konsolidierung der Fremdherrschaft, die mit einer drastischen Verschlechterung der Lebensverhältnisse der Unterworfenen einherging. Auch diesmal führten Frondienste, die die Armenier beim Bau von Garnisonen leisten mußten, sowie Steuerdruck seit 703 zu Aufständen, die wiederum blutige Strafexpeditionen nach sich zogen. Ebenso wie ihre Vorgänger etablierten die Araber Statthalter (*wostikanner*) aus den Reihen des eigenen Adels, die zu Dwin, später in Partaw residierten. Andererseits wies das arabische Herrschaftsinstrumentarium im Vergleich zu dem der Perser und Byzantiner Neuheiten auf: So erhoben die Araber ihre Steuern nicht „pro Herdstelle" (Haushalt), sondern als eine von allen männlichen Armeniern im Alter zwischen 15 und 60 Jahren zu entrichtende Kopfsteuer. Unter dem legendären Kalifen Harun al-Raschid erreichte die Ausplünderung der Unterworfenen Anfang des 9. Jahrhunderts ihren Höhepunkt. Neuartig war ferner die Ansiedlung von Nomadenstämmen, die die einheimische Bevölkerung aus den fruchtbaren Ebenen in höhere und kärgere Regionen verdrängten. Die Zwietracht unter den *nachararner* nutzten die Araber bis zur Perfektion aus, wobei sie doppelgleisig verfuhren: Jene Adelsgeschlechter, die wie die Kamsarakan und Mamikonjan seit Jahrhunderten gegen Fremdherrschaft gekämpft hatten, wurden regelrecht ausgerottet, botmäßige wie die Sjuni, Artsruni und insbesondere Bagratuni mit Privilegien ausgestattet. Als Dank dafür, daß die Bagratuni beim Aufstand der Jahre 747 bis 750 von den Mamikonjan abgefallen waren, übertrugen ihnen die Araber das bisher von den Mamikonjan ausgeübte Amt des *sparapet* und erhoben sie später sogar zu „Fürsten der Fürsten". Privilegien und Schenkungen machten dieses Adelshaus so mächtig, daß ihm an der Wende vom 8. zum 9. Jahrhundert große Teile Ostarmeniens gehörten. Zu diesem Zeitpunkt war das Kalifenreich bereits durch innere Krisen sowie Aufstände an seiner Peripherie derartig geschwächt, daß es in einzelne Territorialfürstentümer (Emirate) zu zerfallen drohte, deren Herrscher immer stärker nach Selbständigkeit strebten.

Die von den Arabern ebenfalls geförderten Artsruni wirken im Vergleich zu den Bagratuni weniger korrumpiert: Nach der Ausschaltung der Mamikonjan übernahm dieses Geschlecht seit 762 die Führung einer weiteren Volkserhebung, die am 24. April 775 mit der Schlacht von Bagrewand endete, bei der 4 500 Armenier fielen. Erst Waspurakan und danach Sassun im Südosten bzw. Süden des Hochlandes entwickelten sich zu Zentren des Widerstands. Der Versuch des *wostikan*, Steuern in Armenien einzutreiben, führte zu einem Aufstand, der sich trotz der brutalen Strafexpedition von 852 bis 855 zur Volkserhebung ausweitete.

Zum Freiheitskampf jener Jahrhunderte gehörten „Ketzer"-bewegungen, die an vorchristliche Glaubensinhalte anknüpften, wobei sie den stark ausgeprägten Dualismus der orientalischen Mysterienreligionen mit Elementen der bodenständigen armenischen Religion sowie spätantiker gnostizistischer Schulen verbanden, in erster Linie dem Manichäismus und dem Markionitentum. Unter dem Eindruck der Lehren des „Erzketzers" Markion von Sinope (um 95–165) begründeten Ende des 5. Jahrhunderts die Brüder Paulos und Johannes aus der Gegend von Samosata am Euphrat die in Syrien und Armenien verbreitete antihierarchische Bewegung der Paulikianer. Angesichts der schon früh einsetzenden Verfolgungen durch den orthodoxen Klerus und die byzantinischen Kaiser distanzierten sich die Paulikianer bei Verhören jedoch von ihren gnostischen und manichäischen Wurzeln und behaupteten mit großer Überzeugungskraft, die einzige Quelle ihres Glaubens seien die Evangelien – von denen sie später zwei verwarfen – sowie die Paulusbriefe. Wie die Markioniten verwarfen sie das Alte Testament, die Sakramente, das Priestertum sowie die Verehrung von Bildern und Zeichen einschließlich des Kreuzes, ferner die Lehre vom ewigen Leben und vom Jüngsten Gericht sowie den Marienkult.

Als Feudalherren fühlten sich Klerus und Adel von dieser populären Häresie ebenso bedroht wie der arabische Kalif und der byzantinische Kaiser, denn auf paulikianisches Gedankengut beriefen sich sowohl die gegen weltliche wie kirchliche Großgrundbesitzer gerichteten Bauernaufstände der Zeit als auch die Erhebungen gegen die Fremdherrschaft der Araber und Byzantiner. In Ostarmenien wurden die Paulikianer seit Mitte des 6. Jahrhunderts verfolgt, besonders blutig ab 695. In der Schlußakte der Synode von Dwin (719) heißt es: „Niemand soll an den Orten dieser höchst bösartigen Sekte schamloser Menschen angetroffen werden, die Paulikianer genannt werden, noch ihnen anhängen, noch zu ihnen sprechen, noch sie besuchen... Denn es sind die Kinder Satans, Brennstoff für das ewige Feuer und der Liebe des Schöpfungswillens entfremdet..." Während im arabischen Herrschaftsgebiet seit Mitte des 9. Jahrhunderts nichts mehr von den „Kindern Satans" zu hören war, verlagerte sich die Aktivität der Sekte offenbar nach Westarmenien, wo sie die bilderfeindlichen byzantinischen Soldatenkaiser der syrischen Dynastie zunächst geduldet hatten. Das änderte sich bereits unter Michael I. (811–813) und Theophilos (829–842), denn immer stärker wurde die Paulikianerbewegung als Störung der herrschenden Ordnung empfunden, zumal die in der zweiten Hälfte des 9. Jahrhunderts erstarkte Bewegung zunehmend aggressiv auftrat, Raubzüge unternahm und Rivalen im eigenen Lager gewalttätig bekämpfte. Nach dem Sieg über die Bilderstürmer 843 verschärfte sich auch im byzantinischen Herrschaftsgebiet wieder der Kampf gegen die Paulikianer. Dennoch konnten sie sich in Westarmenien, wo die Feudalisierung weiter vorangeschritten war und ein entsprechend größeres Konfliktpotential bestand, länger als in Ostarmenien behaupten. Zeitweilig gelang es ihnen sogar, sich die arabisch-byzantinische Gegnerschaft zunutze zu machen und sich mit dem Emir von Melitene zu verbünden, bis Kaiser Basileios I. (867–886) sie in ihrem Blut ertränkte. Ab 875 ließ er Anhänger dieser „Ketzer"bewegung an den Rand des byzantinischen Reiches, nach Thrakien, zwangsumsiedeln, so wie es ein Jahrhundert zuvor bereits Kaiser Konstantinos getan hatte. Um das Jahr 969 siedelte Kaiser Johannes Tsimiskes erneut eine große Zahl Paulikianer in Philippopolis (heute Plovdiv, Bulgarien) an. Damit trugen die byzantinischen Herrscher erst recht zur Verbreitung des Paulikianertums bei. Von Beginn an eine übernationale, auch Syrer, Griechen und andere Nachbarvölker Armeniens erfassende Erscheinung, verbreiteten die Paulikianer nun ihre aufrührerische Lehre unter den Balkanslawen, besonders erfolgreich in Bosnien, wo Mitte des 10. Jahrhunderts die fundamentalistisch-asketische Sekte der Bogumilen (nach dem Priester Bogumil bzw. Theophilos) entstand, die im 13. Jahrhundert zur offiziellen bosnischen Staatskirche aufstieg. Noch Ende des 17. Jahrhunderts bestanden zwischen Adrianopel (türk. Edirne) und Philippopolis zahlreiche Dörfer, in denen sich der paulikianische Glaube mit christlichen und vorchristlichen Elementen vermischt hatte. Das bogumilische Bosnien reichte den über Armenien vermittelten Antimaterialismus und Antihierarchismus seinerseits an die südfranzösischen Katharer (12.–14. Jahrhundert) weiter, von wo sich der frühe „Protestantismus" gegen die etablierte, wohlhabende Kirche bis nach Mitteleuropa fortpflanzte. Paulikianische Missionare aus Armenien und von den Normannen 1041 in Thrakien geschlagene Paulikianer verbreiteten den Glauben auch in Italien. Martin Luther und Thomas Münzer, die beiden Leitgestalten der deutschen Reformation, besaßen frühe Vorgänger im Armenischen Hochland.

Dort scharten sich zu Anfang des 9. Jahrhunderts versprengte Paulikianer in dem Dorf Tondrak (Provinz Turuberan) im Nordwesten des Wan-Sees um den vielseitig gebildeten Priester Smbat Sarehawanzi, der zum Begründer einer sich rasch über ganz Armenien verbreitenden Nachfolgebewegung wurde. Auch die Tondraken verwarfen die Lehre von der Unsterblichkeit der Seele. Sie glaubten an die Gleichheit aller Menschen einschließlich der Geschlechter. In Sjunik verschmolz ihre Bewegung mit dem Aufstand der Bauern gegen das reiche Kloster Tatew. Mehrere Dörfer erhoben sich, als der Sjuniker Fürst Smbat Bagratuni ihre Einwohner dem Kloster übereignete. Besonders die Bauern von Zuraberd wehrten sich fast 90 Jahre lang und töteten im Verlauf ihres Kampfes 1003 den Abtbischof Tatews, worauf der Sjuniker Herrscher Wassak ihr Dorf dem Erdboden gleich machte. Noch heute kann man sich lebhaft die Heftigkeit der damaligen Kämpfe beim Anblick der düsteren Wehrmauern vorstellen, die an der Landseite die eindrucksvollen Ruinen dieses schwindelerregend am Steilhang einer tiefen Felsschlucht errichteten Klosters schützen.

Hatten sich die Tondraken bis dahin im wesentlichen gegen armenische Feudalherren aufgelehnt, kam es im zweiten Viertel des 11. Jahrhunderts zu einer direkten Konfrontation mit Byzanz, als dieses große Teile Armeniens zu annektieren versuchte. Wenngleich die schlecht bewaffneten und organisierten Bauern der regulären byzantinischen Armee auf Dauer nicht standzuhalten vermochten, so pflanzte sich der Geist des religiösen und sozialen Aufruhrs in einer dritten Häretikerbewegung fort, den im 11. und 12. Jahrhundert in Südarmenien, Kilikien und Mesopotamien verbreiteten *Arewordik* („Sonnenkindern"). Ihre Lehre vereinte vorchristliche armenische mit masdaistischen Elementen.

Zwischen Arabern, Byzantinern und Seldschuken: Die Zeit der Königreiche (885–1065)

Im Ergebnis der langen Kämpfe waren die Araber so geschwächt, daß 875 ein Fürstenrat die Unabhängigkeit Armeniens ausrief und dem Kalifen vorschlug, Aschot Bagratuni zum König zu erheben. Zwar verzögerte der „Herrscher der Rechtgläubigen" diese Entscheidung um weitere zehn Jahre, mußte dann aber den Bagratidenfürsten ebenso als legitimen König anerkennen wie Kaiser Basileios I., der diesem nach alter römischer Sitte die Krone schickte. Byzanz und das Kalifat brauchten Armeniens Bündnistreue gleichermaßen, und der diplomatisch begabte Aschot I. bemühte sich in seiner fünfjährigen Herrschaft, zu beiden gute Beziehungen zu unterhalten, gleichzeitig aber die Vereinigung der armenischen Fürstentümer voranzutreiben. Doch selbst auf dem Zenit der Bagratidenmacht verhinderten der Selbständigkeitsdrang der Fürsten und byzantinische Intrigen eine vollständige Zentralisierung. Armenien blieb auch innerlich gespalten. Schon Aschots Sohn und Nachfolger Smbat I. (890–914) stieß auf den heftigen Widerstand der Artsruni von Waspurakan. Deren Zwist mit den Bagratiden machte sich der Emir von Atropatene zunutze, indem er 908 Gagik Artsruni zum König eines zweiten armenischen Königreichs krönte, Smbat jedoch 914 gefangennahm und kreuzigen ließ. Smbats Sohn, Aschot II. (914–928), mußte einen siebenjährigen Befreiungskrieg gegen den Emir führen, was ihm den Beinamen „Jerkat" („der Eiserne") einbrachte. Schließlich zwang sein Bündnis mit Byzanz den arabischen Kalifen, einzulenken und Aschot II. als *Schah-in-Schah* anzuerkennen. Doch erst Aschot III. (der Barmherzige, 952–977) stellte die Tributzahlungen an den Kalifen gänzlich ein.

Die Bagratiden bemühten sich um eine ausgewogene Neutralitätspolitik im Spannungsfeld zwischen Byzanz und dem Kalifat, aus deren Kriegen sie ihr Reich ab den 930er Jahren für etwa ein Jahrhundert herauszuhalten vermochten. Der lange Friede förderte den über Ani verlaufenden Fern- bzw. Karawanenhandel, der in dieser Epoche ebenso wie das Handwerk aufblühte. Auf einer natürlichen Felszunge am Zusammenfluß zweier Flüsse strategisch äußerst günstig gelegen, geht die Hauptstadt des Königreichs Schirak auf eine urartäische Festung oder Tempelanlage zurück. Bereits in vorchristlicher Zeit hatte der Ort wegen seiner geschützten und zugleich verkehrsgünstigen Lage als Handelsposten Bedeutung erlangt. Aschot III. ließ sich 961 zu Ani, das seiner Familie seit 783 gehörte, krönen und baute die Stadt, die sich fast im Mittelpunkt Schiraks sowie an der Kreuzung wichtiger Fernhandelswege befand, zur Metropole und Residenz aus, die als Handelszentrum bald Dwin überflügelte und sich in nur knapp 50 Jahren zur bedeutendsten und, mit einhunderttausend Einwohnern, neben Dwin zur größten Stadt Armeniens entwickelte. Stadtoberhaupt war ein vom König ernannter *amira*, ab dem 11. Jahrhundert der *erizani*, ein aus Adligen, dem Bischof sowie den Bürgermeistern der Stadtviertel gebildeter Ältestenrat. Als Metropole erlebte Ani seine Hochblüte im 10. Jahrhundert. 1045 fiel es durch Verrat in die Hände der Byzantiner, bestand jedoch als Freistadt weiter bis zum Mongoleneinfall 1236 und ging erst im 15. Jahrhundert vollständig unter. Trotz der bis in die Gegenwart anhaltenden mutwilligen Zerstörungen, der Erdbebenschäden und des Verfalls beeindrucken seine Ruinen noch immer. Ebenso besitzt Kars mit seiner Kathedrale und einer mächtigen Festung Reste aus der einstigen Glanzzeit, als es zwischen 928 und 961 die erste Residenz der Bagratiden und anschließend, bis 1064, ihrer Vasallen bildete, einer Nebenlinie der Bagratiden. Damals zählte Kars etwa 50000 Einwohner.

Das mit den Bagratiden rivalisierende Königreich von Waspurakan besaß sein Handels- und Handwerkszentrum in Wan, der wohl ältesten Stadt Armeniens. Die Residenz der Artsruni befand sich jedoch auf der Insel Achtamar, wo König Gagik I. (908–937) eine prächtige Palastkirche stiftete. Doch die Erstarkung armenischer Territorialfürstentümer lag nicht im Interesse von Byzanz. Das erste Opfer seiner Intrigen wurde 966 das südarmenische Fürstentum von Taron, wo die

Bagratiden eine Nebenlinie etabliert hatten, dann folgte das Königreich von Waspurakan, dessen letzter Herrscher, Senerkerim Artsruni, sich 1021 gezwungen sah, seine Herrschaft den Byzantinern abzutreten sowie mit seiner Familie und seiner Streitmacht im kleinarmenischen Sebaste Zuflucht zu suchen. Zwanzig Jahre später, nach dem Tod seines bisherigen Königs, versuchten die Byzantiner sogar vom mächtigen Reich von Schirak Besitz zu ergreifen. Doch dessen bejahrter *sparapet* Grigor Pahlawuni sowie die Bevölkerung verteidigten Ani bei diesem und folgenden Angriffen mit solcher Entschlossenheit, daß der erst 16jährige Nachfolger Gagik II. Bagratuni (1042–1045) inthronisiert werden konnte. Unter dem Vorwand von Verhandlungen lockten ihn die Byzantiner allerdings drei Jahre später nach Konstantinopel, setzten ihn gefangen und zwangen ihn zur Abdankung. Nach der Gefangennahme Gagiks lieferte Katholikos Petros 1045 die Hauptstadt Ani dem byzantinischen Kaiser Konstantinos IX. Monomachos aus.

Die kurzsichtige Armenienpolitik der Byzantiner rächte sich umgehend. Schon 1048, 1049 und 1054 brachen die Seldschuken, ein aus dem heutigen Usbekistan nach Kleinasien vordringendes turkstämmiges Nomadenvolk, plündernd und mordend über das seiner wehrfähigen Fürstenfamilien beraubte Land los, hinterließen entvölkerte Siedlungen und lösten eine in diesem Umfang nie gesehene Massenflucht der Bevölkerung aus. Hunderttausende flohen südlich nach Kappadokien, Kleinarmenien und Kilikien oder nördlich auf die Krim, nach Moldawien und Polen.

In einem späten Versuch, Armenien als Pufferstaat gegen die neuen Invasoren zu erhalten, revidierte Byzanz nach seiner Niederlage bei Bassen (1049) die bisherige Schwächungspolitik: Liegenschaften vertriebener Adliger wurden zurückerstattet, der Steuerdruck und die kirchlichen Verfolgungen gemildert. Doch die verbliebenen Kleinfürstentümer von Wanand, Sjunik und Lori führten einen zu ungleichen Kampf. 1064/65 gelang es dem Seldschukensultan, die nordostarmenischen Provinzen Ajrarat, Sjunik, Arwank (das einstige kaukasische Albanien) sowie Ostgeorgien zu erobern. Nach der endgültigen byzantinischen Niederlage von 1071 bei Manaskert, unweit des Wan-Sees, kamen der Großteil Armeniens sowie einige östliche Regionen Kleinasiens unter die Herrschaft des Seldschukensultans, die allerdings nicht von langer Dauer war. Schon Anfang des 12. Jahrhunderts zerfiel sein armenisches Reich in die sich ständig befehdenden Emirate von Ani, Dwin, Kars, Chlat und Karin, das die Eroberer Erzurum nannten. Die nordostarmenische Region Lori geriet 1110 bis 1123 an Ost-Georgien. Die Seldschukenkriege und -herrschaft wirkten sich verheerend aus: Ackerland wurde zu Weiden umgewandelt, die altansässige Bevölkerung, soweit sie nicht geflohen war, in höhere Regionen abgedrängt. In den Ebenen lagen Acker- und Gartenbau ebenso darnieder wie Handel und Handwerk. Der Historiker und Zeitgenosse Aristakes Lastiwertzi klagte Ende des 11. Jahrhunderts: „Jene, die ihren Lieben entrissen wurden, zerstreute man gleich Sternen, falls sie nicht das Schwert erschlug. In unserer Zeit entbrannten Kriege in allen Himmelsrichtungen: Das Schwert im Osten tötete den Westen, Feuer im Norden und Tod im Süden. Die Freude verließ das Land."

Renaissance und blutige Zwischenspiele: Georgier, Mongolen und Turkmenen

In Armeniens nördlichem Nachbarland Georgien stellten die Bagratiden unter dem Namen Bagrationi eines der acht führenden Adelsgeschlechter. Aschot, das Oberhaupt des über Kartlien (Zentralgeorgien) herrschenden Zweiges, hatte 786 vor den Arabern in die unter byzantinischer Oberherrschaft stehenden Stammlande seiner Familie, nach Tao-Klardscheti, fliehen müssen, einer bis ins 20. Jahrhundert von Armeniern und Georgiern bewohnten Region in der heutigen Türkei. Dort verliehen ihm die Byzantiner 826 den Hoftitel „Kuropalates", den dritthöchsten Rang nach dem Kaiser. Doch erst 975 kam mit Bagrat III. Bagrationi ein Herrscher zur Macht, dessen Erbfolge allgemein anerkannt wurde.

Die in der georgischen Geschichtsschreibung als *didi turkoba*, das „große Türkenfest", bezeichnete Seldschukenherrschaft drückte zwar auch Georgien hart, doch da es im Unterschied zu Armenien nicht vollständig erobert worden war, fiel es den Georgiern leichter, das Türkenjoch abzuwerfen. In Armenien seit 1045 von den Byzantinern ausgeschaltet, spielten die Bagratiden dabei die führende Rolle. Das „Goldene Zeitalter" der georgischen Geschichte beginnt mit Dawit IV. (1089–1125, außerhalb Georgiens auch als Dawit III. oder II. bezeichnet), der bereits mit 16 Jahren den Thron bestieg. Nach byzantinischem Vorbild baute er ein bis zu 80 000 Mann starkes, aus Angehörigen des nordkaukasischen Kriegervolkes der Kiptschaken bestehendes Söldnerheer auf, mit dem er seine von den Seldschuken verwüstete Heimat befreite und, oft gegen den Widerstand des Adels, zu einem starken Zentralstaat vereinte. Dawit IV. ging in Georgiens Geschichte als *aqmaschenebeli* („Wiederhersteller") der Eigenstaatlichkeit sowie als einer seiner fähigsten und gebildetsten Herrscher ein. Glückliche Umstände halfen ihm: Ein vorübergehendes Machtvakuum in Vorderasien begünstigte Georgiens Aufstieg zur regionalen Hegemonialmacht. Der erste Kreuzzug (ab 1096) sowie die allmähliche Wiedererstarkung der Byzantiner schufen weitere positive Voraussetzungen für ein sich vom Schwarzen bis zum Kaspischen Meer erstreckendes christliches Großreich, das unter Dawits legendärer Urenkelin Tamar (1184–1213) seinen Zenit erreichte. Damals schloß es Nordostarmenien mit den ehemaligen Bagratiden-Kleinkönigreichen von Wanand (Kars), Schirak (Ani), Taschir-Dsoraget (Lori) und Sjunik ein, die das armenische Brüderpaar Iwane und Sakare Sakarjan an der Wende vom 12. zum 13. Jahrhundert eroberte. Beide Fürsten hatten hohe Posten am Hofe Tamars inne. Zu Statthaltern über die halbautonomen Neubesitzungen in Armenien erhoben, regierte Sakare die westlichen Teile von seinen Residenzen in Ani und Lori aus, Iwane den Osten von der Festung Kajan.

Die Befreiung von den Seldschuken führte sofort zu einer beachtlichen kulturellen und wirtschaftlichen Renaissance Nordostarmeniens, die sich im Neu- und Ausbau zahlreicher

Klöster und Festungen ausdrückte. Die in dieser Periode fast verspielt und manieristisch wirkende Steinmetzkunst erreichte im Baudekor sowie in den Kreuzsteinen ihren Höhepunkt. In den Städten Ani, Kars, Dwin und Jerewan blühten wieder das Handwerk und der Handel auf, der sich nun besonders nach Norden bzw. Rußland orientierte.

Doch der Aufschwung währte nur knapp vierzig Jahre. Bereits 1236 fiel eine 30 000 Mann starke mongolische Streitmacht im Transkaukasus ein und eroberte bis zum Jahresende ganz Nordarmenien. Belagerten Städten wie Kars und Ani machten die Eroberer nach ihrer Gewohnheit nur einmal ein Kapitulationsangebot. Wer es ausschlug, sich wehrte und sich dann doch ergeben mußte, wurde, zur Abschreckung künftigen Widerstands, grausam bestraft. 1242 bis 1245 folgte die Eroberung des armenischen Westens und Südens. Ein Aufstandsversuch des armenischen Fürsten Sakarjan und König Dawits V. *ulu* („der Feiste"), der als mongolischer Statthalter zu Tbilissi (Tiflis) regierte, scheiterte. Die etwa einhundertjährige Herrschaft der Mongolen war von zahlreichen und besonders harten Steuerlasten begleitet: der Bodensteuer *mal*, einer Kopfsteuer für alle Männer im Alter zwischen 15 bis 60 Jahren sowie einer Wehrsteuer. Wie schon zur Seldschukenherrschaft suchten zahlreiche Armenier dem scheinbar endlosen Elend in ihrer Heimat durch Auswanderung zu entrinnen.

In der zweiten Hälfte des 14. Jahrhunderts behauptete der turkstämmige Emir Timur Lenk („der Lahme", auch Tamerlan, gest. 1405), aus der Sippe des Mongolenherrschers Dschingis Chan zu stammen, dessen Reich er vergeblich als Erbe beanspruchte. In den 1370er Jahren eroberte er sich ein eigenes Großreich, dessen Hauptstadt Samarkand im heutigen Usbekistan noch immer jene geistlichen Prunkbauten schmücken, die zwangsverschleppte Meister aus dem Iran errichten mußten. In den Jahren 1386, 1387 sowie den 1390er Jahren verwüstete dieser blutrünstigste aller turko-mongolischen Despoten fast ganz Armenien und ging äußerst grausam gegen die Besiegten vor. Ein Augenzeuge berichtete über die Eroberung von Sebaste (türk. Sivas) im Jahr 1400: „In diesem Sommer nahm Tamurbek die Stadt Sebaste ein, die er zerstörte und verwüstete. Er schlachtete alle ab, viele Frauen und Kinder führte er in Gefangenschaft, 3000 Männer aber, die Pfeile auf ihn abgeschossen hatten (also ihre Stadt verteidigt hatten, T.H.), ließ er lebendig begraben." Die nach ihren Bannern benannten Turkmenenstämme der Schwarz- und Weißhammel (Kara bzw. Ak Koyunlu), die sich bereits Ende des 13. Jahrhunderts in Kleinasien und Armenien etabliert hatten, traten die Nachfolge des kurzlebigen Tamerlanreiches an. 1410 bis 1468 hatten die Schwarzhammel mit dem Zentrum Tabris die Vormacht inne, dann bis 1502 die Weißhammel mit Diyarbakir als Zentrum.

Im Schutz der Kreuzzüge: Das kilikische Reich der Rubeniden

Seit der Antike, vor allem seit der Herrschaft Tigrans II. im ersten vorchristlichen Jahrhundert, lebten neben Juden, Syrern und Griechen auch Armenier in Kilikien. Ihre Zahl und Bedeutung muß in der Spätantike so groß gewesen sein, daß der römische Historiker Ammianus Marcellinus (332 bis ca. 400) die Bucht von Alexandrette als „armenischen Golf" bezeichnete. Der Niedergang der Königreiche im Armenischen Hochland verstärkte die Zuwanderung nach Kilikien, wo von 1070 bis 1090 Filaret, ein armenischer Vasall der Byzantiner, herrschte, sich aber nicht gegen die Seldschuken behaupten konnte. Fürst Ruben, ein Verwandter des von den Byzantinern ermordeten letzten Bagratidenkönigs Gagik II., übernahm Filarets kurzlebigen Staat, nachdem er 1080 seine eigene „Baronie" begründet hatte, die er und seine Nachfahren von Wahka aus regierten. Traditionell antibyzantinisch eingestellt, stützte sich die Politik der Rubenjan (Rubeniden) auf die seit Ende des 11. Jahrhunderts im Nahen Osten entstandenen Kreuzfahrerstaaten, insbesondere auf die von Flamen regierte Grafschaft von Edessa, auf die normannischen Fürsten von Antiochia sowie die von Richard Löwenherz in Zypern eingesetzten Lusignan. Zu den traditionellen Gegnern des kleinen Mittelmeerstaates gehörten das nördlich benachbarte kleinasiatische Seldschuken-Sultanat („Rum-Seldschuken") und im Süden der Ajjubiden-Staat, gegen die ein besonders dichtes Netz von Festungen schützten sollte, in denen die Herrscher Kilikiens Ritter der Templer und des Deutschen Ordens einsetzten. Ihren Aufstieg zu „Königen der Armenier" verdankten die Rubeniden-Barone dem Dritten Kreuzzug (1189–1192) unter dem greisen deutschen Kaiser Friedrich I. Barbarossa, der zwar einen glänzenden Sieg über die Seldschuken bei Iconium erfocht, jedoch am 10. Juni 1190 im „Seleukidenfluß", dem Kalykadnos, ertrank. Für die Dienste, die Fürst Lewon II. Rubenjan (als König Lewon I., 1198–1219) den Kreuzfahrern bei deren Durchzug durch Kilikien leistete, wurde er am 6. Januar 1198 im Auftrag von Kaiser Heinrich VI. feierlich in der Kathedrale von Tarsus vom Mainzer Erzbischof Konrad Wittelsbach, dem Legaten des Papstes Cölestin III., gekrönt; als Gegenleistung mußte er freilich den deutschen Kaiser als seinen Oberherrn und den römischen Papst als Haupt der armenischen Kirche anerkennen. Der französische König bezeichnete in seinem Briefwechsel Lewon huldvoll als „Vetter aus Armenien". Da ließ es sich auch der byzantinische Kaiser nicht nehmen, eine Krone zu schicken und indirekt daran zu erinnern, daß armenische Herrscher seit den Zeiten Trdats I. von römischen Kaisern eingesetzt zu werden pflegten. Zeitgenossen werteten Lewons Aufstieg als Wiedergeburt des Bagratidenreiches, doch übertraf das kilikische Reich seinen Vorgänger an Prunk sowie Stolz und prägte, im Unterschied zu den Bagratidenkönigen, eigene Münzen. Selbst innerhalb der multi-ethnischen Levante, die seit jeher eine Begegnungsstätte und einen Schmelztiegel der Kulturen und Religionen bildete, war Kilikien ein kosmopolitischer Staat, wo sich Armenisches mit Byzantinischem und Arabischem mischte. Besonders prägend wurde naturgemäß die „fränkische" bzw. „lateinische" Kreuzfahrerkultur, der auch die meisten Amtstitel am Hof der Rubenjan entlehnt waren. Zum Kronrat gehörte der *dschansler* (Kanzler), der die Funktionen eines Staatssekretärs und Außenministers innehatte, der *gundstabl-sparapet* (Konnetabel, Kronfeldherr), der *maradschacht* (Marschall) als Helfer des Kronfeldherrn und königlicher Schatzmeister sowie der *proximos* (Finanzminister). Nach fränkischem Vorbild führten die Rubenjan die Lilie im Wappen. Adlige nannten sich nun *paron* (Baron, Freiherr), woraus im Neuarmenischen die Anrede „Herr" wurde, wählten westeuropäische Vornamen und heirateten Angehörige des Kreuzritteradels, was verschiedentlich zu konfliktträchtigen, dynastischen Ansprüchen auf den armenischen Thron führte. Latein und Französisch wurden zur Hofsprache, man orientierte sich an den Sitten und Idealen des westeuropäischen Rittertums. Bei Glaubensfragen endete freilich die Anpassungsbereitschaft: Viele *paronajk* lehnten, wie stets im Gegensatz zum Hof, die vom Königshaus angestrebte Annäherung an die römisch-katholische Kirche heftig ab. Die seit 1147 in der Festung Hromkla, ab 1292 in Sis residierenden Katholikoi schwankten zwischen schroffer Ablehnung und der Befürwortung einer Union, zu der auch Franziskaner- und Dominikanermönche die orientalischen „Schismatiker" zu drängen versuchten.

Kilikiens sich bis in die 1360er Jahre stetig mehrender Reichtum beruhte auf dem Handel, der Landwirtschaft (Viehzucht, Feldwirtschaft) sowie Bodenschätzen: Gold, Silber, Kupfer, Blei und vor allem Eisen wurden gefördert, verhüttet und verarbeitet, wobei die in Kilikien hergestellten Waffen ebenso begehrte Exportartikel darstellten wie die Teppiche. Kilikien bildete ein wichtiges Glied im Fernhandel des Nahen Ostens mit Süd- und Westeuropa sowie Persien, Indien und China. Mit geradezu byzantinischem Diplomatengeschick öffnete es seine Handelshäfen Ajas (Lajazzo) und Korikos den Karawanen der benachbarten muslimischen Emirate und sicherte sich zugleich Transportverträge mit den einflußreichen italienischen Stadtstaaten Venedig, Genua und Pisa. Von Ajas im Westen des „armenischen Golfs" reiste Marco Polo 1272 zum Hof des mongolischen Großchan Möngke nach Peking, nachdem 1255 bzw. 1268 Wilhelm von Rubruk sowie Marcos Vater Nicolò Polo von ihren Fernreisen nach Karakorum dorthin zurückgekehrt waren.

Die ersten bedeutenden Reisenden auf dieser Route zum fernen mongolischen Machtzentrum waren jedoch 1247 der *gundstabl* Smbat, dem 1253–1255 sein Bruder, König Hetum I. (1226–1269), folgte. Ihre Fahrt nach Karakorum diente dem Ziel, sich neuen politischen Konstellationen anzupassen, und markiert das sich abzeichnende Ende der kilikischen Hochblüte. Mit Hetum I. war durch Einheirat ein Angehöriger der zweiten großen Adelsfamilie Kilikiens zur Macht gelangt. Sie stammte aus Gandsak im äußersten Nordosten des Armenischen Hochlandes (heute Gandscha in Aserbeidschan), führte sich aber auf die Artsruni von Waspurakan zurück und nahm im Unterschied zu den Rubeniden eine probyzantinische Haltung ein. Die Hetumjan suchten bewußt den Ausgleich mit den Rum-Seldschuken und mißtrauten den Kreuzfahrern. Verwandte, die mit Duldung der Mongolen in faktischer Autonomie ihr Kleinkönigtum Chatschen (Arzach) regierten, rieten Hetum I. zum unkonventionellen Bündnis mit den Mongolen, den neuen Herrschern über den Transkaukasus, das Armenische Hochland sowie den Iran. Als Gegenleistung für die Anerkennung ihrer Oberherrschaft sagten die Mongolen Hetum I. tatsächlich Schutz gegen die Muslime zu und versprachen sogar, Jerusalem für die Christen zu befreien. Ein mongolisch-westchristliches Bündnis gegen den Islam schien in jener Periode so verlockend, daß Papst Clemens V. den Neffen und vormaligen General des kilikischen Königs, Hetum den Historiker (auch Hajton genannt), 1307 beauftragte, seine „Geschichte der Tataren" ins Altfranzösische zu übersetzen, unter dem Titel der lateinischen Übersetzung „Flos historiarum terrae Orientis" (Sammlung der Geschichten des Orients) ist sie in ganz Europa bekannt geworden und stieß wegen ihrer profunden Sachkenntnis auf großes Interesse, ohne jedoch das politische Ziel des Verfassers, ein erneutes christlich-mongolisches Bündnis gegen den Islam, zu erreichen.

Ein solches Bündnis war nur einmal, 1258, zustandegekommen, als eine multinationale Streitmacht aus den über den Iran gebietenden Mongolen, Armeniern aus Kilikien und dem Transkaukasus, Georgiern sowie den Normannen aus Antiochia Bagdad, dann Aleppo sowie Damaskus (1260) eingenommen und damit der Abbassidendynastie den Todesstoß versetzt hatte. Doch es waren Scheinsiege, denn schon war mit den Mameluken eine neue und stärkere muslimische Großmacht entstanden. Diese ursprünglich aus dem Schwarzmeerraum stammenden Söldner hatten sich 1257 in Ägypten gegen die kurdische Dynastie Saladins erhoben, fränkische Festungen in Palästina erobert und 1266 die Mongolen bis nach Tabris zurückgeworfen. Einer nach dem anderen gingen die levantinischen Kreuzfahrerstaaten von Antiochia (1268), Tripolis (1289) und Akkon (1291) unter. Allein und isoliert, geriet Kilikien in zunehmende Bedrängnis, vor allem, als ab den 1320er Jahren auch die Rum-Seldschuken wieder angriffen. Hilfsappelle an den französischen König sowie den Papst verschlimmerten bloß die Lage, da sie wirkungslos blieben und die muslimischen Gegner nur noch mehr reizten, und die auf den Konzilien von Sis (1307) und Adana (1316) beschlossene Union der armenisch-apostolischen Kirche mit Rom, die Kilikien die Unterstützung der „lateinischen" Welt sichern sollte, löste einen Aufstand des Adels und der Bevölkerung aus und führte zur inneren Spaltung der Gesellschaft. 1321 verwüsteten Heere der Seldschuken und Mameluken das Land, König Lewon V. (1320–1341) mußte 1323 und 1335 weitere, noch ungünstigere Abkommen mit den Mameluken schließen und ihnen den Hafen Ajas sowie einige Küstenlandstriche abtreten. Mit diesem Herrscher endete die Dynastie der Hetumiden in direkter Linie, Fürsten aus der Kreuzfahrerdynastie der Lusignan übernahmen ab 1342 den armenisch-kilikischen Thron. Doch schon 1359 eroberten die Mameluken Unterkilikien. 1375 fiel, nach dreimonatiger Belagerung, die Hauptstadt Sis, wobei König Lewon VI. in Gefangenschaft geriet. Als er 1382 nach Frankreich ausreisen durfte, versuchte er dort vergeblich, den Kreuzzugsgedanken wiederzubeleben. Europa war inzwischen mit dem Hundertjährigen Krieg beschäftigt. 1383 starb Lewon VI. im Pariser Exil, sein Grab wurde während der Französischen Revolution wie alle Königsgräber geschändet und die sterblichen Überreste verstreut. Nur sein Kenotaph erinnert in der Königsgruft der Kathedrale Saint Denis an den letzten Träger des Titels „König der Armenier", den später das Haus Savoyen beanspruchte. Im zerklüfteten Oberkilikien setzten die Bevölkerung und Lokalherrscher den Partisanenkampf gegen die Mameluken noch lange fort. Siedlungen wie Sejtun (Ulnia), Marasch und Hadschn konnten sich als Widerstandszentren sogar während der osmanischen Herrschaft von 1487 bis 1920 eine faktische Halbautonomie bewahren.

Die lange Nacht:
Unter der Herrschaft der Safawiden und Osmanen

Zwei neue Konkurrenten um die Vormachtstellung betraten Anfang des 16. Jahrhunderts die armenische Bühne und bestimmten in den folgenden drei Jahrhunderten das Landesschicksal: Das nach seinem Gründer Osman benannte Sultanat war, neben anderen türkischen Staatsgründungen dieser Region, bereits Ende des 13. Jahrhunderts am Nordwestrand Kleinasiens entstanden und hatte sich bis zur zweiten Hälfte des 14. Jahrhunderts etliche Staaten unterworfen. Mit der Eroberung ihrer Hauptstädte Konstantinopel (1453) und Trapesunt (1461) versetzte es Byzanz und dem Pontischen Reich als den beiden letzten und einst bedeutendsten christlichen Reichen Kleinasiens den Todesstoß. Seit der Eroberung des Krimchanats 1476 kontrollierten die Osmanen auch das Schwarze Meer. Beim anschließenden Vormarsch zum Kaspischen Meer legten sie das Armenische Hochland in Schutt und Asche, gerieten dort aber seit 1512 in Konflikt mit den Safawiden. Dieser nach seinem religiös verehrten Vorfahr Scheich Sefiad-din benannte schiitische Turkmenenstamm aus Ardabil hatte 1502 die Herrschaft über den Iran ergriffen. Trotz des Friedensschlusses von Amassia (1555), bei dem nur Westarmenien an das Osmanische Sultanat fiel, drang die osmanische Streitmacht 1578 in den Transkaukasus ein. Als 1603 der Versuch, die Stadt Wan einzunehmen, mißlang, ließ Allahwerdi, der General des Schah, die umliegende Region verwüsten und die

Abb. 3: Äußere Anpassung an die persische Umgebung: Das Isfahaner Armenierviertel Nor Dschura mit der Muttergotteskirche.

Bevölkerung massakrieren. 23 000 Armenier wurden samt ihrem Vieh nach Isfahan und Kaschan deportiert. Als auch die Rückeroberung der von den Osmanen besetzten Stadt Jerewan fehlschlug, ging Allahwerdi dort ähnlich vor. Nach unterschiedlichen Quellen wurden im Februar 1604 zwischen 50 000 und 100 000 Armenier in die inneren Provinzen Irans getrieben. Etwa ein Fünftel der Deportierten ertrank in den reißenden, eisig kalten Fluten des Arax – „hinter uns das Schwert und vor uns das Wasser", wie der Dichter Howhannes Tumanjan später diese traumatische Erfahrung treffend umschrieb. Um eine Wiederansiedlung zu verhindern und den türkischen Besatzern jegliche Existenzgrundlage zu nehmen, ließ Allahwerdi Obstbäume und Weinstöcke abhacken sowie Brunnen zerstören. Die Überlebenden der Gewaltmärsche siedelte er in Schiras und Hamadan an, vor allem aber bei der safawidischen Hauptstadt Isfahan, wo den Armeniern die neue Beistadt Nor Dschura („Neu-Dschura", pers. Dschulfa) zugeteilt wurde. Sie erhielt den Namen des alten Handelszentrums von Nachitschewan, der Heimatprovinz der meisten Zwangsumgesiedelten. Nachdem der Schah ihnen den Frondienst erlassen und Häuser zugewiesen hatte, erfüllten sich seine merkantilen Erwartungen. Nor Dschura, das bereits in der ersten Hälfte des 17. Jahrhunderts 30 000 Armenier zählte, entwickelte sich rasch zum wichtigsten Zentrum im Fernhandel zwischen dem Iran, Rußland, dem Osmanischen Sultanat und den Niederlanden, wo die armenischen Kaufleute aus dem Iran als *Jolfalijnen* bekannt waren. Die Mitglieder der Handelskompanie Nor Dschuras dominierten den gesamten iranischen Außen- und Transithandel mit Rohseide, dem mit Abstand wichtigsten Exportgut des Safawidenreiches, und zwar sowohl auf der traditionellen Ausfuhrroute durch das Osmanische Sultanat als auch seit dem dritten Viertel des 17. Jahrhunderts über die Route Isfahan – Moskau – Amsterdam, die im 18. Jahrhundert zeitweilig zur wichtigsten wurde. Die in Nor Dschura und seiner Umgebung lebenden armenischen Handwerker genossen dagegen keine Privilegien. Meist als Goldschmiede, Kürschner, Schreiner und Winzer tätig, litten viele schon zu Lebzeiten von Schah Abbas I. Not. Zunehmender Steuerdruck, Unruhen infolge dynastischer Erbfolgestreitigkeiten und vor allem der persisch-afghanische Krieg von 1694 führten zu wachsender Verelendung, die Ende des 18. Jahrhunderts, als mit den Kadscharen eine neue Dynastie den Pfauenthron bestieg, ihren Höhepunkt erreichte. Obwohl sie sich seit den Zeiten von Abbas I. als Gefangene im Iran befanden, hatten Armenier immer wieder versucht, über die Handelswege ins Ausland zu fliehen. Ein Teil gelangte, als offizielle Vertreter der Handelskompanie oder als Flüchtlinge, nach Indien, wo in Madras und Kalkutta Niederlassungen der Dschuraer Kompanie und weitere armenische Gemeinden entstanden.

1616 bis 1639 waren erneute Vormachtkämpfe zwischen dem Iran und dem Osmanischen Sultanat aufgeflammt, dann kam es, nach fast einhundert Jahren fortgesetzter Kriegshandlungen, endlich zu einem Friedensschluß sowie zur zweiten, dauerhaften Teilung Armeniens zwischen den beiden feudalen Militärdespotien. Diesmal blieben den Safawiden im östlichen Transkaukasus nur noch Schirwan sowie die armenischen Gebiete Jerewan, Nachitschewan und Karabach (arm. Arzach). Sie faßten sie zu drei Verwaltungseinheiten unter je einem *beğlerbeğ* (Statthalter) zusammen: Schukur-Saadi (Jerewan und Nachitschewan), Karabach-Gandsak (das Gebiet vom Sewan-See bis zum Arax und zur Kura) sowie Schirwan (von der Kura bis zum Kaspischen Meer). Die fruchtbaren Niederungen dieser Provinzen gliederten sich wiederum in Chanate unter der Herrschaft kurdischer oder turkstämmiger Muslime, während die Gebirgsregionen, namentlich Karabach und Sjunik, unter der Herrschaft von elf *Meliken* (von arab. malik – „Fürst") standen, die zum indigenen armenischen Erbadel gehörten. Die fünf über Karabach gebietenden, miteinander verwandten und verbündeten *Meliken* genossen eine weitreichende Unabhängigkeit vom *beğlerbeğ* von Gandsak, solange sie ihrer wichtigsten Verpflichtung nachkamen und mit einer stehenden, 10000 Mann starken Streitmacht die Grenzen des Safawidenreichs vor den Türken schützten. 1603 bestätigte Schah Abbas I. die Titel der ostarmenischen *Meliken*.

Die Osmanen unterteilten ihr armenisches Herrschaftsgebiet zunächst in die Generalgouvernemente von Erzurum, Kars, Sebaste (Sivas), Wan und Diyarbakir, seit der Verwaltungsreform von 1864 in die sechs Provinzen von Wan, Erzurum, Sivas, Mamuret-ul-Asis (arm. Charberd), Trapesunt (türk. Trabzon) und Diyarbakir. Seither taucht der Landesname *ermenistan* nicht mehr im amtlichen Türkisch auf. Um jeglichen Anspruch auf einen armenischen Staat bereits im Keim zu ersticken, wurde statt dessen die aus dem Griechischen entlehnte Bezeichnung *anadolu* („Land der aufgehenden Sonne", d.h. Orient) auch auf Westarmenien ausgedehnt.

Der osmanische Staat, in dem sich wie schon in Byzanz die weltliche und geistliche Macht in der Person des Herrschers vereinte, war religiös definiert. Darum wurde der altansässige christliche Adel politisch entmachtet oder mußte zum Islam übertreten, wollte er nicht seinen Besitz und seine Privilegien verlieren. Die Osmanen behandelten die unterworfenen Christen als *millet* (Glaubensnation), die im Unterschied zur modernen Sprach- und Territorialnation rein religiös definiert wurde. Bis ins 19. Jahrhundert waren nur drei Glaubensnationen anerkannt: die jüdische, die *rum millet* (wörtlich: „römische", d.h. oströmische Glaubensnation), der alle Orthodoxen angehörten, sowie die *ermeni millet*. Auf den Druck der katholischen Schutzmächte Österreich und Frankreich wurde 1831 eine *katolik millet* anerkannt, zu der auch die Armenisch-Unierten zählten, 1850 erkannte die Hohe Pforte ebenfalls die armenischen Protestanten als eigenständige Glaubensnation (*ermeni protestant millet*) an. Als *millet başı* repräsentierten der Großrabbiner, der ökumenische Patriarch sowie der armenisch-apostolische Patriarch gegenüber der osmanischen Regierung ihre Glaubensnationen. Zu ihren außerreligiösen Aufgaben gehörten ferner die Zivilrechtsprechung und andere weltliche Aufgaben innerhalb ihrer jeweiligen Gemeinschaft. Diese wichtigen weltlichen Ämter sowie ihre Mittlerstellung zwischen der *millet* und der Hohen Pforte verliehen den Patriarchen eine herausragende politische Stellung, weswegen sich die Sultane immer wieder in innerkirchliche Belange einmischten und die Amtseinsetzung eines Patriarchen von ihrer Zustimmung abhängig machten. Zudem war ein *millet başı* jederzeit absetzbar. Zwischen dem 16. und 18. Jahrhundert machten die Sultane davon so reichlich Gebrauch, daß die durchschnittliche Amtszeit der Kirchenfürsten nur zweieinhalb Jahre betrug. Bisweilen ließen sie unbequeme Patriarchen sogar hinrichten, was den Konformismus in diesem Amt zusätzlich förderte. Ohnehin galten die Armenier über Jahrhunderte als *millet-i-saadika*, als die „loyale Glaubensnation", der die Osmanen mehr vertrauten als den orthodoxen Griechen. Als Gegengewicht zu deren ökumenischem Patriarchat holten sie darum den armenisch-apostolischen Bischof von Brussa in die unlängst eroberte Hauptstadt Konstantinopel und erhoben ihn 1461 nicht nur zum ersten Patriarchen der unter ihrer Herrschaft stehenden Armenier, sondern aller vor-chalcedonensischen Gläubigen (Alte Kirche des Orients vulgo Nestorianer, Syrisch-Orthodoxe). Die armenischen Patriarchen grenzten die Jurisdiktion allerdings schon bald auf ihre eigenen Gläubigen ein.

Trotz ihrer Wertschätzung blieben die Armenier nicht vom *devşirme* („Knabenlese") verschont, einer der berüchtigsten osmanischen Einrichtungen: In regelmäßigen Abständen mußten bis Mitte des 18. Jahrhunderts christliche Gemeinschaften eine festgesetzte Anzahl männlicher Kinder abliefern, die dann im Sklavendienst ihrer Herkunft völlig entfremdet und zu Muslimen herangezogen wurden, um im stehenden Heer des Sultans als Janitscharen zu kämpfen, oft gegen die eigenen Landsleute und einstigen Religionsgenossen. Nur einige besonders schöne oder intelligente Kinder erwartete eine Karriere im Harem oder höheren Staatsdienst.

Auch die rechtliche Stellung der Armenier im Osmanischen Sultanat leitete sich aus den Ge- und Verboten des Islam und der bereits von den Arabern praktizierten Behandlung unterworfener Nichtmuslime her. Das islamische Völkerrecht unterteilt die Menschheit in zwei Kategorien, das „Haus des Islam" (*dar ul-islam*) sowie das „Haus des Krieges" (*dar ul-harb*), demgegenüber ein Missions- und Unterwerfungsgebot besteht, das allenfalls mit einem „Waffenstillstand", nicht aber mit echtem Frieden vereinbar ist. Zum „Haus des Krieges" zählten sowohl die polytheistischen „Heiden" und sonstwie „Ungläubigen" (arab. *kafir*, türk. gavur) als auch die „Völker des Buches" (*ahl al-kitab*): Angehörige älterer monotheistischer Offenbarungsreligionen wie Juden, Christen und Zoroastrier. Die Bibel gilt als von Menschen geschaffen, sie enthalte zwar auch Gottes Wort, sei aber keineswegs dem Koran ebenbürtig, der ausschließlich Gotteswort sei. Unterworfene „Schriftbesitzer" müssen als *dhimmi* (Schutzbefohlene) für den Schutz, den ihnen Muslime gewähren, Tribut zahlen. Sie dürfen zwar weiterhin ihre Religion ausüben, sind aber den „Rechtgläubigen" rechtlich nicht gleichgestellt und können keine Staatsämter bekleiden. Vor Gericht ist ihr Zeugnis gegen einen Muslim unzulässig. Diese Minderwertigkeit fand ihren fiskalischen Ausdruck in zwei Sondersteuern, der von jedem männlichen Christen oder Juden zu zahlenden Kopfsteuer (*dschisja*) sowie der 1854 durch die sogenannte Freistellungssteuer (*bedel-i-askeri*) ersetzten Grundsteuer (*al-charadsch*), die von der Geburt eines männlichen christlichen oder jüdischen Kindes bis zu dessen 60. Lebensjahr entrichtet werden mußte. Die Freistellung vom Militärdienst sowie allen Militärämtern entsprang dem religiösen Gebot, wonach den Islam ausschließlich „Rechtgläubige" verteidigen dürfen. Hieraus leitete sich ferner das erst 1908 aufgehobene Verbot für Nichtmuslime ab, Waffen zu tragen. Vom April 1910 an galt auch für Nichtmuslime allgemeine Wehrpflicht. Christen waren Pferde als Reittiere verboten, sie mußten Maultiere benutzen. Ihre Zugehörigkeit zu einer untergeordneten Bevölkerungsgruppe hatten sie durch bestimmte Kleidung, zum Beispiel den Fez, anzuzeigen.

Wie auf allen osmanischen Staatsangehörigen lastete auch auf den Armeniern ein enormer Steuerdruck, der infolge von Mißwirtschaft sowie aufwendiger und fortgesetzter Kriegführung seit Ende des 16. Jahrhunderts stetig zunahm. Die vielfältigen Steuerarten unterteilten sich in die Staatssteuern mit insgesamt 97 Kategorien, die der Deckung der Ausgaben des Sultans dienten, sowie 350 Titel der Schariatssteuern, die unter anderem für Ackerbau, Viehzucht, Handel und Vermögensbesitz zu zahlen waren. Die Bauern erhielten ihre Ländereien nur zum Lehen, für das sie der Staatskasse den „Zehnten" zahlten. Neben diesen regulären Steuern mußten die armenischen Bauern jedoch auch den Kurden zahlreiche irreguläre Abgaben in Geld, Naturalien oder Frondiensten entrichten. Weigerten sie sich, brannten diese ihnen die Felder nieder. Im Gefolge der Invasionen von Seldschuken, Mongolen und Turkmenen waren Angehörige dieses iranischen Nomadenvolkes erstmals im 11. Jahrhundert an den Rändern des Armenischen Hochlandes aufgetaucht, doch erst im 16. Jahrhundert erfolgte ihre Einwanderung in größerem Umfang, als Sultan Selim I. sunnitische Kurden nach Armenien rief und ihnen die Tributpflicht erließ, um die osmanischen Neueroberungen gegen den schiitischen Iran zu festigen. Für die armenische Landbevölkerung wurden die halbautonomen Kurdenstämme zu einer ständigen Bedrohung. Die grundsätzlich konfliktträchtige Beziehung zwischen Ackerbauern und Viehzüchtern verschärfte sich im

Armenischen Hochland durch ethnisch-religiöse Gegensätze und stellte, wie es ein armenischer Kurdenkenner formulierte, „eine Beziehung zwischen Unterdrückern und Unterdrückten von Anfang an" dar. Selbst nachdem Sultan Mahmud II. 1826 die Macht der kurdischen „Talfürsten" (*dere-bey*) einzuschränken versucht hatte, dauerte die Willkür in weiten Landesteilen an. Als besonders konfliktträchtig erwies sich der *kışlak*, die Überwinterung kurdischer Nomaden in armenischen Dörfern für vier bis sechs Monate im Jahr. Sie wurde in vorosmanischer Zeit in Sassun als eine Art Pachtvertrag gewährt, später aber von Kurdenstämmen als Gewohnheitsrecht ohne Gegenleistung eingefordert.

Da der osmanische Staat nicht willens und bisweilen auch nicht in der Lage war, seine armenischen Untertanen vor dieser Willkür zu schützen, nahm die Landflucht zu. In Konstantinopel und Smyrna, den beiden größten Städten des Osmanischen Sultanats, bildeten Armenier zusammen mit Griechen, Juden und Levantinern die Bevölkerungsmehrheit. Auch in Aleppo, Trapesunt, Erzurum, Wan, Adana und Urfa war ihr Anteil erheblich. In Konstantinopel, das im Armenischen bis heute wie im Griechischen schlicht *bolis* (von *polis* – „Stadt") genannt wird, ist eine armenische Kirchengemeinde schon aus dem Jahr 572 belegt. Durch die starke Zuwanderung im 19. Jahrhundert wuchs sie erheblich, 1844 zählte man dort 160 000 Armenier bei einer Gesamtbevölkerung von 891 000, in der zweiten Hälfte des 19. Jahrhunderts bereits eine Viertelmillion. Die in den osmanischen Städten lebenden Handwerker und Händler (*esnaf*) schlossen sich zu Zünften und Gilden zusammen. Weil der Islam ebenso wie das Christentum Zinsgeschäfte verbietet, fanden die von Staats- sowie Militärämtern ausgeschlossenen Juden und seit Mitte des 18. Jahrhunderts zunehmend auch Armenier ihre Existenznische als Finanziers und in Kapitalgeschäften. Doch wie im mittelalterlichen Europa für Juden war es für Armenier im Osmanischen Sultanat oft lebensgefährlich, hohe Beamte oder selbst den Sultan zum Schuldner zu haben. In einer Landeskunde von 1878 heißt es dazu: „Auf der Ruhestätte eines gewissen Azmavorian (im

Friedhof von Pera) ist das Bild eines Gehängten angebracht, mit der schönen Unterschrift: ‚Engel streckten nach ihm ihre Hände, als der kaiserliche Wille seine Funktionen (als Direktor der Münze) für beendet erklärte'." Im günstigeren Fall erlangten die als Münzmeister, Kaufleute, Hofarchitekten und Ärzte geschätzten Armenier den Titel *amira*, blieben am Leben sowie bei Wohlstand und stifteten zahlreiche Kirchen, Schulen und Krankenhäuser, die bis heute in Istanbul nicht nur Armeniern zugute kommen, sondern der ganzen Bevölkerung. Nebst dem Sultan übten die *amira* beträchtlichen Einfluß auf die Wahl der Patriarchen aus, da sie den *ferman* (Dekret) bezahlten, mit dem der Sultan einen neuen Patriarchen einsetzte.

Die im 19. Jahrhundert aufkommende osmanische Industrie lag sowohl hinsichtlich der Kapitaleigner als auch der Arbeitskräfte überwiegend in armenischen Händen. Einer Wirtschaftsstatistik aus dem Jahr 1912 zufolge gehörten von insgesamt 153 Fabriken und Getreidemühlen in der Provinz Sivas 130 Armeniern, 20 Türken und drei ausländischen oder gemischten Gesellschaften. Das technische Personal bestand fast ausschließlich aus Armeniern, von den 17 700 Arbeitern waren 14 000 Armenier, 3 500 Türken und 200 Griechen. Insgesamt sollen vor dem Ersten Weltkrieg 90 Prozent des osmanischen Binnenhandels, 60 Prozent des Imports und 40 Prozent des Exports von armenischen Unternehmern getätigt worden sein. Auf die Gesamtheit der im Osmanischen Sultanat lebenden Armenier bezogen, bildeten Industrielle, Finanziers und Handelsherren jedoch eine verschwindend geringe Minderheit. Bis zum Ersten Weltkrieg bestand die armenische Bevölkerung noch zu 80 bis 90 Prozent aus Bauern und Handwerkern. Den Betätigungsmöglichkeiten armenischer Industrieller und Geschäftsleute wurden überdies seit 1880 mit der Entstehung eines durch flankierende politische und gesetzgeberische Maßnahmen geförderten türkischen Bürgertums immer engere Grenzen gesetzt.

Der lange Kampf um Freiheit (II):
Russisches Intermezzo

Seit Mitte des 16. Jahrhunderts suchten armenische Kirchenführer und Adlige, in der zweiten Hälfte des 17. Jahrhunderts zunehmend auch Angehörige der Kaufmannschaft nach auswärtiger Unterstützung bei der Befreiung ihrer Heimat. Ihre Hilfsappelle richteten sie zunächst an die einstigen Verbündeten aus der Kreuzfahrerzeit: den Papst, Frankreich sowie die italienischen Stadtstaaten. 1547 reiste Katholikos Stepanos Salmastezi (Stepanos von Salmas) eigens zum Vatikan, 1562 entsandte sein Nachfolger Mikajel I. Sebastazi eine Delegation unter Führung des Druckers Abgar Jewdokazi (Abgar von Jewdokia) zum Papst. 1672 übergab der armenische Kaufmann Murad Chodscha aus Bitlis dem französischen „Sonnenkönig" Ludwig XIV. ein Hilfsgesuch. 1677 wählte eine von Katholikos Hakob IV. Dschurajezi (Hakob von Dschura) einberufene Versammlung zwölf prominente Laien und Kleriker als Abgesandte, um in Westeuropa Verbündete für den Befreiungskampf zu finden, doch außer Israel Ori (1659–1711) kehrten alle in ihre Heimat zurück, nachdem 1680 der Katholikos auf dieser Reise verstorben war. Für den jungen Fürstensohn aus Sjunik begann nun eine 20jährige frustrierende Periode des Klinkenputzens an den Höfen Italiens, Frankreichs, Deutschlands und Österreichs. Er diente in der Armee Ludwigs XIV., wurde von den Engländern gefangengenommen und wieder freigelassen. 1695 gelangte er nach Düsseldorf und stellte dem späteren Kurfürsten Johann Wilhelm die Krone Armeniens in Aussicht, falls er das Land befreie. Ori suchte ferner Hilfe beim Oberhaupt von Florenz, bei Papst Innozenz XII. und beim österreichischen Kaiser. Von dort kehrte er in seine Heimat zurück, um Verhandlungsvollmachten von den *Meliken* Sjuniks und Arzachs (Karabachs) einzuholen. Anschließend reiste Ori wieder nach Mitteleuropa, doch auch jetzt mochten sich weder der Pfalzgraf noch der Kaiser zu praktischen Schritten entschließen, sondern verwiesen ihn an Rußland, wo

Ori 1701 eintraf. „Wir besitzen keine andere Hoffnung mehr", schrieb er an Zar Peter I., „wir hoffen auf Gott und dein Land". Damit vollzog auch er die Wendung zur „russischen Orientierung", die sich seit der zweiten Hälfte des 17. Jahrhunderts immer stärker in politisch aktiven armenischen Kreisen durchgesetzt hatte.

Armeniens Beziehungen zu Rußland reichen bis in das 10. Jahrhundert zurück, als Handelsverbindungen zwischen der Rus und dem Transkaukasus bestanden. Armenische Händler von der Krim, aus Transkaukasien sowie aus dem Iran gelangten auf der Wasserstraße der Wolga in das Chanat von Kasan und bis nach Moskau und Welikij Nowgorod. Sie prägten diesen Handelsweg so sehr, daß ihn einige Chronisten als den „armenischen Weg" bezeichneten. Nachdem Zar Iwan IV. „Grosnyj" („der Dräuende" oder „Schreckliche") mit der Eroberung des Chanats Astrachan 1556 die Südorientierung des Moskowitischen Reiches eingeleitet und der dortigen, schnell wachsenden Armeniergemeinde Freihandelsrechte für die Einfuhr von Seide, Edelsteinen, Gewürzen, Weihrauch und anderen orientalischen Handelsgütern erteilt hatte, intensivierten sich die Kontakte. Größte Bedeutung nicht nur im südrussischen, sondern auch im internationalen Transithandel erlangte im 17. Jahrhundert die armenische Handelskompanie von Nor Dschura. Ein Großkaufmann dieser Gemeinde hatte 1660 wohl nicht nur in den Handel, sondern auch in die Bündnispolitik zu investieren versucht, als er Zar Aleksej Michajlowitsch jenen brilliantenbesetzten Thron schenkte, der noch immer in der Rüstkammer des Moskauer Kreml aufbewahrt wird. Bald im Rang eines russischen Oberst, versuchte Israel Ori, Peter den Großen (1682/89–1725) für einen Feldzug in den Transkaukasus zu gewinnen. Im diplomatischen Auftrag des Zaren weilte er 1701 bis 1709 nochmals am Hof des Safawidenherrschers zu Isfahan. Zwei Jahre später starb er, erst 52jährig, unter ungeklärten Umständen plötzlich in Astrachan.

Nachdem Peter I. 1700–1721 im „Nordischen Krieg" erfolgreich den alten Gegner Schweden ausgeschaltet und Rußlands „Fenster nach Westen aufgestoßen" hatte, schien er die Ideen

Israel Oris durch einen „kaspischen Krieg" verwirklichen zu wollen. Bei dieser Südexpansion ging es Rußland wesentlich um merkantile Interessen, das heißt um die Monopolisierung des Orient-, namentlich des Seidenhandels, der von der bisherigen osmanischen Route auf die Wasserstraßen des Kaspischen Meeres, der Wolga und des Dnjepr umgelenkt werden sollte. Umwälzungen im Iran lieferten zusätzliche Motive für den russischen Vorstoß: Aufstände und der Krieg mit den Afghanen hatten die Safawiden erheblich geschwächt und deren alten Rivalen, das Osmanische Sultanat, wieder auf den Plan gerufen. Es wiegelte seit 1712 die nordkaukasischen Bergvölker, vor allem die Lesginen, gegen den Iran, Ostgeorgien und Armenien auf. Nachdem 1719 Lesginen auf türkisches Betreiben hin 300 russische Kaufleute ermordet und russische Warenlager in der Stadt Schemachi (Nordwestaserbeidschan) geplündert hatten, diente dies Peter I. als letzter Anlaß zur militärischen Intervention. 1722 eroberten die Russen die Städte Derbent, Rascht sowie Baku und rüsteten sich für die Einnahme der gesamten Westküste des Kaspischen Meers. Vor dem Hintergrund solcher Erfolge versprach Peter I. armenischen und georgischen Unterhändlern seine Unterstützung bei der Errichtung eines georgisch-armenischen Königreiches unter russischem Protektorat. Denn auch der kartlische Herrscher Wachtang VI. versuchte, die Schwächung des Safawidenreiches zu nutzen, um die Oberherrschaft der Perser abzuwerfen. Verbündete fand er in den Armeniern, deren östlicher Siedlungsraum seit dem 16. Jahrhundert besonders unter den ständigen iranisch-türkischen Vormachtkämpfen gelitten hatte. 1722 beschlossen Wachtang VI. und der Arzacher Katholikos Jessaji Hassan-Dschalaljan ein Waffenbündnis zur Unterstützung des russischen Feldzugs, der dann doch nicht zustande kam: Innere und äußere Schwierigkeiten zwangen Peter I., sich schon am 4. Oktober 1722 nach Astrachan zurückzuziehen, die armenisch-georgische Streitmacht löste sich auf.

Obwohl wieder auf sich allein gestellt, setzten die Volksmilizen, die sich bereits 1718 in Arzach und Sjunik gebildet hatten, ihren Kampf fort. Er richtete sich anfangs gegen die

Lesginen, seit 1722 gegen iranische Steuereintreiber sowie einige von den Persern eingesetzten Feudalherren und seit Juni 1724 zunehmend gegen osmanische Invasoren. Denn in einem Abkommen vom 12. Juli 1724 hatte Rußland, in offener Verletzung seiner früheren Unterstützungszusagen an Armenien und Ostgeorgien, die osmanischen Ansprüche auf iranische Besitzungen im östlichen Transkaukasus anerkannt, einschließlich der georgischen Hauptstadt Tbilissi sowie der überwiegend von Armeniern bewohnten Gebiete Nachitschewan, Gandsak und Arzach. Die osmanischen Versuche, diese Ansprüche militärisch durchzusetzen, waren grausam: 300 armenische Dörfer wurden 1724 für „unzuverlässig" erklärt, ihre Bevölkerung als Sklaven nach Westarmenien verschleppt. In Jerewan, das sich nach dreimonatiger Belagerung ergeben mußte, töteten die Türken zehntausend Einwohner und trieben Frauen sowie Kinder in die Sklaverei. Was als Befreiungskampf begonnen hatte, geriet immer mehr zum Kampf ums nackte Leben. In Sjunik wurde er seit Ende 1722 von dem begabten Heerführer Dawit Bek geleitet, der einem armenischen Geschlecht aus der uralten kartlischen Stadt Mzcheta entstammte und von Wachtang VI. nach Sjunik entsandt worden war, um den Aufstand gegen die Perser zu entfesseln. Nach Dawits Tod übernahm 1728 Mchitar *sparapet* die Führung. Nachdem ihn Verräter 1730 ermordet hatten, setzten innere Zwiste dem Widerstand in Sjunik bald ein Ende. In Arzach leiteten dessen fünf *Meliken* den Kampf. Ihre Streitkräfte hielten im November 1726 sowie Juli 1727 einer etwa 40 000 Mann starken osmanischen Übermacht stand. Fürst Dolgorukij, der als russischer General die Kämpfe beobachtete, notierte erstaunt in einem Bericht an den Zaren: „Gott allein schützt die Armenier, anders bleibt es unerklärlich, wie sie sich gegen einen so überlegenen Feind behaupten konnten." Obwohl sie alle wichtigen Festungen und Straßen der Region kontrollierten, gelang es den Türken während ihrer knapp zehnjährigen Herrschaft nicht, Arzach vollständig zu befrieden. Ein Bündnis mit dem iranischen Regenten und späteren Schah Nadir (1735–1747) brachte die Befreiung von den Osmanen. Denn diesem energischen turkmenischen Häuptling gelang es, die Russen zur Aufgabe ihrer Besitzungen im östlichen Transkaukasus zu zwingen, Baku und Derbent zurückzugewinnen und mit armenischer Unterstützung die Osmanen am 8. Juli 1735 zu schlagen. Der dankbare Schah gewährte Arzach, das nun offiziell *machale chamsse* („vereinigtes Land der fünf [*Meliken*]") hieß, weitreichende Autonomie, die allerdings nur bis 1750 währte.

Druckereien und Schulen:
Im Zeichen der Aufklärung und nationalen Erweckung

Mehrfach während der vom 15. bis ins frühe 18. Jahrhundert anhaltenden Kriege beinahe entvölkert, wurde Armenien zu einem von geistigen und technischen Impulsen abgeschnittenen, rückständigen Land. Auch nach 1735 blieben dort die Verkehrswege und Verhältnisse so unsicher, daß sich Kultur und Wirtschaft nur in Armeniens Diaspora entfalten konnten. Im Mittelmeerraum waren armenische Auslandssiedlungen bereits zur Zeit des kilikischen Reiches entstanden. Nach dessen Niedergang 1375 und während der verheerenden osmanisch-iranischen Kriege stieg die Zahl der Auswanderer stetig, so daß zu Beginn der Neuzeit ein bis nach China, den Philippinen und Indien reichendes Netz von Auslandsgemeinden, meist in Hafenstädten und Handelszentren, vorhanden war. Neben dem Klerus als dem traditionellen gelehrten Stand stieg die wirtschaftlich ebenso wie geistig bewegliche Kaufmannschaft zur Trägerin und Förderin der *weraznund* auf, der Idee von der geistig-kulturellen Renaissance Armeniens als Voraussetzung seiner politischen Wiedergeburt. Beidem diente der Buchdruck, den sich die Armenier nur 52 Jahre nach der Erfindung der „beweglichen Lettern" des Johannes Gutenberg (1455) schneller zu eigen machten als irgendein anderes Volk Asiens und sogar manches Staatsvolk Europas. Um 1510 traf der erste armenische Drucker in Venedig ein, einer Stadt mit hohem Druckkunstniveau und einer toleranten Haltung gegenüber den Christen der Levante, wo 1512 und 1513 die ersten fünf Bücher in armenischer Sprache hergestellt wurden. Welchen Schwierigkeiten spätere armenische Drucker und Verleger ausgesetzt waren, veranschaulicht die rasche Abfolge der Gründungsdaten ihrer oft nur kurzlebigen Werkstätten: Konstantinopel (1567), Lemberg (1616), Nor Dschura (1636), Livorno (1642), Amsterdam (1658), Marseille (1673), Smyrna (1762), Madras (1771), London (1780), St. Petersburg (1781), Rostow am Don (1790), Kalkutta (1796), Astrachan (1796), Tbilissi (1823) und Jerusalem. Das geistliche Zentrum Armeniens, Etschmiadsin (1771), sowie Schuschi (1822) besaßen die einzigen Druckereien auf armenischem Boden. Schuschi, die historische Hauptstadt Karabachs, bildete im 19. Jahrhundert nach den multinationalen Städten Tbilissi und Baku das dritte führende Kulturzentrum Transkaukasiens, in dem über ein Dutzend Zeitungen und Zeitschriften erschienen.

Der Abwehrkampf des Ursprungslands gegen die islamische Mission bestimmte bis Mitte des 17. Jahrhunderts die Inhalte der armenischen Buchproduktion, denn etwa 72 Prozent waren religiösen Inhalts (Bibeln, Meß-, Gesangs- und Betbücher, Kirchenkalender). Obwohl Christen im Osmanischen Sultanat der Gebrauch von Druckerzeugnissen bei Todesstrafe verboten war, kam es in Konstantinopel mit seinem hohen nichtmuslimischen Bevölkerungsanteil im 16. Jahrhundert zu zwei Versuchen, Druckereien zu gründen. Sie wurden bald unterdrückt, da die osmanische Obrigkeit fürchtete, daß eine kulturelle Emanzipation der Christen ihre politische nach sich ziehen könne. Deshalb wichen die Drucker ins Ausland aus, von wo mit Hilfe der armenischen Handelsverbindungen Druckerzeugnisse, meist über den Hafen Smyrna (heute Izmir), ins Osmanische Sultanat geschmuggelt und von dort aus im Landesinneren verbreitet wurden. Erst als sich Ende des 17. Jahrhunderts die politischen Verhältnisse für die Nichtmuslime besserten, wurden dauerhafte Gründungen in Konstantinopel sowie die Entstehung eines laizistischen, professionellen Verlagswesens möglich.

In Italien wiederum waren die meist klerikalen armenischen Drucker seit Mitte des 17. Jahrhunderts Obstruktionen der päpstlichen Zensurbehörde ausgesetzt. Gleichzeitig versuchte der Vatikan jedoch, durch den Druck eigener armenischsprachiger Erzeugnisse die katholische Mission unter den armenisch-apostolischen „Schismatikern" voranzutreiben. Von solchen Ambitionen profitierte aber auch der armenische Orden der Mechitaristen, der sich 1717 auf der ehemaligen Pestinsel San Lazzaro in der Lagune von Venedig, später auch in Wien, niederließ, wo seine Mönche seither eine intensive verlegerische, philologische und pädagogische Tätigkeit von hohem Niveau entfalteten. Sie diente der Pflege der klassischen armenischen Literatur, deren Kenntnis den Nationalstolz der Mechitaristen-Zöglinge stärken sollte. Bis 1850 lieferten die Mechitaristen-Druckereien in Venedig und Wien 64 Prozent der gesamten armenischen Buchproduktion. Die armenischapostolischen Drucker allerdings mußten ins reformierte Amsterdam ausweichen, wo Katholikos Hakob IV. Dschurajezi 1658 die Druckerei des hl. Stuhls von Etschmiadsin begründete. In ihr wurde 1666 die erste armenische Bibel hergestellt.

Den Hauptgrund für den starken Anstieg der Buchproduktion im 19. Jahrhundert bildete die Erwartung, daß die Hebung des Bildungsniveaus zur sozialen und schließlich politischen Emanzipation der Armenier führen werde. Nicht von ungefähr waren bedeutenden Bildungseinrichtungen Druckwerkstätten angeschlossen, so etwa dem humanistischen Gymnasium von Kalkutta, dem der Großteil der armenischen Elite Asiens entstammte, oder dem Moskauer Lasarjew-Gymnasium (1815); seit März 1828 trug es den Namen „Armenisches Lasarjew-Institut für orientalische Sprachen" und entwickelte sich bald zu einem der wichtigsten Zentren armenischer Bildung und der Armenologie nicht nur in Rußland. Sein Gründer, Graf Howhannes Rasarjan (russ. Iwan Lasarjew), entstammte einer Mitte des 18. Jahrhunderts aus Nor Dschura nach Rußland zugewanderten Kaufmanns- und Unternehmerfamilie und zählte zu den namhaften Lobbyisten für die Wiederherstellung eines armenischen Königreiches mit Ani oder Etschmiadsin als Hauptstadt.

Die Armeniergemeinden Indiens hegten fortschrittlichere Auffassungen, denn hier ging besonders früh eine laizistische, mittelständische Intelligenzija aus der Kaufmannschaft hervor. Das Auftreten der britischen Ostindischen Kompanie brachte der armenischen Handelskolonie zu Madras Konkurrenz, aber auch politische Impulse. Nicht zufällig entstammen die geistigen Väter des *sartonk*, der nationalen Erweckung, dieser südindischen Stadt. Angeregt vom Gedankengut der britischen Enzyklopädisten, strebten Howsep Emin (1726–1809) und seine Nachfolger Mowses Bagramjan sowie Schahamir Schahamirjan einen unabhängigen, demokratischen Staat in Armenien an. Zum Medium des *sartonk* und aufklärerischen Gedankenguts wurde das Pressewesen, das sich nach dem Erscheinen der ersten armenischen Zeitschrift *Asdarar* („Anzeiger", Madras 1794–1796) im 19. Jahrhundert zur wichtigsten Literaturform entwickelte.

Nur wenige Jahre zuvor hatte 1789 der *amira* Mkrtitsch Schnork mit der Gründung der ersten weltlichen Grundschule in Galata (heute Kum Kapı, Istanbul) den Anfang für ein modernes, allgemeines armenisches Schulwesen gemacht. 1820 wurden in Pera und Smyrna die ersten Grundschulen für Mädchen eingerichtet, 1836 folgten die ersten technischen Oberschulen in Skutari (heute Üsküdar/Istanbul), danach Gymnasien (Erzurum 1881, Konstantinopel 1886). In Westarmenien boten außerdem die traditionsreichen Großklöster Waraka Wank bei Wan (1857) sowie Surb Karapet bei Musch (1862) Lehranstalten, in Konkurrenz zu den von Jesuiten, Dominikanern oder Franziskanern geleiteten katholischen Schulen sowie den zahlreichen Lehranstalten der westlichen Bibelgesellschaften und des American Board of Commissioners for Foreign Missions. Im Osmanischen Sultanat besaßen die Armenier dank ihres starken Bildungs- und Emanzipationsdrangs sowie eigener Tatkraft und Spendenbereitschaft bereits um 1870 460 Schulen mit 24 000 Schülern, davon 3 000 Mädchen. Für eine diskriminierte Minderheit war dies eine beträchtliche Leistung, zumal wenn man bedenkt, daß 1994 nach offiziellen Angaben der allgemeine Alphabetisierungsgrad in der Türkei nur 81 Prozent betrug. Im Russischen Reich unterhielten die Armenier 1882 sogar 500 Schulen mit 20 000 Schülern. Die bedeutendsten Bildungseinrichtungen waren dort außer dem Moskauer Lasarjew-Gymnasium das auf das Studium orientalischer Sprachen spezialisierte Nersisjan-Seminar von Tbilissi (1824) sowie das theologische Geworgjan-Seminar zu Etschmiadsin (1874). Bis heute prägt die im Zeitalter der Aufklärung entstandene „heilige Dreifaltigkeit" von Kirche, Bildung und Buchdruck das armenische Geistesleben in der Diaspora sowie in der Heimat.

Unter der Herrschaft der Zaren: Ostarmenien von 1828 bis zum Ersten Weltkrieg

Erst unter Katharina II. aktivierte sich die russische Kaukasus- und Armenienpolitik. Die Kaiserin stellte 1768 dem armenischen Katholikos auf dessen Bitte hin Schutzbriefe aus. Das Osmanische Sultanat mußte am 21. Juli 1774 Rußlands neue Rolle als Schutzmacht der orientalischen, namentlich der orthodoxen Christen im Friedensvertrag von Küçük Kaynarca anerkennen. 1783 unterzeichnete Erekle II., der Herrscher Ostgeorgiens, ein Schutzbündnis mit Rußland, das freilich weder eine weitere Invasion der Perser im Jahr 1795 verhinderte noch dem georgischen Königtum Dauer verlieh: 1801 verleibte sich Rußland Ostgeorgien ein, 1811 folgte Westgeorgien. Im Friedensvertrag von Golestan (5. November 1813) mußte der persische Schah auf die Chanate von Derbent, Baku, Gandscha (russ. Jelisawetpol) sowie Karabach verzichten, mit dem Vertrag von Turkmantschaj (22. Februar 1828) auch auf die Chanate Jerewan und Nachitschewan. Mit der Kapitulation der persischen Festung Jerewan im Oktober 1827 endete der etwa dreißigjährige russisch-persische Krieg um den östlichen Transkaukasus. Seit 1826 kämpfte Rußland auch gegen die zweite muslimische Vormacht der Region, das Osmanische Sultanat. 1828/29 eroberte es die *sancaks* Achalkalaki und Achalziche des *paşalık* Tschildir (türk. Çildir); beide hatten zum altarmenischen Bezirk Dschawachk gehört und seit 1578 unter osmanischer Herrschaft gestanden. Mit dem Anschluß der Gebiete von Kars und Batumi 1878 wuchs das russische Herrschaftsgebiet im Transkaukasus auf eine Gesamtfläche von 130 000 Quadratkilometern und eine Gesamtbevölkerung von 4,7 Millionen, darunter knapp ein Fünftel (940 000) Armenier. Die Zahl der zur Hälfte schiitischen Muslime lag in diesen territorialen Neuerwerbungen Rußlands mit 45 Prozent ebenso hoch wie die der beiden christlichen Völker, Armenier und Georgier (25 Prozent), zusammen.

In der Hoffnung, das christliche Rußland werde ihre Heimat von der Herrschaft der Osmanen befreien, unterstützten es hochrangige armenische Militärs in allen drei Kriegen, die das Zarenreich 1826–1829, 1853 sowie 1877/78 gegen die Türken führte. Bereits seit Mitte des 18. Jahrhunderts hatten sich Armenier freiwillig der russischen Armee angeschlossen, Hunderte Freiwillige traten ihr während des „Kaspischen Krieges" 1722 unter Peter I. bei, darunter zahlreiche Angehörige der Arzacher Adelsfamilien. Generalleutnant Walerjan Madatow (arm. Rostom Madatjan), ebenfalls aus Arzach stammend, zeichnete sich nicht nur in den russisch-türkischen Kämpfen von 1826 und 1853 aus, sondern auch im Widerstand gegen die napoleonische Invasion (1812), der als „Großer Vaterländischer Krieg" in die russische Geschichte einging. Die von 30 000 osmanischen Soldaten gehaltene Garnisonsfestung Achalziche wurde 1828 von Fürst Wassilij Bebutow (arm. Barser Behbutjan) belagert und eingenommen. Der aus Tbilissi gebürtige Generalleutnant Mikajel Loris Melikow (Melikjan, 1828–1888) ist der bekannteste Armenier im russischen Militär des 19. Jahrhunderts. Nach Abschluß des Moskauer Lasarjew-Gymnasiums trat er einem Husarenregiment bei. Als Befehlshaber im russisch-türkischen Krieg von 1877/78 nahm er Ardahan und Kars ein, belagerte Erzurum und erhielt für seine Verdienste den Grafentitel. Der liberale Kaiser Alexander II. machte Loris Melikow 1880 zu seinem Innenminister und stattete ihn mit weitreichenden Vollmachten aus.

Die russischen Eroberungen im Kaukasus, Transkaukasus und im Armenischen Hochland riefen dort tiefgreifende kulturelle und demographische Veränderungen hervor. Die Stabilisierung der politischen Verhältnisse schlug sich umgehend in einem Anstieg von naturkundlichen, archäologischen und ethnographischen Forschungen sowie Reiseberichten über eine Europäern bis dahin kaum zugängliche Region nieder. Die Friedensverträge von Turkmantschaj und Adrianopel (2. September 1829) gaben der armenischen Bevölkerung Nordirans sowie der bis 1830 russisch besetzten Gebiete des Osmanischen Sultanats die Möglichkeit, in russisches Hoheitsgebiet überzusiedeln. Davon machten zwischen 1828 und 1830 50 000 Armenier aus dem Iran sowie etwa 90 000 Armenier aus den Ebenen von Erzurum und Alaschkert Gebrauch. Als der Berliner Vertrag von 1878 das Zarenreich zum Rückzug aus großen Teilen seiner Eroberungen in Westarmenien zwang, schlossen sich 25 000 Armenier den russischen Divisionen an. Die Armenierpogrome im Osmanischen Sultanat 1894–1896 lösten eine weitere Fluchtwelle in den Transkaukasus aus. Während sich dort das armenische Bevölkerungselement im Verlauf des 19. Jahrhunderts allmählich festigte, schritt umgekehrt in Westarmenien die Heterogenisierung der Bevölkerung immer stärker voran. Jahrhundertelange Kriege, Unterdrückung, anhaltende Unsicherheit sowie die gezielte Ansiedlung islamischer Ethnien machten die Armenier in ihrer eigenen Heimat zur Minderheit. Nachdem Rußland 1864 die antikolonialen Aufstände der nordkaukasischen Völker (Kabardiner, Adyge bzw. Tscherkessen, Abchasen, Ubychen, Tschetschenen, Inguschen, Dagestaner) mit Zwangsaussiedlungen, Massakern und Brandschatzungen ganzer Dörfer endgültig unterdrückt hatte, flüchteten zwischen 1862 und 1867 etwa eine halbe Million Nordkaukasier in das Osmanische Sultanat, das sie vollmundig als *muhacirler* (Glaubensflüchtlinge) eingeladen hatte. In der Türkei werden ihre Nachfahren bis heute mit dem Oberbegriff „Tscherkessen" bezeichnet. Etwa 100 000 der bis zu 600 000 nordkaukasischen Flüchtlinge starben während der Überquerung des Schwarzen Meeres oder anschließend an

Hungertyphus und an der Pest, denn in den osmanischen Schwarzmeerhäfen Trapesunt (türk. Trabzon), Gerasunt (Giresun) und Samsun waren weder Unterkunft noch Verpflegung für die Einwanderermassen vorbereitet. Die Schrecken der ethnischen Säuberung unter russischer Herrschaft, die Gefahren der Flucht und das Massensterben im vermeintlichen Zufluchtsstaat bereiteten den Nährboden, auf dem der bald instrumentalisierte Haß der *muhacirler* auf Christen gedieh. Die osmanischen Behörden setzten die Überlebenden der überstürzten, unkoordinierten Umsiedlungsaktion gezielt als eine Art muslimischer Kosaken in Wehrdörfern gegen altansässige, meist christliche Bevölkerungsgruppen ein, etwa in Bulgarien sowie in der westarmenischen Provinz Sivas. Nach dem russisch-türkischen Krieg von 1877/78 kamen weitere Zuwanderer, die Gesamtzahl nordkaukasischer Kolonisten in Westarmenien soll um 1890 bei 200 000 gelegen haben. Arm und sich selbst überlassen, bildeten sie selbst für die altansässigen Muslime eine Bedrohung, in erster Linie jedoch für die ungeschützte christliche Landbevölkerung. Ein französischer Forscher berichtete 1887 von Tschetschenen, die sich weigerten, entsprechend dem russisch-osmanischen Abkommen von 1864 in den Niederungen von Diyarbakir angesiedelt zu werden, und sich statt dessen bei Kars und Musch niederzulassen versuchten: „Seit ihrer Ankunft im türkischen Armenien, wo sie ohne Hilfsmittel und Ländereien waren, traten sie in Kämpfe gegen ihre neuen Nachbarn und lebten, wie die Kurden, nur von ihren Räubereien und den Erzeugnissen ihrer Herden."

Obwohl den Zaren grundsätzlich daran gelegen war, den Widerstand der nordkaukasischen Muslime durch Mittel der „ethnischen Säuberung" zu brechen und das christliche Element im Dreiländereck zum Iran und dem Osmanischen Sultanat zu stärken, begünstigte ihre Siedlungspolitik die Armenier keineswegs durchgehend. Denn Rußland ging es in erster Linie um die Vergrößerung der Anteile christlicher Bevölkerungsgruppen, wobei die ethnische Zugehörigkeit nebensächlich blieb. Schon Katharina II. hatte deutsche Siedler in die russischen Neubesitzungen im Kaukasus und Transkaukasus gerufen, wo ihre Nachfahren bis zu den Stalinschen Zwangsdeportationen von 1941 lebten. In den 1840er Jahren befahl Nikolaj I. die Zwangsumsiedlung der Altritualisten („Altgläubigen") und diverser Sekten aus Zentralrußland an die „Ränder" des damaligen Russischen Reiches. Bei den Altritualisten handelte es sich um jene „Abspalter" *(raskolniki),* die die Kirchenreform unter dem Patriarchen Nikon Mitte des 17. Jahrhunderts nicht akzeptierten. Nach Armenien gelangten vor allem Angehörige der im 18. Jahrhundert im Zuge von Bauernunruhen entstandenen judaisierenden Sekten der Molokaner (von russ. „moloko" – „Milch") und Duchoborzy („Geistkämpfer"), die aus den zentralrussischen Gouvernements Saratow, Tambow und Stawropol verbannt worden waren. Ihre Nachfahren leben bis heute auf Altväterweise in eigenen oder mit armenischer Bevölkerung gemischten Dörfern unweit des Sewan-Passes sowie zwischen Wanadsor und Dilidschan: ohne die dem orthodoxen Christentum sonst eigene Bilderverehrung, ohne Sakramente, die Bibel oder Priester, dafür aber strikter Gewaltlosigkeit verpflichtet. Hierzu kam, besonders seit 1882, die Ansiedlung orthodoxer russischer Kolonisten. Infolge ihrer wechselhaften Geschichte blieben die Armenier auch im 19. Jahrhundert diejenige Volksgruppe Transkaukasiens, die am verstreutesten siedelte. Erst 1897 erreichten sie mit 53 Prozent eine knappe Mehrheit in ihrer eigentlichen Heimat, dem Gouvernement Jerewan, 1916 lag ihr Anteil dort bei 60 Prozent. Ihre soziale Schichtung ähnelte der unter osmanischer Herrschaft lebenden Westarmenier. Ende des 19. Jahrhunderts lag der Anteil der Bauernschaft immer noch bei 70 Prozent, der der Arbeiter bei 16,2 Prozent und der der Bourgeoisie bei nur 7,4 Prozent. Mit Ausnahme des Dienstadels war die Zahl armenischer Adliger im Vergleich zu den benachbarten Georgiern und Aserbeidschanern außerordentlich gering. Von den 1778 Großgrundbesitzern im ehemals iranisch beherrschten Chanat Jerewan waren nur 205 Armenier. Noch Ende des 19. Jahrhunderts befanden sich die bedeutendsten Geschäftshäuser Jerewans in aserbeidschanischem Besitz. Während die Eliten von Aserbeidschanern und Georgiern bis in das 20. Jahrhundert hinein feudal und ländlich blieben, entstammte die ostarmenische Führungsschicht dem großbürgerlichen Unternehmertum sowie der mittelständischen städtischen Intelligenzija, die in freien Berufen (Ärzte, Anwälte) oder im zaristischen Staatsdienst tätig war.

Die seit dem 18. Jahrhundert immer wieder an die russische Südexpansion geknüpfte Hoffnung auf eine staatliche Wiedergeburt schien sich in dem „Armenischen Gebiet" (Armjanskaja oblastj) zu erfüllen, zu dem Zar Nikolaj I. 1828 die ehemaligen Chanate Jerewan und Nachitschewan erhob. Obwohl es nicht die nordostarmenischen Siedlungsgebiete Lori und Arzach einschloß, befriedigte es armenische Aspirationen. Denn das „Armenische Gebiet" genoß lokale Selbstverwaltung, an der zahlreiche politische Führer der Armenier beteiligt wurden, und sein offizielles Wappen erinnerte an das Königsbanner des kilikisch-armenischen Reiches. Allerdings währte dieser verheißungsvolle Zustand nur bis 1840, als das „Armenische Gebiet" gemeinsam mit den Gebieten von Achalkalaki und Lori dem Georgisch-Imeretischen Gouvernement einverleibt wurde. Oberkarabach und die südöstlichen Randzonen des Armenischen Hochlandes wurden dagegen dem „Kaspischen Gebiet" zugeschlagen. Mit dieser Neuaufteilung des Transkaukasus in zwei große Verwaltungseinheiten, die historische, geographische und ethnische Zusammenhänge völlig ignorierten, sollten nationale Separationsbestrebungen sowie zentrifugale Tendenzen geschwächt werden. Der Trend zur Zentralisierung setzte sich 1844, in Reaktion auf die Unruhen im Nordkaukasus, mit der Vereinigung von Zis- und Transkaukasien in eine einzige Statthalterschaft (russ. namestnitschestwo) fort, wobei Tiflis (georg. Tbilissi) zum Amtssitz des russischen *namestnik* aufstieg. Die multiethnische Stadt, in der die Armenier mit 45 Prozent den größten Bevölkerungsanteil vor Russen und Georgiern stellten, bildete fortan das politische und kulturelle Zentrum Transkaukasiens. Da sich jedoch allzu große Verwaltungseinheiten schon bald als unregierbar erwiesen, gliederte Prinz M.S. Woronzow, der erste Statthalter, 1846 die Statthalterschaft in die vier Gouvernements Kutaissi (Westgeorgien),

Tiflis (Ostgeorgien), Schemachi und Derbent, und diese wiederum in zahlreiche Bezirke und Kreise. Als Geste der Versöhnung mit Armenien sowie aus fiskalischen, wirtschaftlichen und militärischen Gründen wurden drei Jahre später die armenischen Bezirke Jerewan, Nachitschewan und Alexandropol (heute Schirak) vom Gouvernement Tiflis abgetrennt und zu einem eigenen fünften Gouvernement zusammengefaßt, in dem viele Armenier eine Wiederherstellung des ehemaligen „Armenischen Gebiets" erblickten. Tatsächlich war das neue Gouvernement Jerewan sogar größer als sein Vorläufer, vor allem, nachdem ihm 1862 noch der zu 75 Prozent von Armeniern bewohnte Kreis Lori angeschlossen wurde. Ober- bzw. Berg-Karabach blieb allerdings bei dem 1868 als sechstes Gouvernement gebildeten Jelisawetpol, einer ethnisch wie in Hinblick auf seine geographische Struktur sehr heterogenen und daher schon im Ansatz konfliktträchtigen Verwaltungseinheit. Die einst osmanischen *sancaks* Kars und Ardahan, die gemäß Berliner Vertrag 1878 dem Russischen Reich zugesprochen wurden, bildeten bis 1918 das „Karser Gebiet" (Karsskaja oblastj). Nach der Auswanderung eines Großteils der muslimischen Bevölkerung, die dort 1878, beim Anschluß an Rußland, noch 75 Prozent gebildet hatte, stabilisierte sich bald durch die Ansiedlung von westarmenischen Flüchtlingen, Molokanern und Griechen das christliche Bevölkerungselement. Vor dem Ersten Weltkrieg betrug der Anteil der Armenier mit 125 000 von etwa 400 000 Einwohnern ein gutes Viertel, während die Muslime (Türken, Aserbeidschaner, Kurden) noch immer die Hälfte der Bevölkerung des „Karser Gebiets" ausmachten.

Nach der Ermordung Alexanders II. 1881 setzten sich, auch in der Nationalitätenpolitik, konservative bis reaktionäre Kräfte durch, was wiederum zu einer Verschlechterung der armenisch-russischen Beziehungen führte. Der kaukasische Statthalter wurde im April 1883 durch den allseits verhaßten, mit weitreichenden zivilen und militärischen Sondervollmachten ausgestatteten Fürsten Grigorij Golizyn (1838–1907) abgelöst. Als „Hauptchef des zivilen Ressorts" zielten seine rigiden Maßnahmen und Vorschläge auf die Kirche sowie auf das Schulwesen und damit auf den Lebensnerv armenischer Kultur und Identität. Zugleich begann im Gouvernement Jerewan eine aggressive Mission: Armenier, die zum russisch-orthodoxen Glauben übertraten, wurden mit Land belohnt. Russische Geistliche versprachen in den Gefängnissen Armeniern die Rettung vor der Verbannung nach Sibirien, falls sie zum orthodoxen Glauben überträten. Im Zuge einer verstärkten Russifizierungspolitik wurde 1884 die Kultusautonomie armenischer Schulen aufgehoben; sie mußten sich fortan den russischen Lehrplänen anpassen. Der Protest der armenischen Kirche gegen den Versuch der Regierung, die armenischen Schulfinanzen zu kontrollieren, führte sogar vorübergehend zur Schließung der Schulen. Als 1886 die Grundschulen wiedereröffnen durften, bestimmte der Kampf gegen die Russifizierung des Lehrprogramms ein Jahrzehnt lang die Beziehungen zwischen dem russischen Staat und der armenischen Kirchenführung. Ab 1900 erschwerte ein Quotensystem der armenischen Jugend den Zugang zum Hochschulstudium. Die im Staatsdienst bis dahin eher überrepräsentierten armenischen Beamten wurden seit 1896 in nicht-armenische Gebiete versetzt, neue Bewerber nicht mehr angenommen.

Im Unterschied zur georgisch-orthodoxen Kirche, deren Eigenständigkeit Rußland bereits 1811 aufgehoben hatte, blieb allerdings die Selbständigkeit der armenisch-apostolischen Nationalkirche weitgehend gewahrt. Eine kaiserliche Kirchenverfassung von 1836 gewährte ihr sogar ein recht beachtliches Maß innerer Autonomie. Allerdings behielt sich der russische Kaiser ein Mitspracherecht bei der Amtseinsetzung des armenischen Katholikos von Etschmiadsin vor, womit das geistliche Oberhaupt der Armenier von kaiserlichen Entscheidungen sowie dem Einfluß der zaristischen Geheimpolizei abhängig wurde. Auf dem Höhepunkt des Kirchen- und Schulkampfes ordnete Nikolaj II. im Juli 1903, auf Anraten Golizyns, die Konfiszierung sämtlicher nicht für die unmittelbare Religionsausübung benötigten Kirchenschätze an, was eine noch breitere Solidarisierung der Armenier mit ihrer Kirche hervorrief. Einige armenische Organisationen wurden verboten, die Tätigkeit armenischer karitativer Vereine erheblich eingeschränkt und die Zensur des Pressewesens drastisch verschärft. Der die bisherige russische Türkeipolitik kennzeichnende Interventionismus, der die orientalischen Christen zum Anlaß für Kriege benutzt hatte, wich einer neuen Orientpolitik, deren Auswirkungen im Hinblick auf Armenien Fürst Aleksej Lobanow-Rostowskij mit der berüchtigten Formel „Armenien ohne Armenier" umriß. Als Botschafter (1878–1895) sowie Außenminister (1895–1896) setzte Lobanow-Rostowskij einen nachgiebigen Kurs gegenüber der Türkei durch, um sie nicht England und Österreich-Ungarn in die Arme zu treiben.

Erst unter dem Eindruck der im östlichen Transkaukasus besonders gewalttätig verlaufenden Sozialrevolution von 1905 sah sich der Zar gezwungen, vorübergehend einzulenken. Golizyn wurde abberufen, das Amt des Statthalters wieder eingeführt und mit Graf Iladion Iwanowitsch Woronzow-Daschkow (1837–1916) besetzt, der Nikolaj II. empfahl, die armenischen Oberschulen wiederzueröffnen sowie die Kirchengüter zurückzugeben, was im August 1905 geschah.

Ausgelöst von kulturellen, religiösen und historischen Gegensätzen, tobten damals bereits monatelange bewaffnete Auseinandersetzungen zwischen Aserbeidschanern und Armeniern. Ihr Ausgangspunkt war Baku, das wirtschaftliche Zentrum Transkaukasiens, in dessen Erdölindustrie die Armenier sowohl als Unternehmer wie auch als Arbeiter zahlreich vertreten waren. Von Baku sprang der Funke des Klassen- und Völkerhasses auf Nachitschewan sowie die Gouvernements Tiflis, Jelisawetpol und Jerewan über. Überall gingen armenische Häuser in Flammen auf, wurden Armenier massakriert und vertrieben. Allerdings stießen die „Tataren", wie die Aserbeidschaner noch bis in die frühe Sowjetzeit hinein mit dem Sammelbegriff für alle turkstämmigen Muslime bezeichnet wurden, vor allem in Baku und Schuschi auf heftige, von Selbstverteidigungsgruppen der armenischen *Daschnakzutjun*-Partei organisierte Gegenwehr, so daß zwei Drittel der 600 Toten, die allein bei dem Bakuer Pogrom im September 1905 umkamen, Aserbeidschaner waren. Trotz zahlenmäßiger Überlegenheit, besserer Bewaffnung sowie der offenen oder heimlichen Unterstützung durch die Behörden waren Aserbeidschaner vielerorts den besser organisierten Armeniern unterlegen. Mit der neuntägigen „Zweiten Schlacht von Schuschi" endete am 22. Juli 1906, nach anderthalb Jahren, eine Serie antiarmenischer Ausschreitungen, die als „Erster armenisch-tatarischer Krieg" in die russische Geschichte eingingen. In der von Ministerpräsident Stolypin geprägten anschließenden Restaurationsphase 1908 bis 1912 wurden Hunderte von Armeniern als Aufrührer verhaftet, doch nur ein Drittel der 158 bei einem großaufgezogenen „Daschnakenprozeß" Angeklagten wurde 1912 tatsächlich verurteilt. Der Grund für die plötzliche Milde lag in neuerlichen Spannungen Rußlands mit der Türkei und im Umschwung seiner Türkeipolitik: Das christliche Zarenreich meinte, die armenischen Revolutionäre nun als nützliches Werkzeug gegen den osmanischen Erbfeind benutzen zu können.

Der lange Kampf um Freiheit (III):
Zwischen Reform, Revolution und Reaktion

Immer breitere Kreise stillten den von der Kulturrenaissance erzeugten Bildungsdurst im Ausland. Studenten aus Westarmenien sowie Konstantinopel zog es dabei traditionell nach Italien und Frankreich, wo Padua, Venedig, Paris, Montpellier und Nancy bevorzugte Hochschulorte waren, ferner in das frankophone Genf sowie nach Manchester, während Armenier aus dem Russischen Reich Leipzig, Berlin und die deutschsprachige Schweiz bevorzugten. Nicht minder beliebt waren amerikanische Lehranstalten im Osmanischen Sultanat, von deren 23 000 Schülern Ende des 19. Jahrhunderts die meisten Armenier waren. Schulische Kontakte mit Westeuropäern oder Nordamerikanern sowie Vergleichsmöglichkeiten bei Auslandsstudien schärften das Gefühl für die eigene staatsbürgerliche Benachteiligung, Freiheits- und Emanzipationsbestrebungen anderer Völker lieferten die Maßstäbe für politischen

Fortschritt. Die Armenier des 19. Jahrhunderts orientierten sich an den Freiheits- und Gleichheitsidealen der französischen Revolutionen von 1789 und 1848, am Unabhängigkeitskampf Serbiens (1804/06, 1815/16), Griechenlands (1821–1829) und Bulgariens (1876/77) sowie der italienischen Irredenta-Bewegung. Im Osmanischen Sultanat richteten sich ihre Forderungen zunächst nicht an die Hohe Pforte selbst, sondern gegen das eigene konservative, staatstreue Establishment: die Kirche und die *amiras*.

Territorialverluste infolge militärischer Niederlagen, Demokratisierungsversäumnisse sowie allgemeiner innerer Zerfall stürzten das Osmanische Sultanat im 19. Jahrhundert in eine tiefe Krise, die die Regierung, nicht zuletzt auf Drängen der Europäer, durch Verwaltungsreformen aufzufangen versuchte. Bereits Sultan Mahmud II. (Mahmut) hatte sich 1829 im Friedensvertrag von Adrianopel verpflichten müssen, die Lebensbedingungen der osmanischen Christen zu verbessern. Sein Nachfolger Abdul Medschid (Abdülmecit) sicherte im Verfassungsdekret von Gülhane 1839 die Gleichstellung aller Untertanen ungeachtet ihrer Religion zu. Die in verschiedenen Bereichen angekündigten Reformen blieben jedoch Stückwerk, so daß der Sultan zwei Wochen vor der Pariser Konferenz mit seinem „Kaiserlichen Erlaß" (Islahat Fermani) am 18. Februar 1856 erneut die Gleichheit aller osmanischen Untertanen ungeachtet ihrer „Rasse oder Religion" verkündete. Vor dem Hintergrund von Kriegs- und Machtverlusten, in diesem Fall dem Krimkrieg (1853–1856), verfaßt, vermochte der Erlaß nur die europäischen Sieger zu beeindrucken, die sich inzwischen zu kollektiven Garantiemächten für die Sicherheit der orientalischen Christen erklärt hatten. Innenpolitisch scheiterte der Erlaß am Widerstand konservativ-islamischer Kreise, die sich nicht mit dem Verlust ihrer privilegierten Stellung abfinden mochten. Sultan Abdul Asis krönte das Reformwerk seines 1861 ermordeten Bruders durch eine am 23. Dezember 1876 verabschiedete Verfassung, die erstmals alle Untertanen zu gleichberechtigten „Osmanen" erklärte und Gewissensfreiheit, das Recht auf Eigentum sowie die Freiheit der Person garantierte. Der russisch-türkische Krieg lieferte allerdings seinem Nachfolger Abdul Hamid II. (Abdülhamit) den Vorwand, schon am 14. Februar 1878 das Parlament aufzulösen und die osmanische Verfassung für über 30 Jahre außer Kraft zu setzen. Der im Türkischen bis heute pejorativ als „Periode der Dekrete" (*Tanzimat*) umschriebene Zeitraum 1829 bis 1876 hatte somit zwar europäische Rechtsnormen, insbesondere das Gleichheitsprinzip, im osmanischen Staat eingeführt, doch war es den Reformern nicht gelungen, das auf der Ungleichheit der Untertanen basierende islamische *millet*-System vollständig zu beseitigen. Auch die osmanische Verfassung von 1876 erkannte den Islam weiterhin als Staatsreligion an. Dadurch war ein konfliktträchtiges duales Rechtssystem zweier unvereinbarer Grundsätze entstanden.

Zu den positivsten Ergebnissen der Reformversuche von 1856 gehörte die Säkularisierung des *millet*-Systems, indem jeder Glaubensnation ein eigenes, weitgehend aus Laien zusammengesetztes Parlament („Nationalversammlung") und eine Verfassung zur Regelung ihrer inneren Angelegenheiten zugestanden wurde. Junge armenische Intellektuelle sowie Mitarbeiter jener reformfreundlichen osmanischen Beamtenschicht, die kurz zuvor den „Kaiserlichen Erlaß" erarbeitet hatte, entwarfen 1856 die „Nationalverfassung" für die *ermeni millet*. Damit blieb zwar der Patriarch weiterhin der offizielle Repräsentant der armenischen Glaubensnation gegenüber der osmanischen Regierung, war jetzt aber dem Willen der armenischen „Nationalversammlung" verpflichtet. Dieses aus einer zivilen und einer religiösen Kammer zusammengesetzte Gremium zählte 140 Abgeordnete, von denen die Laien mit 120 ein deutliches Übergewicht gegenüber dem Klerus besaßen. Bemerkenswerterweise diente die „Nationalverfassung" der *ermeni millet* als Vorbild für die osmanische Verfassung von 1876.

Es dauerte neun Jahre, bis die osmanische Regierung, gegen den Widerstand der armenischen *amira* sowie unter dem Eindruck armenischer Aufstände in Sejtun (1862), Wan (1862) und Musch (1863), im Januar 1864 einer abgeschwächten Fassung der Nationalverfassung zustimmte und dem Patriarchat erlaubte, in den „Provinzen" ein Netz von Prälaturen aufzubauen. Wenn auch die Bischöfe an der faktischen Rechtlosigkeit der Westarmenier nichts zu ändern vermochten, leiteten sie nun Nachrichten über die sich seit 1860 häufenden Rechtsbrüche und Übergriffe durch Kurden sowie Nordkaukasier an das Patriarchat nach Konstantinopel weiter, die die dortigen Wortführer der Nation stark beunruhigten. Da Eingaben bei der Regierung kaum Resultate zeitigten, wuchs die Überzeugung von der Unreformierbarkeit der bestehenden Verhältnisse; Besserung, so glaubten immer mehr armenische Meinungsführer, läge nur in einer Befreiung Armeniens von der Fremdherrschaft. Vor allem aber müsse man die (Selbst)Verteidigung der Landbevölkerung in eigene Hände nehmen. Diesem Zweck verschrieben sich in Westarmenien, nach dem Vorbild der italienischen *carbonari*, zwischen 1872 und 1885 kleine, meist nur kurzlebige Geheimbünde wie *Miutjun i Prkutjun* („Bund zur Errettung", Wan, März 1872–1874), *Sew Chatsch* („Schwarzes Kreuz", Wan, 1878/79–ca. 1885) und *Paschtpan Hajrenjaz* („Verteidiger des Vaterlandes", Erzurum, 1881–1882), deren geistiger Vater und Mitbegründer der Geistliche Mkrtitsch Chrimjan (1820–1907) war. Im Volk als *hajrik* („Väterchen") tief verehrt, stand der aus Wan stammende nachmalige Patriarch (1869–1873) und Katholikos (seit 1893) anfangs in der bildungsidealistischen Tradition des *sartonk*, dem er als Pädagoge und Publizist zu dienen versuchte, bevor ihn vor allem die Enttäuschungen des Berliner Kongresses radikalisierten.

Die Hoffnung der Armenier auf Befreiung stützte sich seit dem 18. Jahrhundert auf das christliche Rußland, das als Schutzmacht vor allem der orthodoxen Balkanslawen auftrat. Zar Alexander II. nahm die blutige Niederschlagung eines anti-osmanischen Aufstands in Bulgarien zum Anlaß, am 24. April 1877 im Namen der Sicherheit der Christen im Osmanischen Reich dem Sultan den Krieg zu erklären. Im Unterschied zu den Balkanslawen, die in den russisch-orthodoxen Glaubensbrüdern uneingeschränkt ihre Befreier erblickten, waren die armenischen Reaktionen gespalten: Der damalige Patriarch zu Konstantinopel, Nerses Warschapetjan, rief nicht zuletzt aus Sorge, die armenischen Christen könnten im Falle eines russischen Sieges von der Orthodoxie vereinnahmt werden, in einem Hirtenbrief zur Staatstreue auf. In beiden Teilgebieten Armeniens war man weniger wählerisch. Die Bevölkerung des Gouvernements Jerewan stellte der zaristischen Armee Fuhrwerke, Lasttiere, Proviant sowie zahlreiche Freiwillige. Während der beiden russischen Vorstöße und vor allem nach dem Abzug der Russen übten Irreguläre und kurdische Stämme aus Wan und Pajasat (Bayazid) dafür grausame Rache an den Armeniern von Wan, Alaschkert, Musch und Bitlis.

Die armenische Nationalversammlung hatte gehofft, Einfluß auf die russisch-osmanischen Friedensverhandlungen zu gewinnen und Verwaltungsautonomie für Westarmenien durchzusetzen. Tatsächlich verpflichtete der Vorfrieden von San Stefano (3. März 1878) in Artikel 16 das besiegte Osmanische Sultanat zu sofortigen Reformen in den „von Armeniern bewohnten Provinzen" sowie zu ihrem Schutz vor Kurden und Tscherkessen. Aber die übrigen fünf damaligen Großmächte Europas – Frankreich, Deutschland, Italien, Österreich-Ungarn und England – bemühten sich, den russischen Einfluß im Orient zurückzudrängen, und betrieben im Interesse ihrer jeweils eigenen Ziele eine Abschwächung der Regelungen dieses Vertragswerks. Insbesondere England sah seine Einflußzone in Mesopotamien durch eine etwaige russische Besetzung Westarmeniens bedroht und veranlaßte daher Rußland, am 30. Mai 1878 in London die Rückgabe der westarmenischen Gebiete von Pajasat und Alaschkert zu unterzeichnen. In einem weiteren Geheimabkommen sicherte England dem Osmanischen Sultanat seine militärische Unterstützung zu, sollte Rußland dennoch versuchen, westarmenisches Gebiet zu erobern, und erhielt als Gegenleistung vom dankbaren Sultan das Recht zur Besetzung Zyperns. Nachdem Rußland im Londoner Geheimabkommen auf eine weitere Expansion im Osmanischen Sultanat verzichtet hatte, erlahmte sein militärisches Interesse an Westarmenien und wandte sich statt dessen Mittelasien sowie dem Fernen Osten zu. Ohne jegliche Erörterung wurden die englisch-osmanischen Vorabsprachen über die Neufassung von Artikel 16 auf dem internationalen Berliner Kongreß am 8. Juli 1878 verabschiedet. Die für die Westarmenier wesentliche Verschlechterung bestand darin, daß die Einhaltung der Reformverpflichtung nicht mehr durch russische Truppenpräsenz garantiert wurde und das Osmanische Sultanat lediglich gehalten war, ein nicht näher definiertes Gremium der europäischen Mächte über den Fortgang seiner Reformmaßnahmen zu unterrichten. Es sollten 36 Jahre vergehen, bevor sich die „Mächte" und die osmanische Regierung im Februar 1914 auf ein Reformprojekt einigten und zwei Monate darauf der Holländer Westenenk sowie der Norweger Hoff nominiert wurden, um die Durchführung in Westarmenien zu überwachen. Der Ausbruch des Ersten Weltkrieges lieferte der osmanischen Regierung den mehr als willkommenen Anlaß, die beiden „Generalinspektoren" unverrichteter Dinge nach Hause zu schicken.

Vergeblich hatte 1878 eine Abordnung unter Mkrtitsch Chrimjan versucht, an den Berliner Kongreß zu appellieren, für den Westarmenien ohnehin nur ein Randthema bildete. Man ließ die Armenier noch nicht einmal in den Sitzungssaal. Nach Konstantinopel zurückgekehrt, zog der maßlos enttäuschte Kirchenführer ein bitteres, vielzitiertes Resümee: „Auf den Kongreßtüren stand geschrieben: Das Recht gehört dem Starken, die Politik ist bedeutungslos, denn das Recht liegt auf der Schwertschneide. Armenier, lernt das Eisen zu schätzen, denn eure Rettung ist mit seiner Hilfe möglich."

Das mutwillige Verschleppen der Verwaltungsreformen in Westarmenien sowie die nach der Beendigung der interventionistischen russischen Orientpolitik schwindende Hoffnung auf eine Befreiung von außen gaben, bei einer gleichzeitigen drastischen Verschlechterung der Lebensverhältnisse in den armenischen Siedlungsgebieten, nationalrevolutionären Ideen Aufschwung. Im Herbst 1885 gründete der Pädagoge und Publizist Mkrtitsch Portugaljan (1848–1921) mit Lehrern und Schülern seiner inzwischen verbotenen Lehranstalt in Wan die erste armenische Partei *Armenakan Kasmakerputjun* („Armenische Organisation"), die sich noch ganz im Sinne des *sartonk* bemühte, das Volk auf „eine allgemeine Bewegung vorzubereiten, insbesondere, wenn die äußeren Umstände – die Haltung der ausländischen Mächte und der benachbarten Rassen – die armenische Sache zu begünstigen scheinen." Obwohl Portugaljan auch vom Marseiller Exil aus die Notwendigkeit einer Einheitsfront sowie der „Nationalfreiheit" in seiner Zeitschrift „Armenia" (1885–1923) propagierte, blieb diese erste politische Partei der Armenier von lokaler Bedeutung, denn die radikaleren revolutionären Zielsetzungen der nachfolgenden Parteien fanden angesichts der raschen Zuspitzung der Lage größeren Anklang. Im Transkaukasus, der neben Sibirien zum Verbannungsgebiet für Revolutionäre und Oppositionelle geworden war, standen Armenier seit den 1860er Jahren in Kontakt mit den russischen *narodniki* („Volkstümler") und vor allem der sozialrevolutionären Partei *Narodnaja Wolja* („Volkswille"). 1887 gründeten sechs armenische Studenten aus Tiflis in Genf die Zeitung und gleichnamige Partei *Hntschak*, die sich nicht nur mit ihrem Namen an Alexander Herzens Zeitschrift „Kolokol" („Glocke") anlehnte und enge Kontakte zu G. Plechanows marxistischer Gruppe „Befreiung der Arbeit" unterhielt; seit 1909 bezeichnete sich *Hntschak* offiziell als sozialdemokratische Partei. In ihrem Programm verbanden sich sozialrevolutionäre mit radikalen nationalen Forderungen, was 1896 zur Abspaltung der *Werakasmjal Hntschakjanner* (*Reorganisierte Hntschaken*, bis 1921) führte, die nur die nationalen Aufgaben des Programms erfüllen wollten. Die *Hntschak*-Mitglieder waren die ersten entschiedenen Fürsprecher einer vollständigen Loslösung Armeniens sowohl von Rußland als auch von der Türkei und hielten es für legitim, die autoritäre Herrschaft beider Despotien durch politischen Terror zu bekämpfen. Am 14. Oktober 1903 verübten Mitglieder einen Anschlag auf den russischen Vizekönig des Kaukasus, Grigorij Golizyn, der schwer verwundet überlebte. Nach der jungtürkischen Revolution von 1908 gaben sie allerdings den bewaffneten Kampf für die Unabhängigkeit Armeniens auf. 1890 schlossen sich in Tiflis verschiedene nationalrevolutionäre Zirkel und Organisationen zu einem Dachverband (*Haj Herapochakan Daschnakzutjun* – Armenische Revolutionäre Föderation) zusammen. Programmatisch gemäßigter als die *Hntschak*, strebten sie die „politische und wirtschaftliche Freiheit Türkisch-Armeniens" zunächst über Reformen innerhalb des Osmanischen Sultanats an. In ihrer Praxis schreckten sie aber ebensowenig wie die *Hntschakjanner* davor zurück, staatliche Repressionen und Polizeiterror mit Attentaten zu beantworten. Während die *Hntschakjanner* vor allem in Kilikien und Konstantinopel politischen Einfluß gewannen, fand die *Daschnakzutjun* ihren größten Rückhalt in den armenischen Stammlanden zu beiden Seiten der russisch-osmanischen Grenze. Ihr sozialistisch-internationalistischer Ansatz ließ sie die Zusammenarbeit mit Volksgruppen in ähnlicher Lage, vor allem mit Kurden und Arabern, sowie mit oppositionellen osmanischen Kräften suchen. Auf Antrag der ihr programmatisch und strukturell eng verwandten Sozialrevolutionären Partei Rußlands wurde die *Daschnakzutjun* 1907 in die Zweite Sozialistische Internationale aufgenommen, was den armenischen Anliegen auch die Unterstützung französischer Sozialisten und Linksdemokraten wie Clémenceau, Anatole France und Jean Jaurès einbrachte. Ihr im selben Jahr 1907 in Wien verabschiedetes zweites Programm hat die *Daschnakzutjun*, mit einigen Veränderungen, bis heute beibehalten. Nach der jungtürkischen Revolution gründeten im Oktober 1908 in Alexandria (Ägypten) Mitglieder der *Reorganisierten Hntschaken* sowie der *Armenakan Kasmakerputjun* die bürgerlich-konservative *Sarmanadir-Ramkawar Kussakzutjun (Konstitutionell-Demokratische Partei)*, die unabhängig von der sozialen Zugehörigkeit ihrer Mitglieder die „freiwillige Zusammenarbeit von Kapital, Arbeit und Talent" anstrebte; sie war ferner zur Kooperation mit den Jungtürken bereit und forderte lediglich Kulturautonomie innerhalb des *millet*-Systems. Im Oktober 1921 schloß sie sich mit der *Asatakan Kussakzutjun (Liberale Partei)*, der bürgerlich-liberalen, im April 1917 in Tiflis gegründeten *Haj Schorowrdakan Kussak-*

zutjun (Armenische Volkspartei) sowie einigen anderen zur *Ramkawar Asatakan Kussakzutjun* (*Liberal-Demokratische Partei*) zusammen, die neben der *Daschnakzutjun* und der *Hntschakan Kussakzutjun* die dritte der bis heute einflußreichen frühen Nationalparteien darstellt.

Zeitgleich mit den politischen Parteien entstanden ab 1885 in Westarmenien durch Eid verschworene Kampfgruppen zur Verteidigung der armenischen Landbevölkerung. Als *hajdukner* oder unter der aus dem Arabischen entlehnten Bezeichnung *fedaji* („Opfer") wurden diese Bürgerwehren zum Inbegriff des entsagungsvollen, das eigene (und fremde) Leben nicht schonenden Patrioten. Das historische Vorbild lieferten die anti-osmanischen Guerillabewegungen Südosteuropas (15.–19. Jahrhundert), an denen sich besonders die armenische Minderheit Bulgariens und Mazedoniens beteiligt hatte, das literarische Ideal stellten die romantischen Zeitromane des Schriftstellers Raffi, vor allem dessen Roman „Chente" („Der Verrückte", 1880).

Diese Entwicklungen vollzogen sich vor dem Hintergrund und in Reaktion auf zunehmend brutale Repressionen. 1876 war mit Abdul Hamid II. (Abdülhamit, 1842–1918) ein reaktionärer Alleinherrscher zur Macht gelangt, der die Reformversuche seiner liberalen Vorgänger abrupt beendete. In der Nationalitätenpolitik folgte er dem imperialen Wahlspruch „divide et impera" und spielte geschickt muslimische gegen christliche Bevölkerungsgruppen aus. Offiziell zum Schutz der Grenzgebiete vor Rußland, bildete der Sultan 1891 nach dem Vorbild der russischen Kosakeneinheiten Kavallerieregimenter, die sich vorwiegend aus Angehörigen regierungstreuer kurdischer Stämme zusammensetzten und ihm zu Ehren „Hamidiye" hießen; sie wurden mit Grundbesitz, Steuerfreiheit und dem Recht auf Plünderung für ihre Dienste belohnt. „... diese Maßnahme (...) wird hier mit großer Sorge verfolgt", berichtete der damalige britische Konsul am 24. Februar 1891 aus Erzurum. „Dieses Gefühl wird durch das Verhalten der Kurden noch erheblich gesteigert, von denen viele öffentlich kundtun, daß sie zur Unterdrückung der Armenier bestimmt sind und daß ihnen zugesichert wurde, sie müßten sich nicht gerichtlich für irgendwelche Akte der Unterdrückung von Christen verantworten."

Im Juli 1893 erlaubte die osmanische Regierung wieder den stets konfliktträchtigen Durchzug und Winteraufenthalt kurdischer Nomaden in Sassun. Sie rächte sich damit für den Steuerboykott, mit dem die Sassuner Bauern gegen willkürlich festgesetzte Steuern des Provinzgouverneurs von Bitlis protestiert hatten. Die Armenier setzten sich zur Wehr. Als es den ortsansässigen Kurden sowie regulärem türkischen Militär nicht gelang, die Sassuner in ihren schwer zugänglichen Gebirgsdörfern auszuheben, zog man Hamidiye-Einheiten hinzu, die nach über zwölftägigem Kampf die Frauen der Besiegten vergewaltigten und verstümmelten, bevor sie die Männer mit Bajonetten erstachen. Schwangeren Armenierinnen schlitzten die Kurden die Bäuche auf und schmetterten die Ungeborenen gegen Felsen. Ohne Rücksicht auf Alter oder Geschlecht wurden im August 1894 bis zu 16000 Armenier abgeschlachtet und 32 der 40 Armenierdörfer der Region zerstört.

In Europa riefen die Sassuner Gemetzel Abscheu hervor und trugen neben den fast zeitgleichen Griechenmassakern in Kreta (1895–1896) Abdul Hamid den Beinamen „blutiger Sultan" ein. Erneut wurde der Ruf nach Reformen laut, doch von den sechs „Mächten" hatten Deutschland, Österreich-Ungarn und Italien das Interesse an Westarmenien verloren. Die russische Außenpolitik lag in den Händen des Reaktionärs Lobanow-Rostowskij, der von der Vorstellung geleitet wurde, „Sonderrechte" in Westarmenien könnten zu einem unabhängigen armenischen Staat führen und auch die armenischen Untertanen des Zaren zum Aufstand ermutigen. Frankreich wiederum achtete sorgsam darauf, nicht durch eine abweichende Armenienpolitik seine guten Beziehungen zu Rußland zu trüben. Einzig britisches Engagement bewirkte, daß Großbritannien, Rußland und Frankreich 1894 doch noch einmal gemeinsam auf die Verwirklichung der Reformzusagen drangen und am 17. April 1895 ihr eigenes Reformprojekt vorlegten, nachdem die Hohe Pforte (türk. Bab Ali) untätig geblieben

Abb. 4: Armenischer Friedhof von Erzurum: Massengräber für die Opfer des Massakers am 30. Oktober 1895 werden ausgehoben.

war. Als aber wieder Monat um Monat verstrich, ohne daß die osmanische Regierung Stellung zu den Vorschlägen bezog, organisierte die *Hntschak* am 30. September 1895 eine Protestdemonstration, die der Regierung einen Katalog armenischer „Protest-Forderungen" übergeben sollte. Doch unterwegs wurde die Demonstration aufgehalten und polizeilich verboten. Etwa 20 der meist unbewaffneten Demonstranten wurden erschossen, bereits vorher aufgebotene islamische Gegendemonstranten verfolgten die flüchtenden Armenier und erschlugen noch in entlegenen Vierteln gänzlich Unbeteiligte. Dreitausend von Panik ergriffene Armenier flüchteten sich in armenische Kirchen, wo sie, ohne Verpflegung, tagelang von der Polizei belagert wurden, bis sich die russische Botschaft vermittelnd einschaltete. Die als „Aufstandsversuch" aufgebauschte Demonstration diente als Vorwand, landesweit offenbar von langer Hand vorbereitete Pogrome gegen die *ermeni millet* in Gang zu setzen. Die Massaker wiederholten sich ein knappes Jahr später, nachdem am 26. August 1896 25 junge Daschnaken die Osmanische Bank in Konstantinopel in ihre Gewalt gebracht und sich sowie die 160 Angestellten in die Luft zu sprengen drohten, falls nicht ihre politischen Forderungen erfüllt würden. Sie erreichten jedoch lediglich ihren freien Abzug nach Frankreich. Abdul Hamid, durch seine Spitzel längst über diesen Plan informiert, wartete die Bankbesetzung in aller Ruhe ab. Doch am selben Tag brach in Konstantinopel ein von kurdischen, lasischen und türkischen Banden unterstützter Pogrom der „Baschibusuken" aus, die etwa 14000 Armenier mit Knüppeln erschlugen. Viele dieser religiösen Fanatiker waren in Wahrheit verkleidete Polizeispitzel. Auch in den Städten Wan, Akn (türk. Egin) und Niksar kam es im Juni und September 1896 nochmals zu Massakern. Das armenische Patriarchat zu Konstantinopel schätzte die Opfer insgesamt auf 300000. Weitere 100000 Armenier flohen in das Russische Reich, auf den Balkan sowie in die USA, mindestens ebenso viele waren zwangsislamisiert worden, wodurch die Zahl der Armenier im Osmanischen Sultanat 1896 um mindestens 400000 sank. 568 Kirchen und Klöster waren geplündert und zerstört, 2500 Dörfer verwüstet, Ernten vernichtet oder mangels Gerät, Vieh und Arbeitskräften nicht eingebracht worden, so daß Hunger, Cholera und Pest ausbrachen.

Von Europa fast ganz im Stich gelassen, kannte die gequälte westarmenische Landbevölkerung nur einen Ausweg: Verstärkung der Kampfkraft der *fedajiner*. Nachdem im Frühjahr 1904 Kurden erneut armenische Dörfer in Sassun angegriffen hatten, verteidigten 1000 *fedajiner* sowie 3000 Sassuner unter der Führung von Andranik (Osanjan, 1865–1927), Geworg Tschawusch (türk. Çavuş; d.i. Rasarjan, 1870–1907) und anderer legendärer Helden das Dorf Geliegusan, wo 20000 Menschen Zuflucht gesucht hatten. Als den Armeniern im Kampf gegen eine vierfache Übermacht nach einem Monat die Munition ausging, schlachteten ihre Gegner 8000 Zivilisten ab.

Auch unter dem türkischen Staatsvolk wuchs die Opposition gegen das Regime Abdul Hamids II. Sie stützte sich auf das Programm der „Neu-Osmanen", einer im Juli 1865 gegründeten Geheimgesellschaft türkischer Konstitutionalisten, die sich für wirtschaftliche und politische Modernisierung einsetzte, in der Nationalitätenfrage jedoch den „Osmanismus" vertrat: Ungeachtet ihrer Religion und Volkszugehörigkeit sollten alle Staatsbürger als Osmanen gelten, Sonder- und Minderheitenrechte dürfe es nicht geben, Separatismus sei zu bekämpfen, Reformen müßten allgemein sein. Aus der von Abdul Hamid II. 1878 verbotenen und seit 1890 ins Exil abgedrängten neu-osmanischen Opposition gingen ein Jahrzehnt später die ersten jungtürkischen Organisationen hervor, darunter das 1889 an der Militärischen Ärzteschule Konstantinopels als Geheimbund gegründete *Komitee für Einheit und Fortschritt* (İttihat ve Terakki Cemiyeti). Sie traten das ideologische Erbe des Osmanismus an, den sie als Vorherrschaft der Türken auslegten, suchten aber gleichwohl seit 1895 aus taktischen Gründen die Zusammenarbeit mit den politischen armenischen Parteien.

Ausgehend von der Überzeugung, daß alle Oppositionskräfte zusammenarbeiten müßten, beteiligten sich 1902 die *Daschnakzutjun* und die *Reorganisierten Hntschaken* mit je drei Delegierten am Kongreß der Jungtürken in Paris. Er wurde von Prinz Mehmet Sabaheddin (1877–1940) geleitet, dem Führer der jungtürkischen „Liga für Privatinitiative, Dezentralisierung und Verfassung", der, wohl wegen seines christlichen Vaters, den Nichttürken des Osmanischen Sultanats weitreichende Administrativautonomie einzuräumen bereit war. Doch ebenso wie der kompromißlose Jungtürken-Flügel unter Ahmed (Ahmet) Riza (1859–1930) lehnte auch Sabaheddin die nationale Selbstbestimmung strikt ab. Auf Vermittlung des 1915 von den Jungtürken ermordeten Publizisten und Daschnaken E. Aknuni (Chatschatur Malumjan) kam im Dezember 1907 in Paris ein zweiter Kongreß zustande, der zum Sturz Abdul Hamids II. aufrief. Trotz aller Pragmatik ließen sich aber die grundsätzlichen Interessengegensätze zwischen den Armeniern und Jungtürken nicht ausgleichen. Denn die Armenier konnten ihre Lage nur durch tiefgreifende Reformen oder einen Umsturz bessern. Im Vergleich dazu war der türkische Nationalismus reaktionär, reaktiv und opportunistisch: Modernisierung und Reformen sollten lediglich einer effektiveren Sicherung des kolonialen Besitzstandes dienen. Wie schon die neu-osmanischen Konstitutionalisten, reagierten auch ihre jungtürkischen Nachfolger äußerst empfindlich auf alle ausländischen Versuche, Einfluß auf innere Angelegenheiten des Sultanats zu nehmen.

Solche Abwehrhaltung zeichnete besonders die seit 1906 in Saloniki aktive jungtürkische „Osmanische Freiheitsgesellschaft" aus. Nachdem sie erheblichen Einfluß unter den in Mazedonien stationierten Einheiten gewonnen hatte, bereitete sie den Sturz des Sultans vor, der wie alle folgenden türkischen „Revolutionen" ein Armeeputsch war. Am 23. Juli 1908 ergriffen die Putschisten, unterstützt von makedonischen und albanischen Nationalrevolutionären, die Macht, einen Tag darauf sahen sich der Sultan und die Hohe Pforte gezwungen, die Verfassung von 1876 wieder in Kraft zu setzen. Bei Freudenkundgebungen in Konstantinopel lagen sich jubelnd Türken und Armenier in den Armen, letztere in der Hoffnung, mit der Despotie Abdul Hamids II. auch nationale Verfolgung und Unterdrückung für immer überwunden zu haben. Tatsächlich gewährten die Jungtürken den *fedajiner* noch im selben Jahr Amnestie, das Verbot des Waffenbesitzes für Christen wurde aufgehoben. In der ersten Kammer des *meclis,* des osmanischen Parlaments, stellten die Armenier zehn von insgesamt 266 Abgeordneten. Stärkste und dominierende Partei war jedoch das *Komitee für Einheit und Fortschritt*, im Ausland bekannter als Jungtürken, das freilich bis zum April 1909 im Hintergrund blieb. Damals versuchten Anhänger Abdul Hamids II., durch einen Militärputsch die Macht des Sultans wiederherzustellen. Während der zweiwöchigen Unruhen kam es in Kilikien zu weiteren Armenierpogromen (1.–14. April) mit 30 000 Opfern, an denen sich die eigentlich zum Schutz der Armenier abgestellten Einheiten beteiligten. Damit war die

kurze Ära armenischer Hoffnungen vorüber. Während offiziell und vor allem zur Täuschung des Auslands noch am Osmanismus als Staatsideologie festgehalten wurde, erörterten die jungtürkischen Jahresversammlungen zunehmend Türkismus und Pantürkismus als nationalistische Programme: Statt der gleichberechtigten Koexistenz aller Osmanen sollte das Vielvölkerreich durch Assimilation, Zersiedelung oder Vertreibung der Nichttürken ethnisch homogenisiert und damit gefestigt werden. Zudem sollten alle Turkvölker des Transkaukasus, Irans und Mittelasiens unter Führung des Sultanats zu einem gewaltigen Türkenreich, dem mythischen „Turan", vereint werden. Von jungtürkischen Ideologen wie dem kurdischstämmigen Zia Gökalp (1876–1924) und exilierten Aserbeidschanern wie Achmed Agajew aus Baku bereits Anfang des 20. Jahrhunderts formuliert, setzte sich ab 1910 dieses rassistisch-chauvinistische Programm immer stärker neben dem älteren Panislamismus durch, der unter Abdul Hamid II. die Staatsdoktrin gebildet hatte. Der Panislamismus sah die Vereinigung sämtlicher muslimischer Völker innerhalb des türkisch dominierten Kalifats vor, womit Unabhängigkeitsbestrebungen unter Arabern, Kurden und Albanern gegengesteuert werden sollte. Die Übergänge des Türkismus zum Osmanismus und Panislamismus blieben bis zur vollständigen Machtergreifung der Jungtürken im Januar 1913 fließend, zu der ihnen der erste Balkankrieg (1912–1913) den Anlaß lieferte. Den christlichen Völkern wurde die Hauptschuld an der damaligen Niederlage, am Verlust osmanischer Anteile an Südosteuropa und an der Vertreibung von Muslimen osmanischer Staatszugehörigkeit zugewiesen. Die christlichen Untertanen des Sultans, allen voran Armenier und Griechen, wurden dafür als undankbar gescholten und zu Verrätern sowie inneren Feinden abgestempelt, da sie angeblich auf den Zerfall des Sultanats hinarbeiteten.
Von 1913 bis zur Kriegskapitulation Ende Oktober 1918 regierte ein jungtürkisches Triumvirat: Ismail Enver (1881–1922), seit 1913 Kriegsminister, und Innenminister Mehmet Ali Talaat (1874–1921) hatten bereits zur Führung des geheimen „Osma-

nischen Freiheitskomitees" (Osmanlı Hürriyet Cemiyeti; gegr. 1906) gehört, das ein Jahr darauf mit *İttihat ve Terakki Cemiyeti* verschmolz. Der kurdischstämmige Ahmet Cemal (Achmed Dschemal, 1872–1922) wurde unmittelbar nach den Massakern von Adana 1909 zum Gouverneur dieser Provinz ernannt, um die Spuren zu verwischen, und avancierte dann zum Militärgouverneur von Konstantinopel; 1914 stieg er zum Kriegsflottenminister auf. Als 1912 bis 1914 Großbritannien, Rußland und Deutschland noch einmal Anstrengungen zur Durchsetzung der „armenischen Reformen" unternahmen, reifte bei den ohnehin paranoiden jungtürkischen Führern der Entschluß, sich des Anlasses derartiger Interventionen für immer zu entledigen.

Der Völkermord: 1915 und 1916

„Anfang Juli 1915 wachte ich eines Nachts unter dem Eindruck eines seltsamen Traums auf. Ich hatte das armenische Volk in Betrachtung eines riesigen Felsens gesehen, den es anbetete. Plötzlich verringerte sich die Größe des Felsens derart, daß nur noch ein gewöhnlicher, schwankend auf seinem Sockel stehender Steinblock von ihm übrigblieb. Verwirrt sagte ich zu meinem Mann: ‚Erkläre mir doch dieses Wunder. Ist die Verwandlung des Felsens die Ankündigung einer Katastrophe?'" (Aus den Erinnerungen der Pailadzo Captanian, einer Überlebenden)

Am 30. Oktober 1914 trat das Osmanische Sultanat an der Seite Deutschlands und Österreich-Ungarns in den Weltkrieg ein, von dem es sich, wie es in der türkischen Kriegserklärung hieß, die Befreiung von 20 Millionen „Turaniern" sowie die Zerschlagung des „moskowitischen" Erzfeindes erhoffte. Die regierenden Jungtürken hatten zuvor an die Daschnaken appelliert, ihre Landsleute im Transkaukasus zu einem antirussischen Aufstand aufzuwiegeln, wofür sie Halbautonomie in einigen westarmenischen Bezirken sowie im noch zu erobernden transkaukasischen Armenien in Aussicht stellten. Dieses Ansinnen lehnte die *Daschnakzutjun* auf ihrem achten, im Juli 1914 in Erzurum abgehaltenen Parteitag kategorisch ab. Ebenso wie das armenische Patriarchat zu Konstantinopel rief sie statt dessen die Armenier des Sultanats zur Staatstreue und zum Kriegsdienst auf. Während nun einerseits armenische Bittgottesdienste für den Sieg der Osmanen abgehalten und Sammlungen für den Roten Halbmond durchgeführt wurden, dienten andererseits zu Kriegsbeginn 60000 Armenier in der osmanischen und 300000 in der russischen Armee, letztere allerdings meist fernab ihrer Heimat an den europäischen Fronten. Russen wie Türken bedienten sich außerdem armenischer bzw. nordkaukasischer Freiwilligenverbände. Unter ihren damals schon legendären Volkshelden Andranik, Keri (Arschak Gafawjan, 1858–1916), Hamasasp (Srwandstjan, 1873–1921), Dro (Drastamat Kanajan, 1883–1956) und Wardan (Sargis Mehrabjan, gest. 1943) kämpften etwa 20000 armenische Freiwillige, oft ehemalige *fedajiner*, aus dem Russischen Reich und teilweise auch aus Westarmenien bis 1916 auf russischer Seite. Die sieben armenischen Freiwilligenverbände wurden allerdings aufgelöst, sobald sich die russische Armee im ersten Halbjahr 1916 in Westarmenien etabliert hatte.

Die türkische Haltung zu den Armeniern blieb auch während des ersten Kriegshalbjahrs doppelbödig: Während Kriegsminister Enver in einem Schreiben an den armenischen Patriarchen am 25. Februar 1915 die „Pflichterfüllung" armenischer Soldaten in der osmanischen Armee pries und der *ermeni millet* für ihre „vollkommene Ergebenheit" gegenüber der Regierung dankte, ordnete er am selben Tag die Entwaffnung aller armenischen Soldaten an, die in bestehende oder neue Zwangsarbeitereinheiten gesteckt wurden. Bereits Anfang 1915 hatte Dr. Nazım Bey Selanikli (1870–1926), der Generalsekretär des *Ittihat ve Terakki* und einer der führenden Ideologen des Türkismus, auf einer Geheimsitzung des Komitees gefordert: „Wenn wir uns weiterhin mit jener Art von lokalen Massakern zufriedengeben, wie sie in Adana und anderen Orten 1909 stattfanden (...), wenn diese Säuberung nicht in eine allgemeine und endgültige übergeht, wird dies unvermeidlich zu Schaden führen. Es ist daher dringend erforderlich, das armenische Volk vollständig auszurotten, so daß kein einziger Armenier auf unserer Erde übrigbleibt und der Begriff Armenien ausgelöscht wird. Wir befinden uns jetzt im Kriege, und es gibt keine günstigere Gelegenheit als diese. Die Intervention der Großmächte und die Proteste der Presse werden keine Berücksichtigung finden. Und selbst wenn das der Fall sein sollte, wird die Angelegenheit bereits eine vollendete Tatsache sein, und zwar für immer (...)."

Seit Mai 1914 fanden im Kriegsministerium sowie im Zentralkomitee des *Ittihat* streng vertrauliche Sitzungen statt, auf denen vermutlich die Türkisierung Anatoliens sowie die Beseitigung der kleinasiatischen Christen, insbesondere der Griechen und Armenier, vorbereitet wurden. Die eigentliche Planung des Genozids oblag dem „Exekutivkomitee der Drei", das im Oktober 1914 vom Innenminister Talaat mit dieser Aufgabe betraut wurde und dafür weitreichende Vollmachten, Geld und Waffen erhielt. Befehlsgemäß arbeiteten die jungtürkischen Führer Dr. med. Bahaeddin Şakir (1878–1922), Nazım Bey und Midhat Şükrü die Fristen, Deportationsrouten sowie Vernichtungsorte aus und lenkten die Massaker. Ausführendes Organ dieser Staatsverbrechen wurde eine schon Anfang August 1914 auf Beschluß des jungtürkischen Zentralkomitees gegründete und zunächst Kriegsminister Enver, ab 1915 dem Innenministerium unterstellte *Sonderorganisation (Teşkilat-i-Mahsusa)*, deren Funktion das Zentralkomitee der *İttihat ve Terakki* zunächst als „die islamische Union und die Vereinigung der außerhalb der Türkei lebenden Türken unter dem Türkismus" umschrieb. Neben bewaffneten Auslandsaktivitäten ging es schon seit Mitte August 1914 um die Bildung und den Einsatz von Totschlägerbanden, die nach dem Vorbild serbischer Freischärler (*četnici*) zu irregulären Einheiten (türk. *çeteler*) formiert und im Inland eingesetzt wurden. 1915 gehörten der *Sonderorganisation* 30 000 bewaffnete Irreguläre an, die man aus besonders antichristlich eingestellten Bevölkerungsgruppen wie den Flüchtlingen vom Balkan und aus dem

Nordkaukasus, aus der kurdischen Bevölkerung, aber auch unter Gewaltverbrechern rekrutierte, die eigens zu diesem Zweck Haftverschonung erhielten. Erste Anzeichen einer Katastrophe in den „Provinzen" erreichten Konstantinopel seit September 1914: Christliche Bürger des Osmanischen Sultanats, und besonders Armenier, wurden als Lastenträger oder zum Straßenbau in den insgesamt 120 Zwangsarbeiterbataillonen (*hamalar* oder *amele taburları*) herangezogen, selbst wenn sie sich förmlich vom Militärdienst freigekauft hatten. Viele dieser „Armierungssoldaten" starben infolge schlechter Ernährung, mangelhafter Unterkünfte und eines unmenschlichen Arbeitspensums bald an Entkräftung. Die Widerstandsfähigeren wurden nach Abschluß der Arbeiten erschlagen, seltener erschossen. Seit Ende November 1914 erfolgte in der überwiegend von Christen bewohnten Provinz Wan, später auch in der Provinz Erzurum die Bewaffnung von Angehörigen der muslimischen Volksgruppen (Türken, Kurden, Lasen und georgische Muslime), die dann plündernd über Armenierdörfer herfielen. Obwohl Christen seit 1909 geradezu gedrängt wurden, sich Waffen zur Selbstverteidigung anzuschaffen, weil sich die Behörden damals außerstande sahen, die christlichen Bürger zu schützen, wurden nun Requirierungen vorgenommen, zu deren regelmäßigen Begleiterscheinungen die Folter der männlichen Einwohner, oft sogar der Dorfgeistlichen, und die Vergewaltigung der Frauen gehörten. Wer die willkürlich festgesetzte Menge nicht aufbringen konnte, mußte zu astronomischen Preisen bei seinen muslimischen Nachbarn Waffen kaufen, die dann als Beweisstücke für einen angeblich landesweit drohenden Aufstand der Armenier fotografiert wurden.

Das „Exekutivkomitee der Drei" vernichtete den armenischen „Volkskörper" schnell und systematisch. Zunächst ging es darum, potentiellen Widerstand auszuschalten, was teilweise schon mit der Zwangsarbeit der wehrfähigen Männer in den „Armierungsbataillonen" erreicht worden war. Ende Februar 1915 suspendierte man außerdem sämtliche armenischen Staatsbeamten. Ein Teil der armenischen Offiziere wurde von Kriegsgerichten abgeurteilt und erschossen. Anschließend beraubte man das armenische Volk seiner politischen und intellektuellen Elite. Paramas (Matewos Sargsjan-Paramasjan, 1863–1915), einer der bedeutendsten *fedajiner* und Führer der *Hntschak*, war bereits am 14. Juli 1914 verhaftet worden und wurde, nach einem Hochverratsprozeß, mit 19 anderen Mitgliedern seiner Partei am 15. Juni 1915 vor dem Kriegsministerium auf dem Konstantinopeler Bayezit-Platz erhängt. Am 12. April 1915 befanden sich auch die meisten Mitglieder der *Daschnakzutjun* im Gefängnis. Die beiden bedeutendsten armenischen Parteien kamen nicht mehr dazu, die Bevölkerung auf systematischen Widerstand vorzubereiten. Vom 21. April bis 19. Mai 1915 folgte landesweit die Festnahme der übrigen intellektuellen und politischen Führer, oft bis zu 500 Personen in größeren Städten. Viele wurden in den überfüllten Gefängnissen so oft und brutal gefoltert, daß die Behörden Militärkapellen einsetzten, um die Schreie zu übertönen. Nach einigen Tagen führte man die Überlebenden vor die Stadt, um sie an abgelegener Stelle zu erschlagen oder mit Bajonetten zu erstechen. Die Ausschaltung der Elite erreichte ihren Höhepunkt bei Massenverhaftungen in Konstantinopel seit dem 24. April, bei denen insgesamt 2 345 Personen, viele von ihnen Gelehrte, Künstler, Publizisten und Politiker, in der Hauptstadt festgenommen und anschließend über die Zwischenstationen Çankırı und Ayaş, beide in der Provinz Ankara, Richtung Diyarbakir befördert wurden, angeblich, um sie dort vor Gericht zu stellen. Die meisten „Aprilopfer" wurden allerdings unterwegs ermordet. Der Geistliche, Musikpädagoge und Komponist Komitas (Soromon Soromonjan, 1869–1935), der seine Ausbildung unter anderem 1896 am Berliner Konservatorium erhalten hatte, überlebte zwar auf internationale Fürsprache hin seine Verhaftung, verlor jedoch als Augenzeuge der Folterungen und Morde für immer seine Schaffenskraft. Bis heute wird der 24. April von Armeniern in aller Welt als Tag der Trauer und des Gedenkens an die Genozidopfer begangen.

Danach folgte, unter der beschönigenden Umschreibung „Umsiedlung" (türk. *tehcir*) bzw. „Verbannung" (*sevkıyat*), die Vernichtung der übrigen Bevölkerung, wofür das Kabinett mit seinem am 27. Mai 1915 veröffentlichten „Provisorischen Gesetz zur Deportation verdächtiger Personen" die scheinbare Rechtsgrundlage nachlieferte. Denn zu ersten Deportationen war es bereits im Februar 1915 in Kilikien gekommen. In drei Etappen wurde bis September 1915 die gesamte armenische Bevölkerung Kilikiens und Nordsyriens, Westarmeniens und schließlich Westanatoliens in den Tod getrieben. Die Durchführung erfolgte fast im ganzen Sultanat einheitlich, Ausnahmen bildete der Süden der Provinz Bitlis, wo man Armenier zu Hunderten lebendig verbrannte, ferner die Provinzen Wan und Trabzon (griech. Trapesunta), wo zahlreiche Menschen, vor allem Kinder und Frauen, auf Boote verfrachtet und im Schwarzen Meer ertränkt wurden. Im Regelfall aber wurden die armenischen Einwohner eines Ortes durch Ausrufer aufgefordert, sich zur „Umsiedlung" bereit zu machen. Meist blieben ihnen dann nur wenige Tage, manchmal bloß Stunden, um zu ungünstigsten Marktbedingungen den eigenen Besitz zu veräußern und Lasttiere sowie Karren für die „Reise" zu erwerben, die sie in der heißesten Jahreszeit über Hunderte von Kilometern in die angeblichen Ansiedlungsgebiete im Norden Syriens und des Iraks führen würde. Die Deportiertenkonvois wurden von Feldgendarmen begleitet und bewacht, die durch die berüchtigten *Çeteler* verstärkt worden waren. Gendarmen und *Çeteler* plünderten oft mit der örtlichen islamischen, häufig kurdischen Bevölkerung gemeinsam die Deportierten aus, die nicht nur buchstäblich bis aufs Hemd ausgeraubt wurden, sondern auch ohnmächtig zusehen mußten, wie bei jedem Überfall Frauen vergewaltigt sowie die hübschesten Knaben und Mädchen verschleppt oder von den Begleitmannschaften in die Sklaverei verkauft wurden. Das ging um so leichter, als in den meisten Konvois schon bald die Männer von den Frauen getrennt wurden, angeblich, um später wieder vereint zu werden, in Wahrheit, um die Männer unterwegs zu massakrieren. Neben Massakern bildeten Hunger und Seuchen das

Hauptmordwerkzeug. Um sie schneller zu entkräften, führte man die Deportierten absichtlich über Umwege. Lasttiere und Fuhrwerke wurden ihnen meist schon kurz nach dem Abmarsch genommen, spätestens bei der ersten Überquerung einer Gebirgskette. Fast jeder Einwohner der dünn besiedelten Regionen, die sie durchzogen, versuchte, sich an den Deportierten zu bereichern. Ortsansässige Dörfler ließen Verdurstende erst trinken, wenn sie gehörig gezahlt hatten. Ausgemergelt, von Sonnenglut verbrannt, nur noch in Lumpen gehüllt oder gänzlich nackt und von vielen Krankheiten gequält, trafen die Deportierten in den Durchgangsorten Malatia, Urfa sowie Aleppo ein. Zu diesem Zeitpunkt hatten sie bereits den Verlust der meisten Nachbarn, Freunde und Verwandten erlitten und standen selbst am Ende ihrer seelischen und körperlichen Kräfte. Trotzdem trieb man sie schonungslos südwärts, in die damaligen Halbwüstengebiete Nordsyriens und Nordiraks. Binnen weniger Monate gingen Zehntausende Deportierter in den „Ansiedlungsgebieten" an Seuchen und Hunger zugrunde: im Lager Islahiye 60 000 (Herbst 1915 bis Anfang 1916), im Lager Mamura etwa 40 000 (Sommer bis Herbst 1915), in den Lagern Radscho, Katma sowie Asas etwa 60 000 (Herbst 1915 bis Frühjahr 1916), im Lager Maskanah bei Aleppo an die 60 000 (November 1915 bis April 1916), in Dipsi etwa 30 000 (November 1915 bis April 1916) und in Sebka 5 000 (November 1915 bis Juni 1916).

Trotzdem beschlossen die Organisatoren der Deportation im Frühjahr 1916, das Sterben durch Megatötungen zu beschleunigen. Sie begannen mit Ras al-Ain, einem kleineren Lager am damaligen Endpunkt der Bagdadbahn, wo etwa einen Monat lang täglich 300 bis 500 KZ-Insassen massakriert wurden, insgesamt 70 000 Menschen, gefolgt von den Lagern Intili mit 50 000 sowie dem KZ Der-es-Sor, dem größten aller Lager, wo vom 17. März bis Juni 1916 insgesamt 200 000 Armenier ermordet wurden. „Das Erdöl, das in dem sogenannten Verbannungsgebiet bis an die Erdoberfläche tritt, machten sich die Massenmörder zunutze. In dem bis heute Chabs-el-Ermen (‚Graben der Armenier') genannten Höhlenlabyrinth bei dem Dorf Schaddadeh am Chabur-Fluß verbrannten oder erstickten achtzigtausend Deportierte."⁴ Die Ortsnamen Ras al-Ain und Der-es-Sor klingen in armenischen Ohren ebenso nach Massenmord wie Auschwitz und Theresienstadt in jüdischen.

Mit Rücksicht auf ausländische Diplomaten und Journalisten verschonten die Jungtürken weitgehend die in der Landeshauptstadt lebenden Armenier. Sie hatten ihre Lektion aus den negativen Reaktionen des Auslands auf die Pogrome in Konstantinopel 1895/96 gelernt. In Wan, Urfa, Schapin-Karahissar (türk. Şebin-Karahisar), Musch und am Musa Dağ leistete die armenische Bevölkerung Widerstand. Die Provinzhauptstadt Wan, mit zwölf Kirchen, acht nationalen Lehranstalten sowie Zeitungsredaktionen das kulturelle Zentrum Westarmeniens, besaß zu Kriegsbeginn 41 000 Einwohner, davon 23 000 Armenier, meist Handwerker und Händler. Nachdem im Februar 1915 Cevdet (Dschewdet) Bey, der als „Christenschlächter" berüchtigte Schwager Envers, Gouverneur der Provinz Wan geworden war, spitzte sich dort die Lage schnell zu. Während über einhundert armenische Dörfer der Provinz in Flammen aufgingen und 24 000 Armenier ermordet wurden, gelang es der armenischen Bevölkerung der Stadt Wan und den etwa 70 000 Flüchtlingen aus umliegenden Dörfern, sich vom 7. April bis zum 3. Mai 1915 gegen das türkische Militär zu verteidigen, bis sie russische Soldaten und die Zweite armenische Freiwilligenabteilung erlösten. Als die Russen am 30. Juni

---

4 Koutcharian, Gerayer: Der Völkermord an den Armeniern (1915–1917), in: Hofmann, Tessa (Hg.): Verfolgung, Vertreibung und Vernichtung der Christen im Osmanischen Reich 1912–1922. Münster 2004, S. 62, gestützt auf: Jébédjian, Robert (Ed.): A Pictorial Record on the Routes and Centers of Annihilation of Armenian Deportees in 1915 within the boundaries of Syria. Aleppo 1994, S. 65. – Laut R. Kévorkian kamen zwischen November 1915 und Dezember 1916 192 750 Armenier im KZ Der-es-Sor-Marat um, davon etwa 40 000 an Seuchen und Hunger, weitere 150 000 starben zwischen Schaddadeh und Suwar. – Vgl. Kévorkian, Raymond H.: Ahmed Djémal et le sort des déportés arméniens de Syrie-Palestine. In : Der Völkermord an den Armeniern und die Shoah. Hans-Lukas Kieser, Dominick Schaller (Hg.). Zürich 2002, S. 202.

1915 aus politischen Erwägungen Wan plötzlich aufgaben, folgten ihnen etwa eine Viertelmillion Armenier aus der Stadt und der Provinz in den Transkaukasus; etwa 40 000 Flüchtlinge fielen unterwegs Hunger und kurdischen Angriffen zum Opfer. Ein Teil kehrte zurück, als die Russen am 14. Juli 1915 Wan erneut einnahmen, der zweite und dritte Rückzug der Russen im August 1915 sowie Frühjahr 1916 forderte beide Male weitere Opfer sowohl unter den Flüchtlingen als auch den in der Provinz Wan verbliebenen Armeniern. In Musch (20.–30. Juni 1915), Schapin-Karahissar (Juni 1915) und Urfa (September–Oktober 1915) wehrten sich die Armenier ebenfalls mit dem Todesmut der Verzweifelten. In Schapin-Karahissar (Provinz Sivas) wiederholten sich der Heroismus und die Greuel Massadas: Als hier, wie allgemein üblich, Pogrome die Deportation einleiteten und 400 Armenier dieser Stadt bereits tot waren, verteidigten sich die etwa 5 000 Überlebenden erst in ihrem Viertel, dann auf dem Felsen der „Schwarzen Festung", die dem Ort den Namen lieh. Die Zahl der bewaffneten Kämpfer lag bei etwa 500, die Truppenstärke des angreifenden türkischen Militärs bei 20 000. Nur einem Teil der Verteidiger gelang ein nächtlicher Ausfall durch den Belagerungsring, die übrigen nahmen Gift. Als die Türken nach 27 Tagen in die Festung eindrangen, fanden sie dort nur noch wehrlose Frauen, Kinder und Greise, die sie dennoch unbarmherzig abschlachteten. In Urfa, dem antiken Edessa, wo sich 35 000 Menschen dem Todesmarsch widersetzten, wurde die Belagerung des Armenierviertels von Eberhard Graf Wolffskeel von Reichenberg mitgeleitet, einem der etwa 8 000 Deutschen, die im Ersten Weltkrieg als Militärverbündete im Osmanischen Sultanat im Einsatz waren. Auch am „Mosesberg" (türk. Musa Dağ, arm. Mussa Ler) leitete Wolffskeel die Belagerung gegen mehr als 4 000 armenische Bauern aus der Umgegend. Sie verteidigten sich 59 Tage auf der das Mittelmeer berührenden Südwestspitze der Amanoskette, bis zwei französische und ein britischer Kreuzer, die schließlich auf die riesige Rotkreuz-Fahne und deren Aufschrift „Christen in Not!" aufmerksam wurden, vom 13. bis 15. September 4058 Überlebende nach

Abb. 5: In der armenischen Siedlung Andschar (Nordlibanon): Als Kinder erlebten diese Männer, wie sich die Armenier auf dem Mussa Ler verteidigten. Wie Reliquien werden die alten Flinten sowie die Rotkreuzfahne gehütet, der die Armenier vom „Musa Dagh" ihre Rettung verdankten.

Port Said evakuierten. Vor dem Hintergrund des heraufziehenden Holocaust hat der österreichisch-jüdische Schriftsteller Franz Werfel diese bekannteste, mit ihrem glimpflichen Ausgang freilich atypische Episode des armenischen Völkermords in seinem Roman „Die 40 Tage des Musa Dagh" (November 1933) geschildert. Die Türkei beschwerte sich erfolgreich bei den deutschen Behörden. Knapp zwei Monate nach seinem Erscheinen wurde der Roman in Deutschland verboten und die Restauflage beschlagnahmt. In den USA, wo im Herbst 1934 die englische Übersetzung wochenlang die Bestsellerliste anführte, verhinderte die Türkei durch massiven Druck die Verfilmung durch MGM.

Bereits am 4. Oktober 1916 schätzte die deutsche Botschaft zu Konstantinopel, daß bei den Deportationen 1,5 von 2,5 Millionen armenischer Vorkriegsbevölkerung des Sultanats umgekommen waren, die Hälfte der Opfer bei Massakern. Betrachtet man den jungtürkischen Massenmord im Zusammenhang vorheriger und nachfolgender Pogrompolitik, steigt die Zahl der Opfer sogar auf fast 2,5 Millionen. Denn auch die türkischen Invasionen im Transkaukasus 1918 und 1920, die „Befreiungskämpfe" der türkischen Nationalregierung unter Mustafa Kemal in Kilikien 1919–1920 und die Einnahme Smyrnas 1922 waren von Massakern an der armenischen Bevölkerung und deren Folgen – Flucht, Hunger und Seuchen – begleitet. Hinzu kommen weitere Zwangsumsiedlungen unter Mustafa Kemal zwischen 1922 und 1929. Bereits zeitgenössische Beobachter erkannten, daß die allgemeine Umsiedlung „den Zweck verfolgt, die armenische Rasse im türkischen Reich zu vernichten." Diese Aussage des deutschen Botschafters Baron Hans von Wangenheim vom 7. Juli 1915 ist umso aussagekräftiger, als die zahlreich im Osmanischen Sultanat vertretenen deutschen Diplomaten über jeden Vorwurf antitürkischer Voreingenommenheit erhaben waren. Vielmehr neigte das Deutsche Kaiserreich dazu, bedenkenlos christliche Solidarität und selbst elementarste menschliche Grundsätze fallenzulassen, falls diese das Militärbündnis mit den Türken und Deutschlands orientpolitische Interessen zu gefährden schienen. In Vorbereitung auf etwaige Interpellationen im Reichstag heißt es in einer Stellungnahme des Auswärtigen Amtes von 1916: „(...) Das Auswärtige Amt und die Kaiserlichen Vertretungen in der Türkei haben von Beginn der armenischen Krise an alles mit diplomatischen Mitteln Mögliche getan, um das Los der Armenier zu mildern. Die Kaiserliche Regierung ist, was der Öffentlichkeit nicht bekannt ist und vorläufig auch nicht bekannt werden darf, bei ihrem Druck auf die türkische Regierung bis zur äußersten Grenze gegangen. Zur Kündigung des Bündnisverhältnisses wegen der armenischen Frage hielt und hält sich die Kaiserliche Regierung nicht für berechtigt. Denn so bedauerlich es vom christlichen und allgemein menschlichen Standpunkt ist, daß unter dem türkischen Vorgehen mit den Schuldigen auch Hunderttausende Unschuldiger zugrunde gehen, näher als die Armenier stehen der Deutschen Regierung die Söhne Deutschlands, deren opferreicher, blutiger Kampf im Westen, Osten und Süden durch die Waffenhilfe des türkischen Bundesgenossen wesentlich erleichtert wird. (...)"⁵

Die eigene Bevölkerung hielt man mit Hilfe der Militärzensur in Unkenntnis über den Massenmord „hinten, fern in der Türkei".

Zahlreiche der von europäischen oder amerikanischen Zeit- und Augenzeugen bezeugten Episoden scheinen mittelalterlichen Höllenvisionen entsprungen zu sein: In Bitlis wurden im Juni 1915 junge Armenierinnen reihenweise nackt gekreuzigt. Der deutsche Konsul von Mossul berichtete im deutschen Kasino zu Aleppo, er habe auf dem Weg nach Aleppo so viele abgehackte Kinderhände gesehen, daß man die Straße damit hätte pflastern können. Dem armenischen Bischof von Diyarbakir nagelten seine Peiniger glühende Hufeisen an die Sohlen, damit er „nicht unbeschuht" den Deportationsmarsch antrete. Trotzdem erweist sich der jungtürkische Genozid bei näherem Hinsehen als modernes Staatsverbrechen, das sich Adolf Hitler, den sein früherer Berater Max Erwin von Scheubner-Richter ausführlich informiert hatte, zum Vorbild nahm. Als deutscher Vizekonsul hatte von Scheubner-Richter seiner Botschaft in Konstantinopel detailliert und sehr klarsichtig über die Deportation der Armenier in der Stadt und Provinz Erzurum berichtet. Anders als die Pogrome unter Abdul Hamid II., die noch Merkmale traditioneller Christenschlächtereien aufwiesen, betraf die Armenierausrottung von 1915/16 nicht allein die *ermeni millet*, sondern auch katholische und evangelische Armenier. Ein weiterer Unterschied zu 1895 bestand darin, daß keine Zwangsbekehrung der Opfer unter „Feuer und Schwert" mehr angestrebt wurde. Denn den jungtürkischen Urhebern des Genozids ging es nicht um die Assimilation, sondern die Vernichtung ihrer Opfer. Erst Ende 1915 „durften" die restlichen Armenier, vor allem die im Heeresdienst „verwendeten", zur „heiligen Religion" übertreten. Ein Vergleich mit dem nationalsozialistischen Völkermord an den europäischen Juden

---

5 Politisches Archiv des Auswärtigen Amtes, Türkei 183, Armenien Bd. 44, R 14093 (Mikrofiche 7151).

erbringt weitere Merkmale des modernen Genozids: Beide wurden im Schatten von Weltkriegen begangen, in Staaten mit einer Einparteienherrschaft und unter Ausschaltung der parlamentarischen Kontrolle. „Vernichtung durch Arbeit" sowie medizinische Experimente an Angehörigen der Opfergruppe erschienen Türken und Deutschen gleichermaßen als probate Mittel, um „Untermenschen" zu vernichten, die die Jungtürken und Nationalsozialisten in ihrem rassistischen Vokabular mit Ungeziefer, Viren oder Bakterien verglichen. Solche angeblich außerhalb menschlicher Gemeinschaft stehenden, gefährlichen „Schädlinge" verwendeten sie skrupellos für medizinische Versuche, etwa, wenn armenischen Soldaten und Zivilisten Typhuserreger eingeimpft wurden. Schon die Jungtürken beförderten, zumindest in der Endphase des Völkermords, ihre Opfer in Viehwaggons zu den Vernichtungsorten.

Zu jedem Völkermord gehört die Beraubung der Opfer. Den Hauptanteil an der „armenischen Beute", etwa fünf Millionen türkischer Goldlira, strich der Staat selbst ein. Immobiler Besitz wie Höfe, Wein- und Obstgärten wurde, auf der Grundlage eines Gesetzes vom 16. Mai 1915, 750 000 muslimischen *muhacirler* aus Rumelien und Bosnien übergeben, vor allem in Kilikien sowie der Provinz Sivas. Das übrige überließ man dem Mob zur Plünderung oder versteigerte es öffentlich, häufig für ein Hundertstel seines Werts, an Mitglieder und Freunde des jungtürkischen Komitees. Der britischen Aufklärung zufolge wurden allein in Mardin und Diyarbakir Edelsteine, Teppiche und Antiquitäten im Wert von sechs Millionen und Gold im Wert von 1,5 Millionen damaliger türkischer Pfund geraubt. Gouverneur Dr. med. Mehmet Reşid Şahingiroy Bey, ein besonders pflichteifriger jungtürkischer Funktionär und fanatischer Armenierhasser, schickte seiner Regierung 48 Kisten mit Juwelen sowie zwei Säcke mit Edelsteinen nach Konstantinopel.[6]

---

6 Barsegow, Juri: Hajeri tseraspanutjan hamar njutakan pataschanatwutjune (reparaziaji jew pochhatutsman chndirner) [Die materielle Verantwortlichkeit für den Genozid an den Armeniern (Die Probleme der Reparation und Kompensation]. Jerewan 1999, S. 8 (arm.).

Ein unter Umgehung des parlamentarischen Plenums am 26. September 1915 von der Parlamentskommission für Finanzen verabschiedetes Gesetz erlaubte die Beschlagnahmung des „zurückgelassenen" Besitzes der armenischen Deportierten einschließlich der Bankguthaben.

„Nachdem (die Türken) den gesamten Besitz der Armenier übernommen hatten, waren sie nun für den Augenblick reicher denn je zuvor", berichtete eine dänische Krankenschwester 1916. „Im zurückliegenden Jahr gab es viel und billiges Brot, Vieh und Fleisch im Überfluß und noch weitere Vorräte für die nächsten Jahre. Unter diesen Umständen war die türkische Bauernschaft freilich zufrieden (...)" Doch auch dieses Verbrechen lohnte sich nicht, nicht einmal kurzfristig. Joseph Pomiankowski, der österreichische Militärbevollmächtigte in der Türkei, beschrieb eine ungewollte Folge der Armenierausrottung: „Die alle Reinigungsmöglichkeiten und jeder Hygiene ermangelnden armenischen Karawanen waren Träger und Verbreiter von Krankheitskeimen, es brach infolgedessen in den von ihnen durchzogenen Gegenden eine allgemeine Flecktyphusepidemie aus, an welcher mindestens eine Million Mohammedaner zugrunde ging. Dies war die Rache der hingemordeten Armenier an ihren Henkern!"

Schuld, Sühne, Vergeltung, Verleugnung: Vergangenheitsbewältigung

> Der Deutsche Bundestag ist sich aus langer eigener Erfahrung
> darüber bewusst, wie schwer es für jedes Volk ist,
> zu den dunklen Seiten seiner Vergangenheit zu stehen.
> (Bundestagsbeschluß vom 16. Juni 2005)

Unter dem Druck der alliierten Sieger, vor allem Großbritanniens, ordnete der Sultan am 14. Dezember 1918 die strafrechtliche Verfolgung der für die Deportation und den Genozid verantwortlichen Jungtürken an, zwei Tage darauf wurden Kriegssondergerichtshöfe gebildet. Vom 5. Februar 1919 an liefen Verfahren gegen regional oder lokal für den Genozid verantwortliche Beamte, Offiziere und Funktionäre, vom 28. April bis 25. Juni 1919 fand das Hauptverfahren gegen 31 Minister der Kriegskabinette sowie führende Funktionäre der *Ittihat ve Terakki* statt. Allein in Istanbul gab es 65 Verfahren. Ihre Zahl in anderen Städten ist nicht genau zu ermitteln. Von zwanzig Todesurteilen wurden drei vollstreckt. Diese als Unionistenprozesse bezeichneten Strafverfahren stellten den erstmaligen Versuch in der Rechtsgeschichte dar, auf nationaler Ebene ehemalige Regierungsmitglieder für Staats- und Kriegsverbrechen zur Verantwortung zu ziehen. Das geschah weniger aus Gerechtigkeitsliebe als mit dem Vorsatz, die für den Völkermord Verantwortlichen dem Zugriff der Alliierten zu entziehen und vor härteren Strafen zu bewahren, hauptsächlich aber mit dem Kalkül, als „Gegenleistung" den Alliierten die Anerkennung der osmanischen Souveränität abzuringen.

Als im Frühjahr 1920 deutlich wurde, daß die Alliierten die türkischen Ansprüche auf Anatolien nicht berücksichtigen würden, verlor die Nationalregierung unter Mustafa Kemal das Interesse an der weiteren strafrechtlichen Verfolgung. Am 11. August 1920, einen Tag nach Abschluß des Friedensvertrages von Sèvres, dessen Artikel 226–230 die Verfolgung der für den Völkermord Tatverdächtigen vorsahen, beschloß die Regierung in Ankara die Auflösung der in ihrem Machtbereich befindlichen Sonderkriegsgerichte. Die Mehrzahl der Führer der Nationalbewegung einschließlich Mustafa Kemals hatten der *Ittihat ve Terakki* angehört, die auch nach ihrer offiziellen Auflösung nicht nur weiterhin starken Einfluß auf die Nationalbewegung ausübte, sondern sogar auf die osmanische Regierung in Konstantinopel. Das machte die dortigen Bemühungen um eine juristische Aufarbeitung des Genozids zur Farce. So konnten die Untersuchungshäftlinge, die erst auf Druck der Briten hin seit Januar 1919 festgenommen worden waren, ungehindert miteinander kommunizieren, Besucher empfangen oder das Gefängnis verlassen. Weil sie überzeugt waren, straffrei auszugehen, flohen sie nicht. Sämtliche ihrer Wächter gehörten überdies der illegalen, im Dienst der Nationalbewegung stehenden Geheimorganisation *Karakol Cemiyeti* („Polizeikomitee") an, die noch im Oktober 1918 von Enver und Talaat gegründet worden war. Nachdem gar 41 Verdächtige freigelassen worden waren, überstellten die Briten am 28. Mai 1919 zwölf Häftlinge nach Mudros und 55 weitere nach Malta. Doch unter dem Druck der Nationalregierung in Ankara, die zuvor britische Zivilisten und Offiziere als Geiseln genommen hatte und mit deren Hinrichtung drohte, kamen bis zum 30. Oktober 1921 auch sämtliche in Malta Internierten frei und erhielten nicht selten unter der Regierung Mustafa Kemals hohe Ämter bis hin zu Ministerposten. Am 31. März 1923 erfolgte die allgemeine Amnestie für die des Völkermords Verdächtigen. Auch ein internationaler Gerichtshof wurde nie eingerichtet. Interessengegensätze unter den Alliierten, vor allem zwischen Frankreich und Großbritannien, verhinderten deren gemeinsames Vorgehen. Sogar die Briten beugten sich schließlich dem Druck der Nationalregierung. Außerdem stimmte die Furcht vor einem kemalistisch-sowjetrussischen Schulterschluß die Alliierten gegenüber Kemal nachgiebig.

Die Armenier mochten sich mit diesem Ausgang nicht abfinden. Die türkischen Richter hatten nur wenige Angeklagte verurteilt, viele zudem in absentia, da sich die jungtürkischen Hauptverantwortlichen rechtzeitig ins Ausland, insbesondere nach Deutschland und Sowjetrußland, absetzen konnten, wo sie im Namen alter und neuer Militärbündnisse aufgenommen wurden. Das zweifache Verlangen des osmanischen Botschafters zu Berlin, Talaat an die Justiz seiner Heimat auszuliefern, lehnte der letzte kaiserdeutsche Außenminister, W. Solf, ab: „Talaat hat treu zu uns gehalten, und unser Land bleibt für ihn offen." Der ehemalige Innenminister und Großwesir, der in Konstantinopel am 5. Juli 1919 für millionenfachen Mord zum Tode verurteilt wurde, hielt in einer geräumigen Wohnung in Berlin-Charlottenburg regelrecht Hof, bis ihn am 15. März 1921 der junge Westarmenier Soromon Tehlirjan (1896–1960) auf offener Straße niederstreckte. Das anschließende Schwurgerichtsverfahren enthüllte, gegen den Wunsch der obersten deutschen Justizbehörden und des Auswärtigen

Amtes, öffentlichkeitswirksam den bislang in Deutschland verschwiegenen Völkermord an den Armeniern als Tatmotiv. Bei dem Prozeß kam aber weder zur Sprache, daß Tehlirjan 1919 in Konstantinopel jenen armenischen Denunzianten Harutjun Mkrttschjan erschossen hatte, dem die Jungtürken ihre Verhaftungsliste für den 24. April 1915 verdankten, noch Tehlerjans Zugehörigkeit zu dem geheimen Daschnaken-Sonderkommando *Wresch*. Da 1921 kein Staat mehr daran interessiert war, die in der Türkei verurteilten, landesflüchtigen Massenmörder ihrer Strafe zuzuführen, vollstreckten Rächer des *Wresch* die Todesstrafe an hochrangigen jungtürkischen Verantwortlichen: Am 17. April 1922, nur knapp ein Jahr nach Talaats Ermordung, erschossen Aram Jerkanjan sowie Arschawir Schirakjan, wiederum in Berlin, Dr. Bahaeddin Şakir und Cemal Azmi (1875–1922), der in seiner Amtszeit als Gouverneur von Trabzon unter anderem für den Mord an 3000 armenischen Waisen verantwortlich war. Auf seinen Befehl hin wurden im Rot-Kreuz-Krankenhaus Trabzons kindliche Opfer vergiftet und Säuglinge mit Wasserdampf erstickt. In dem selben Krankenhaus hielt Azmi 15 junge Armenierinnen gefangen. Türkische Zeugen sagten am 12. April 1919 im Strafprozeß gegen Cemal Azmi aus, daß die Mädchen ermordet wurden, „nachdem Regierungsbeamte die übelsten Schandtaten an ihnen verübt hatten." Das osmanische Gerichtsurteil unterstrich die „reihenweisen Vergewaltigungen" minderjähriger „hilfloser Opfer" und die „Entjungferung kleiner Mädchen (...) in einem angeblich humanitären Zwecken dienenden Krankenhaus." Die sterblichen Überreste Cemal Azmis und Bahaeddin Şakirs ruhen auf dem Islamischen Friedhof am Berliner Columbiadamm und werden im türkischen Text der Tafel am Friedhofseingang als Ehrengräber bezeichnet. Talaats sterbliche Überreste überführte man im März 1943 nach Istanbul, wo sie feierlich auf dem Freiheitshügel, einem Prominentenfriedhof, beigesetzt wurden.

Dem als „Prozeß Talaat Pascha" in die Rechtsgeschichte eingegangenen Strafverfahren gegen Tehlirjan wohnten zwei junge jüdische Juristen bei, die später selbst Rechtsgeschichte schrieben: Raphael Lemkin (1900–1959) versuchte als Justitiar des Völkerbundes bereits 1933 ein internationales Vertragswerk gegen die Vernichtung ganzer Völker zu initiieren; erfolgreich wurde er erst 1948 mit der UN-Konvention zur Bestrafung und Verhütung von Genozid; Genozid, so Lemkin, sei, „was die Türken den Armeniern antaten und die Deutschen mit den Juden machten". Robert Kempner (1899–1993), der spätere Stellvertretende Chefankläger der USA im internationalen Militärgerichtsverfahren von Nürnberg, schrieb rückblickend: „Die Ermordung von 1,4 Millionen christlicher Armenier auf Befehl der türkischen Regierung war das erste Genozidprogramm dieses Jahrhunderts..."

Seit 1923 hat keine türkische Regierung mehr den Versuch unternommen, den Genozid von 1915/16 aufzuarbeiten, geschweige denn den dem armenischen Volk zugefügten Schaden ideell oder materiell wiedergutzumachen. Vielmehr wiederholen amtliche und halbamtliche Sprecher, Publizisten und Wissenschaftler die bereits von der jungtürkischen Regierung benutzte „Rechtfertigung": Unter Kriegsbedingungen sei eine Umsiedlung der angeblich verräterischen und aufrührerischen armenischen Bevölkerung erforderlich gewesen, bei der „nur" 300 000 umgekommen seien, und zwar nicht als Opfer eines geplanten Staatsverbrechens, sondern infolge chaotischer Verhältnisse sowie kurdischer Raub- und Mordlust. So haltlos diese Behauptungen angesichts der überwältigenden Fülle zeitgenössischer Augenzeugenberichte, jungtürkischer Depeschen, ausländischer, vor allem deutscher Konsularberichte und der Protokolle der Unionistenprozesse sind, so haben gleichwohl beharrliche türkische Lobbyarbeit, Stipendien und andere Vergünstigungen auch etliche europäische und nordamerikanische Wissenschaftler dazu verführt, sich in den Dienst solcher Propaganda zu stellen. Als aber der bekannte anglo-amerikanische Islamwissenschaftler Bernard Lewis am 16. November 1993 in einem Interview mit „Le Monde" die historische Tatsache des Völkermords als „die armenische Version dieser Geschichte" in Frage stellte, erstatteten armenische und französische Organisationen Anzeige und erreichten in zwei aufsehenerregenden

Verfahren, daß der als protürkisch bekannte Wissenschaftler zur symbolischen Zahlung eines Francs verurteilt wurde.

Gelähmt von den materiellen und seelischen Auswirkungen des Völkermords, fiel es den Armeniern lange Zeit schwer, sich organisiert gegen die Leugnung der jungtürkischen Verbrechen zu wehren. Sie hatten erlebt, wie jede der europäischen Mächte, auf die sie ihre Hoffnung gesetzt hatten, eigener Vorteile wegen an ihnen Wortbruch begangen und sie im Stich gelassen hatte. Ihre politische Mentalität wurde von diesen fortgesetzt enttäuschten Hoffnungen ebenso nachhaltig geprägt wie durch eine grenzenlose, unstillbare Trauer. Denn in nur sieben Jahren, zwischen 1915 und 1922, verloren sie neun Zehntel ihrer Heimat und über ein Drittel ihres Volkes. Die offizielle türkische Leugnung der geschichtlichen Tatsachen hält die alten Wunden aufgeklammert. Völkermordleugnung gilt zu Recht in der Genozidforschung als letzte und integrale Etappe dieses Verbrechens, als „zweite Tötung", wie es der jüdische Friedensnobelpreisträger Elie Wiesel umschrieb.

Die armenischen Überlebenden fühlten sich als verlassene Waisen, die in einer auf Gewalt und Unmoral begründeten Welt niemanden als sich selbst zu trauen wagten. Erst 50 Jahre nach dem Völkermord fanden die Nachfahren der vertriebenen Überlebenden die psychische Kraft, mit Massenkundgebungen, Petitionen und Protesten auf ihre Forderungen nach internationaler Verurteilung der Türkei aufmerksam zu machen. Als sich aber auch nach zehn Jahren nichts bewegte, versuchte die ungeduldig gewordene Diasporajugend, mit Anschlägen das „Verbrechen des Schweigens" zu bekämpfen. 40 Türken, 30 Armenier sowie neun Angehörige anderer Nationalität starben zwischen 1975 und 1983 als Opfer der „Kommandounternehmen" von insgesamt drei armenischen Untergrundorganisationen, deren aktivste die *ASALA* (Armenian Secret Army for the Liberation of Armenia) war. 1983 verurteilte der *Weltkirchenrat* den Völkermord an den Armeniern, 1984 hielt in Paris das *Ständige Tribunal der Völker* eine Sitzung zu diesem Thema ab, am 29. August 1985 verabschiedete der *Unterausschuß zur Verhütung von Diskriminierung und zum Schutz von Minderheiten der UN-Menschenrechtskommission* einen Bericht über das Völkermordverbrechen, in dem, neben acht anderen Beispielen, der Genozid von 1915 Erwähnung fand. Es folgte der *Politische Ausschuß des Europäischen Parlaments* mit seiner „Resolution zur politischen Lösung der armenischen Frage" vom 18. Juni 1987, die die Aufnahme der Türkei in die Europäische Gemeinschaft unter anderem von deren Eingeständnis des Genozids abhängig macht. Seit 1965 haben folgende 20 nationalen Gesetzgeber die Vernichtung der Armenier durch den türkischen Staat in Resolutionen, Beschlüssen oder Gesetzen als Genozid entsprechend der UN-Völkermordkonvention von 1948 bewertet, wobei drei Staaten (Argentinien, Uruguay und Frankreich) der Anerkennung Gesetzeskraft verliehen:

- Argentinien (Senat, 5. 5.1993, Gesetz 18. 3. 2004)
- Belgien (26. 3.1998)
- Deutschland (Bundestag, Beschluß vom 16. 6. 2004)
- Frankreich (Nationalversammlung, 28. 5. 1998; Senat, 7.11. 2000, vom Präsidenten unterzeichnetes Gesetz, 29. 1. 2001)
- Griechenland (Parlament, 24. 4. 1996)
- Italien (Abgeordnetenkammer, 16. 11. 2000)
- Kanada (House of Commons, 23. 4. 1996; Senat, 13. 6. 2002)
- Libanon (Abgeordnetenkammer, 03. 4. 1997, Parlament, 11. 5. 2000)
- Litauen (Parlament, 16. 12. 2005)
- Niederlande (Parlament, 21. 12. 2004)
- Polen (Parlament, 19. 4. 2005)
- Rußland (Staatsduma, 14. 4. 2005)
- Schweden (Parlament, 29. 3. 2000)
- Schweiz (Nationalrat, 16. 12. 2003)
- Slowakei (Parlament, 30. 11. 2004)
- Uruguay (Senat und Repräsentantenhaus, 20. 4. 1965, Gesetz 26. 3. 2004)
- USA (Repräsentantenhaus, 09. 4. 1975)
- Vatikan Stadt (10. 11. 2000)
- Venezuela (Nationalversammlung, 14. 7. 2005)
- Zypern (Repräsentantenhaus, 29. 4. 1982)

Neunzig Jahre nach dem Völkermord verabschiedete der Deutsche Bundestag am 16. Juni 2005 einstimmig einen Beschluß „Erinnerung und Gedenken an die Vertreibungen und Massaker an den Armeniern – Deutschland muß zur Versöhnung zwischen Türken und Armeniern beitragen". Der Gesetzgeber Deutschlands bekennt sich darin ausdrücklich zur „unrühmlichen Rolle des Deutschen Reiches, das angesichts der vielfältigen Informationen über die organisierte Vertreibung und Vernichtung von Armeniern nicht einmal versucht hat, die Gräuel zu stoppen." Obwohl die Begründung des Beschlusses ausführlich die Einzelheiten des Völkermordes und damit Straftatbestände entsprechend der UN-Genozidkonvention aufzählt, bleibt er für Menschenrechtler, Wissenschaftler und vor allem für die Armenier unbefriedigend, da der Begriff Völkermord vermieden und damit den Armeniern eine explizite Anerkennung der ihren Vorfahren angetanen Verbrechen vorenthalten wurde. Der Genozid- und Holocaustforscher Prof. Wolfgang Benz (Zentrum für Antisemitismusforschung der Technischen Universität Berlin) kritisierte in der Presse den ungenauen Gebrauch von rechtlich definierten Begriffen wie Vertreibung, Massaker und „ethnische Säuberung", die zur Umschreibung des vermiedenen Begriffes Genozid benutzt worden waren.

Ein kritischer, distanzierter Umgang mit den Verbrechen, die an der Wende vom osmanischen Vielvölkerstaat zur Republik Türkei begangen wurden, fällt den politischen und intellektuellen Eliten der Türkei nicht nur aufgrund der personellen, organisatorischen und ideologischen Übernahme des Jungtürkentums in die kemalistische Befreiungsbewegung schwer. Schon früh wurde die Geschichtswissenschaft mißbraucht, um die Gründungsverbrechen der monoethnischen türkischen Republik – die Ermordung und Vertreibung von Millionen christlicher Staatsbürger des Osmanischen Reiches und die anschließende, vor allem gegenüber den Kurden praktizierte gewaltsame Assimilations- und Unterwerfungspolitik – erst als patriotische Notwendigkeit zu rechtfertigen und später die Faktizität dieser Verbrechen abzustreiten. Diesen Aufgaben dient bis heute das 1930 auf Befehl Mustafa Kemals gegründete *Türkische Geschichts-Institut* (Türk Tarih Kurumu), das nach der ethnischen Säuberung Kleinasiens dem jungen Nationalstaat 1932 mit der „türkischen Geschichtsthese" eine lückenlos türkische Geschichte andichtete, indem es die Türken zu Ureinwohnern des zur Urheimat *(anavatan)* erhobenen Anatolien erklärte. Aus diesem angeblich urtürkischen Gebiet wurden die Armenier posthum auch noch historiographisch entfernt. Urheber der zur Staatsdoktrin entwickelten völkischen Ideologeme waren die nationalistischen *Türkischen Zentren* oder „Herde" (Foyers Turcs, Türk Ocağılar), die 1931 der kemalistischen Einheitspartei einverleibt wurden. Nebenbei erfüllen die geschichtsklitternde Rechtfertigung der gewaltsamen Türkisierung bzw. die Leugnung des Völkermords die nützliche Aufgabe eines Bindekitts, einen sie doch über das breite kemalistische Mittelfeld hinaus die Rechtsextremisten der *Partei der Nationalen Bewegung* (türk. MHP) mit Linksoppositionellen und Islamisten.

Trotz aller Versuche der offiziösen türkischen Geschichtswissenschaft, das Schweigegebot aufrechtzuerhalten, haben sich seit den 1990er Jahren Menschenrechtler und Wissenschaftler, Publizisten und Verleger in zunehmender Zahl in der Türkei und ihrer Diaspora zu den historischen Tatsachen bekannt und damit gegen die staatliche und gesellschaftliche Bevormundung aufgelehnt. Kulturhistorische Aktivitäten wie die Postkartenausstellung „Mein lieber Bruder" und die Eröffnung eines kleinen armenischen Museums in Istanbul im Jahr 2005 helfen, die verdrängte Geschichte der Armenier unter türkischer Herrschaft wieder ins Bewußtsein zu rufen. In ihrem Buch „Aneanem" (2005) schilderte die Anwältin Fethiye Çetin das Schicksal ihrer Großmutter Hranusch Gardarjan, die ein türkischer Offizier während der Deportation 1915 der Mutter entrissen hatte. Von der armenischen Herkunft ihrer Großmutter erfuhr die Enkelin erst spät, denn Scham und Furcht vor Diskriminierung verschlossen den als Kinder in türkische Familien verpflanzten Überlebenden des Völkermords lange Zeit den Mund. Als im Februar 2004 die Zeitung „Hürriyet" enthüllte, daß Sabiha Gökcen, die jüngere Adoptivtochter des tief verehrten Gründers der Republik Türkei, Mustafa Kemal, armenischer Abstammung war, gab es einen Aufschrei der Empörung. Daß der „Vater der Türken" (Atatürk) ausgerechnet ein Kind dieser verachteten, vernichteten und vergeblich verdrängten Ethnie zur Türkin erzog, erscheint vielen bis heute emotional unerträglich. Trotzdem verbinden manche Türken ihre Hoffnung auf einen armenisch-türkischen Aussöhnungsprozeß gerade mit jenen von zwangsassimilierten armenischen Kindern abstammenden Mitbürgern, während andere sie zur potentiellen Speerspitze des armenischen Revanchismus erklären. Die Zahl armenischstämmiger Muslime wird, nach unterschiedlichen Interessenlagen, auf 2630 bis zwei Millionen geschätzt.

Zu allmählichen Besserungen im armenisch-türkischen Verhältnis trug auch das Ende der Systemkonfrontation bei. Denn die Aufhebung des Ost-West-Gegensatzes machte aus der vom Westen umworbenen und bis dahin mit Kritik weitgehend verschonten „Südostflanke der NATO" einen Staat, von dem immer drängender die Akzeptanz internationaler menschenrechtlicher Standards verlangt wurde. Daß aber die offizielle-Türkei nicht nur die Geschichtsaufarbeitung verweigerte, sondern umgekehrt Bürger strafrechtlich verfolgt und in den Medien diffamiert, falls sie öffentlich den Völkermord an den Armeniern erwähnen, daß der türkische Erziehungsminister Hüseyin Çelik noch 2003 einen negationistischen Maßnahmekatalog dekretierte, zu dem ein landesweiter Schüleraufsatzwettbewerb gegen die „armenische Völkermordlüge" gehörte, daß sein Kollege, der Justizminister Cemil Çiçeh, im Mai 2005 in einer Parlamentsrede eine wissenschaftliche Konferenz mit dem Titel „Osmanische Armenier zur Zeit des Niedergangs des Reiches: Wissenschaftliche Verantwortung und demokratische Fragen" in Istanbul als „Dolchstoß in den Rücken der türkischen Nation, der nur der armenischen Diaspora in die Hände arbeitet", brandmarkte und damit zur Absage der Tagung beitrug – all dies erscheint mit dem Beitritt der Türkei zur Europäischen Union und damit zur europäischen Wertegemeinschaft unvereinbar. Daß die Konferenz im September

2005 doch noch an der privaten Bilgi-Universität stattfinden konnte, ist wohl nur dem massiven Druck der Europäischen Union und der taktischen Rücksichtnahme der türkischen Regierungsspitze auf den unmittelbar bevorstehenden Fortgang der Beitrittsgespräche mit der EU am 3. Oktober 2005 zu verdanken. Der Verwaltungsrichter, der auf Antrag einer Anwaltsvereinigung versucht hatte, auch den zweiten Anlauf der Konferenz durch weitere Auflagen zumindest zu verschieben, wurde inzwischen strafversetzt. Die liberale Zeitung „Radikal" titelte aus Anlaß der tabubrechenden Armenier-Konferenz: „Es wurde sogar Völkermord gesagt – und die Welt dreht sich immer noch, und die Türkei steht immer noch!"

Obwohl türkische Nationalisten im Jahr 2005 solche Konferenzen zu unterdrücken versuchten, forderten sie paradoxerweise gleichzeitig eine internationale bzw. armenisch-türkische Historikerkommission zur Klärung der Ereignisse im Ersten Weltkrieg. Sie ignorieren damit nicht nur die zahlreichen bereits vorhandenen, archivgestützten wissenschaftlichen Forschungen, zu denen auch türkische Wissenschaftler zunehmend beitragen, sondern ebenso die Ergebnisse eines Rechtsgutachtens des *International Center for Transitional Justice*, das im Jahr 2001 von der *Turkish Armenian Reconciliation Commission (TARC)* in Auftrag gegeben worden war. Dieser offiziell nichtstaatlichen Organisation gehörten türkischerseits hochrangige ehemalige Diplomaten an. In ihrer auf den 4. Februar 2003 datierten Analyse kamen die unabhängigen Gutachter zu dem Ergebnis, daß es sich bei den „Ereignissen" von 1915 um Völkermord im Sinne der UN-Genozidkonvention von 1948 gehandelt habe.

Wie zum Trotz gegen europäische Instanzen verabschiedete das türkische Parlament im Mai 2005 den umstrittenen Strafrechtsartikel 305, der In- und Ausländer mit bis zu zehn Jahren Haft belegt, falls sie „nationale Grundinteressen" der Türkei verletzen und dafür direkt oder indirekt Vorteile von ausländischen Personen oder Einrichtungen erlangen. Als Beispiel für den Verstoß gegen türkische Grundinteressen nennt der Gesetzeskommentar die öffentliche Erwähnung des Völkermordes an den Armeniern. Auch andere Strafrechtsartikel eignen sich als Knebel für Dissidenten. Überhaupt erwies sich das türkische Justizwesen als ein Bereich, in dem europafeindliche Nationalisten eine Provokation nach der anderen starten konnten. Denn die Strafanträge und Verfahren gegen nonkonforme Intellektuelle führen regelmäßig zur Kritik aus Brüssel. So muß sich der Verleger und langjährig aktive Menschenrechtler Ragıp Zarakoğlu gerichtlich für die Veröffentlichung der türkischen Ausgabe des Tagebuches eines armenischen Arztes verantworten, das eine detaillierte Schilderung der Massaker und Brandstiftungen in der überwiegend von Griechen bewohnten Stadt Smyrna im September 1922 enthält. Der 2005 in Deutschland mit dem Friedenspreis des Deutschen Buchhandels geehrte Schriftsteller Orhan Pamuk mußte sich vor Gericht verantworten, weil er in einem Interview mit der „Neuen Zürcher Zeitung" im Februar 2005 die „Tötung von einer Million Armeniern und 30 000 Kurden" erwähnte. Für die langsame Gangart der heimischen Geschichtsaufarbeitung warb der Friedenspreisträger in einem weiteren Interview im Oktober 2005 um Verständnis, denn die Tabubrechung zu verarbeiten sei ein langer und schmerzhafter Prozeß. „Wir werden mit einer immensen menschlichen Tragödie und immensem menschlichen Leid konfrontiert, über das wir in der Schule nichts gelernt haben. Darum ist dies ein heikles Thema."

Entstehung und Untergang der ersten Republik Armenien: 1918 bis 1920

Ostarmenien wurde zwischen 1914 und 1920 von Flüchtlingen aus Westarmenien sowie anderen von den Türken besetzten armenischen Siedlungsgebieten überschwemmt. Mitte 1919 war ihre Zahl bereits auf eine halbe Million angestiegen. Für das Überleben aller erschien es unerläßlich, diesen entwurzelten Menschen möglichst bald zur Rückkehr in ihre Heimat zu verhelfen. Dem widersetzte sich zunächst Rußland, das in der ersten Hälfte 1916 in Westarmenien, nicht zuletzt dank armenischer Freiwilligeneinheiten, beträchtliche Militärerfolge erringen konnte. Als Neuauflage der zynischen Idee eines „Armenien ohne Armenier" plante die Zarenregierung offenbar, diese nach den Deportationen der Armenier und der Massenflucht der muslimischen Bevölkerung weitgehend menschenleeren Neueroberungen mit Kosaken und russischen Bauern zu besiedeln. Erst nach der Februarrevolution von 1917 erlaubte die Provisorische Regierung Rußlands den Flüchtlingen die Rückkehr. 150 000 Armenier hatten bereits davon Gebrauch gemacht, als die Türken, ermutigt durch Rußlands innenpolitische Krise, mit der Rückeroberung Westarmeniens begannen. Denn inzwischen hatte die bolschewistische Oktoberrevolution die provisorische Regierung aus Petrograd vertrieben und einen blutigen, zermürbenden Bürgerkrieg entfesselt. Die russische Front in Kleinasien brach zusammen, die kriegsmüden Soldaten desertierten scharenweise. Die drei größten Völker des Transkaukasus – Aserbeidschaner, Georgier und Armenier – schlossen sich im November 1917 erst zu einem *Kommissariat* und am 22. April 1918 zu einer *Transkaukasischen Föderation* zusammen, die der gestürzten demokratischen Regierung Rußlands die Treue zu halten versprachen und dem türkischen Vormarsch auf den Transkaukasus sowohl als Kriegsgegner wie auch bei drei kurz aufeinanderfolgenden Waffenstillstands- und Friedensverhandlungen (Erzincan, 18. Dezember 1917, Trapesunt, 14. April 1918 und Batumi, 4. Juni 1918) politisch standzuhalten versuchten. Doch der transkaukasische Staatenbund zerfiel, geschwächt durch tiefe Interessengegensätze, schon nach einem Monat am 26. Mai 1918. Aserbeidschan setzte auf die Unterstützung der ethnisch eng verwandten Türken, Georgien, dessen Militärengagement nach dem Fall seines Schwarzmeerhafens Batumi (14. April 1918) erlahmt war, hoffte auf das Deutsche Reich als Schutzmacht, so daß die Armenier bei der Verteidigung ihrer Heimat völlig auf sich gestellt waren. Bereits am 19. März 1918 hatten die Türken die Vorkriegsgrenze überschritten und am 25. April die strategisch wichtige Festungsstadt Kars sowie am 15. Mai 1918 Alexandropol (seit 1990: Gjumri, türk. Gümrü) eingenommen. In einer wahren Volksschlacht, zu deren Sieg außer westarmenischen *fedajiner* auch Mönche des nahegelegenen Klosters Etschmiadsin, Hausfrauen und Jugendliche beitrugen, gelang es, den türkischen Vormarsch in die Araratebene nach dreitägiger Schlacht (22.–26. April 1918) bei der Einöde von Sardarapat zu stoppen und Etschmiadsin sowie Jerewan mit den dort jeweils konzentrierten Flüchtlingsmassen zu retten. Am 28. Mai 1918 rief sich Armenien als letzter und kleinster der drei transkaukasischen Bundesstaaten zu einer unabhängigen Republik aus.

Massaker und die vollständige Beraubung der armenischen Bevölkerung begleiteten die Rückeroberung der Türken in Westarmenien sowie ihren Vormasch im Transkaukasus. Ein amerikanischer Augenzeuge berichtete, daß am 13. Juli 1918 in Trapesunt „alle Männer, die russische Staatsbürger waren, sowie alle Mitglieder des Daschnaken-Komitees gesammelt und auf ein Motorschiff gebracht wurden. Sie wurden sehr roh behandelt, und man sagte ihnen, daß sie nach Sinop oder Konstantinopel gebracht würden, um vor ein Kriegsgericht gestellt zu werden. (...) Kaum aber waren sie weit genug auf See, wurden sie über Bord geworfen und ertränkt. Wir erfuhren von ihrem traurigen Ende und fanden einige Tage später etwa vierhundert ihrer Körper an der Küste." Im Transkaukasus waren vor allem Karaklis (Karakilisse, Kirowakan, jetzt Wanadsor) und Baku betroffen. Von den Türken aufgestachelte muslimische Einwohner, meist Aserbeidschaner, massakrierten in Karaklis an die 2000 Armenier. Die bei Sardarapat abgedrängten Türken marschierten im Frühherbst 1918 auf Baku und gaben vor dem Einmarsch in die schutzlose Stadt den dortigen Aserbeidschanern Gelegenheit, bis zu 30000 Armenier abzuschlachten. Der in türkisch-osmanischen Diensten stehende Deutsche Paraquin, Oberstleutnant und Chef des Generalstabs der Türkischen Heeresgruppe Ost, schrieb am 26. September 1918 voller Empörung:

„(...) An einer Stelle habe ich sieben Leichen, meist nackt, übereinander liegen gesehen, darunter mehrere Kinder und eine Wöchnerin. Die Leichen waren nahezu alle mit blutunterlaufenen Stellen, die von Kolbenschlägen herrührten, und mit

Stichen bedeckt. (...) Ich muß betonen, daß ich nur wenig Zeit hatte, den Spuren des Gemetzels nachzugehen (...) Doch schon auf meinen kurzen Gängen traf ich auf diese handgreiflichen Beweise der Metzeleien. Der Eindruck der Plünderung ganzer Straßenzeilen vom Keller bis unter das Dach drängte sich ohne weiteres beim Passieren der Straßen auf. (...)
Den türkischen Versuchen gegenüber, die schweren Verfehlungen und widerlichen Vorgänge in Baku als harmlos und als im Zusammenhang mit der Erstürmung der Stadt hinzustellen, möchte ich nochmals betonen, daß das Gemetzel schon vor Wochen angekündigt und ohne jeden Zusammenhang mit taktischen Vorgängen durchgeführt wurde. Auch der Einwurf, man habe die Truppen nicht in die Stadt gelassen, da man ihrer nicht sicher gewesen sei, ist nicht stichhaltig. Allerdings durfte man nicht, wie es vielfach geschah, die Soldaten in kleineren Patrouillen durch die Stadt schicken. Wo dies geschah, beteiligte sich die türkische Soldateska lebhaft am Plündern und Schänden. (...)"

Zu den Opfern von Baku kamen noch jene, die von den türkischen Besatzern aus ihren Häusern geworfen wurden und als obdachlose Flüchtlinge entweder durch die kaspische Region irrten oder obdachlos in Baku lebten. Im ungewöhnlich strengen Winter 1918/19 starben weitere 8139 der über 88 000 Bakuer Armenier an Kälte, Hunger, Seuchen (vor allem Typhus, Dysenterie). Mithin kam jeder dritte der 31 293 aus Baku geflüchteten Armenier im Verlauf der dem Massaker folgenden drei Monate um. 3572 Armenier verschwanden spurlos. Die etwa 14 000 Armenier, die die Türken zur Zwangsarbeit im Hinterland gepreßt hatten, erhielten tägliche Hungerrationen von 200 Gramm Brot.

Hunger, Seuchen und Kälte wüteten auch unter den obdachlosen Flüchtlingen in Armenien. Mitte 1919 war bereits jeder sechste der etwa 1,25 Millionen Einwohner der Republik tot, in der Hauptstadt Jerewan mit 40 000 Flüchtlingen sogar jeder vierte. Die westlichen Alliierten hätten nach dem türkischen Waffenstillstand von Mudros (30. Oktober 1918) dieses Elend durch die Besetzung Westarmeniens sowie eine geregelte

Rückführung der Flüchtlinge verhindern können, doch ihr Augenmerk richtete sich auf die erdölreichen arabischen Provinzen des Osmanischen Sultanats, die handelsstrategisch bedeutenden Dardanellen und im Transkaukasus allenfalls auf die Bahnlinie Baku-Batumi. Die Friedenskonferenz, die sich vom 18. Januar bis 28. Juni 1919 in Paris dahinschleppte, weigerte sich überdies, Armenien als eigenständigen Staat anzuerkennen, da im Falle eines immer unwahrscheinlicheren Sieges der „russischen Demokratie" der Transkaukasus erneut dem Russischen Reich einverleibt werden sollte. Die Republik Armenien wurde auf dieser internationalen Konferenz durch eine Delegation unter der Leitung des Schriftstellers und Staatsmanns Awetis Aharonjan (1866–1948) vertreten, der jedoch bald die Verhandlungsführung Poros Nubar Pascha (1851–1930) überließ, dem weltläufigen, konservativen Präsidenten der seit 1912 bestehenden Armenischen Nationaldelegation. Seine Territorialforderungen umfaßten sämtliche armenischen Siedlungsgebiete, von Berg-Karabach im Nordosten bis Kilikien im Süden. Die erste stieß auf den Widerstand der Briten, die damals gerade nach den Erdölfeldern Bakus strebten und deshalb die Aserbeidschaner begünstigten, die zweite kollidierte mit Frankreichs Ansprüchen auf Kilikien.

Zu einer für Armenien befriedigenderen Regelung kam es erst ein Jahr darauf und somit zu spät. Im Friedensvertrag von Sèvres (10. August 1920) mußte die türkische Regierung Armenien als unabhängigen, freien Staat anerkennen, dessen Grenzen der amerikanische Präsident Woodrow Wilson am 20. November 1920 per Schiedsspruch festlegte: Damit erhielt die „Ararat-Republik" einen Zugewinn von 90 000 Quadratkilometern in Westarmenien sowie – mit Zustimmung des griechischen Regierungschefs Eleftherios Venizelos und gegen den Willen der pontosgriechischen Wortführer – eine Küstenlinie von der georgischen Grenze bis zum Schwarzmeerhafen Kerasunt (türk. Giresun). Zu den Schönheitsfehlern des niemals ratifizierten Vertrages gehörte auch, daß die ihn unterzeichnende Sultansregierung bereits am 16. März 1920 faktisch entmachtet worden war und sich weder die USA noch der Völkerbund bereit fanden, ein Mandat für Armenien zu übernehmen. Den türkischen Nationalisten unter Mustafa Kemal diente Sèvres als Kriegsanlaß. Widerstand gegen einen armenischen Staat auf Kosten der Türkei hatte sich schon im Dezember 1918 gerührt, als Angehörige des türkischen Generalstabs sowie des Auswärtigen Amtes eine „Vereinigung zur Verteidigung der Rechte der östlichen Provinzen" (im September 1919 umbenannt in „Komitee zur Verteidigung der Rechte Anatoliens und Rumeliens") gründeten. Seine treibenden Kräfte waren Generalmajor Kiazim Karabekir sowie Mustafa Kemal („Atatürk", 1881–1938), der auf dem „alltürkischen" Kongreß von Sivas (4.–13. September 1919) eine provisorische Gegenregierung aus der Taufe hob, deren Vorsitzender er wurde. Kemal vertrat mit dem Oghusismus, der Vereinigung der zum oghusischen Sprachzweig gehörigen Aserbeidschaner und Türkeitürken, eine bescheidenere Variante des maximalistischen turanischen Programms der Jungtürken. Die Existenz eines armenischen Staates im Transkaukasus empfanden er und seine Gesinnungsgenossen als Bedrohung für die Errichtung eines türkischen Nationalstaats. In einem Brief an einen Mitstreiter erläuterte Kemal 1920, die günstige Gelegenheit zu einem Krieg mit der „Republik Jerewan" müsse schon deshalb genutzt werden, weil die Türkei dadurch mit ihren „Landsleuten" im Kaukasus in direkte Berührung komme. Die seit ihrer Verlegung nach Ankara als „Große Nationalversammlung" bezeichnete Rebellenregierung verabschiedete einen von Kemal entworfenen „Nationalen Pakt", mit dem die Türkei Anspruch auf ganz Westarmenien einschließlich der Gebiete von Kars, Ardahan sowie Batumi anmeldete. Um diese Ziele zu erlangen, gingen die türkischen Nationalisten ein Zweckbündnis mit Sowjetrußland ein, das in der Hoffnung, über die Kemalisten Einfluß in der gesamten islamischen Welt zu gewinnen, den türkischen Nationalismus zum „Antiimperialismus" verklärte. Der legendäre sowjetische Heerführer Semjon Budjonnyj sagte Kemal bereits bei einem Geheimtreffen im Sommer 1919 Unterstützung gegen die Abspaltung eines armenischen, kurdischen oder griechisch-pontischen Staates von der Türkei zu.

Konkrete türkische Angriffspläne gegen die Republik Armenien bestanden seit Frühjahr 1920, doch Kemal wartete die Ergebnisse des Vertrages von Sèvres ab. Erst als er sich ganz sicher sein konnte, daß die Alliierten nicht in Armenien intervenieren würden und Sowjetrußland durch seinen Krieg gegen Polen abgelenkt war, stimmte er dem Einmarsch in die Republik Armenien zu. Am 23. September 1920 rückte Karabekir, der bereits 1918 für die Jungtürken die Rückeroberung von Erzurum und Kars befehligt hatte, mit 30 000 Mann gegen die Republik Armenien vor. Kars fiel am 30. Oktober, vermutlich durch den Verrat kommunistisch infiltrierter Bataillone, woran sich ein dreitägiges Massaker mit 6 000 Opfern anschloß. Auch anderenorts folgten der Einnahme durch die Türken erneute Massaker, Zerstörung sowie systematische Plünderung. Nach sowjetischen Schätzungen wurden bis zu 198 000 Armenier ermordet, davon allein 60 000 im Gebiet von Alexandropol. Von den bis zu 18 000 nach Erzurum verschleppten armenischen Kriegsgefangenen verhungerten neun Zehntel oder wurden ermordet.

Angesichts der Bedrohung durch die Türken und mangelnder westlicher Unterstützung hatte die armenische Regierung im Sommer 1920 ebenfalls Verhandlungen mit Sowjetrußland aufgenommen. Nachdem sie aber ergebnislos verlaufen waren, drängte die Rote Armee in einer Art Zangenbewegung von Norden und Südosten nach Armenien, das am 8. August in einem Vorfriedensvertrag den Sowjets bis zur endgültigen Beilegung seines Konflikts mit Aserbeidschan das Recht zur vorübergehenden Besetzung von Berg-Karabach sowie eines Teils von Nachitschewan zugestand. Obwohl Sowjetrußland einerseits Kemals Armenienfeldzug finanziell und mit Waffen unterstützte, war es andererseits seit der Sowjetisierung Aserbeidschans am 27. Mai 1920 zunehmend zum Konkurrenten der Türkei im Wettlauf um den Einfluß im Transkaukasus geworden. Ein sowjetisiertes Armenien, so das sowjetrussische Kalkül, würde einen nützlichen Pufferstaat gegen Aserbeidschan bilden, wo, wie die Sowjets fürchteten, die Türkei demnächst einen antisowjetischen Aufstand entfesseln werde. Mit Rück-

Abb. 6: Herbst 1920, Alexandropol (heute Kumajri): Armenier auf der Flucht vor der kemalistischen Armee.

sicht auf die internationale öffentliche Meinung wünschte Sowjetrußland deshalb einen möglichst unblutigen Staatsstreich in Armenien und erhielt ihn auch: Die türkischen Massaker im Herbst 1920 sowie die katastrophalen Waffenstillstandsbedingungen, die die Türkei seit dem 17. November 1920 diktierte, trieben ihm das Land geradezu in die Arme. Ende November reiste ein aus armenischen Kommunisten bestehendes Revolutionskomitee (*Revkom*) von Aserbeidschan nach Armenien und rief am 29. November in dem grenznahen Städtchen Idschewan die Sowjetmacht aus, während gleichzeitig Pioniereinheiten der Roten Armee auf Jerewan vorrückten, ohne auf Widerstand der kriegsmüden Regierungstruppen zu stoßen. Derweil drängte der sowjetrussische Bevollmächtigte in Jerewan die armenische Regierung ultimativ zur friedlichen Machtübergabe. In einer dramatischen Debatte erörterten die Mitglieder des Kabinetts sowie Führer der Regierungspartei *Daschnakzutjun* in der Nacht vom 30. November zum 1. Dezember noch die Chance eines bewaffneten Widerstandes gegen die Sowjets, als die armenische Delegation, die derweil in Alexandropol mit den Türken verhandelte, den Ministerpräsidenten Simon Wrazjan telefonisch über die gnadenlosen Vertragsbedingungen informierte: Der Sowjetisierung Armeniens und aller wechselseitigen sowjetisch-türkischen Glückwunschphrasen zum Trotz hielten die Türken unbeirrbar an ihrem Plan fest, Armenien bis auf einen Rest mit Jerewan und dem Sewan-See zu zerstückeln. Diese alarmierende Nachricht bewog das Kabinett und die Parlamentsfraktion der *Daschnakzutjun*, am Nachmittag des 2. Dezember 1920 die Regierungsgewalt förmlich an ein Militärisches Revolutionskomitee zu übergeben, das sich aus fünf Kommunisten sowie den „linken" Daschnaken Dro und Terterjan zusammensetzte, die bis zum 6. Dezember 1920 die Regierungsgewalt ausübten. Im juristischen Vakuum dieser kurzen Übergangsfrist beging die Republik Armenien ihren letzten verzweifelten Balanceakt: Um zu verhindern, daß die Türken vor dem Eintreffen der Roten Armee die Araratebene und Jerewan überrannten, unterzeichnete die erschöpfte Delegation unter Alexander Chatisjan am 3. Dezember 1920 um zwei Uhr morgens in Alexandropol das türkische Friedensdiktat, acht Stunden, nachdem ihre Regierung die Macht an die Sowjets abgetreten hatte.

Obwohl dadurch der Vertrag von Alexandropol rechtsunwirksam blieb und niemals ratifiziert wurde, gelang es dem außerordentlichen diplomatischen Geschick der Türken, in den kommenden drei Jahren erst Sowjetrußland und danach die westlichen Alliierten dazu zu bringen, sämtliche Territorialregelungen von Alexandropol vertraglich zu akzeptieren. Dem Westen dienten die Unterzeichnung des Vertrages von Alexandropol, die damit verbundene Absage Armeniens an den Vertrag von Sèvres sowie seine „freiwillige" Sowjetisierung als letzter Vorwand, sich endgültig von diesem unglückseligen, wirtschaftlich wenig attraktiven kleinen Land abzuwenden. Im Friedensvertrag von Lausanne, den die westlichen Alliierten am 24. Juli 1923 mit der kemalistischen Türkei schlossen, wurde der Türkei allen vorherigen feierlichen Erklärungen Frankreichs, Großbritanniens sowie der USA zum Trotz versichert, daß auf ihrem Staatsgebiet Armenier keine Heimstatt finden sollten. Von Armeniern innerhalb der Republik Türkei ist in diesem Vertragswerk ohnehin keine Rede, sondern lediglich von „nichtmuslimischen Minderheiten", denen geringfügige religiöse und kulturelle Rechte eingeräumt wurden. Das unselige osmanisch-islamische *millet*-System wurde damit auch in der angeblich säkularisierten Republik Türkei fortgeschrieben, denn die Rechte muslimischer ethnischer „Minderheiten", insbesondere der millionenstarken kurdischen Volksgruppe, wurden vom Lausanner Vertrag ignoriert.

Türkische Zielstrebigkeit sowie westliche Gleichgültigkeit tragen gleichermaßen Schuld am vorzeitigen Ende des jahrhundertealten armenischen Traumes von einem eigenen, freien Staat, und zwar zu einem Zeitpunkt, als die Republik Armenien 1920 die Hungerkatastrophe zu meistern begann und eben einen funktionstüchtigen Verwaltungsapparat aufgebaut hatte. Ohne die regionalpolitische Tragweite seines Handelns zu begreifen, hatte der Westen das, was nach den türkischen Amputationen von Armenien übriggeblieben war, sowjetrussischer Willkür überlassen. Für Jahrzehnte standen sich fortan an der sowjetarmenisch-türkischen Staatsgrenze der Warschauer Pakt sowie die NATO hochgerüstet gegenüber.

Unter sowjetischer Herrschaft: 1921–1991

Armenische Marxisten hatten eine wesentliche Rolle in der frühen Arbeiterbewegung des Transkaukasus gespielt. Allerdings lagen die Schauplätze des Klassenkampfs außerhalb Armeniens, das zum Zeitpunkt der kommunistischen Machtübernahme ein industriell noch unentwickeltes Agrarland war. Die Regierung der Republik Armenien gewährte den im unabhängigen Aserbeidschan zwischen 1918 und der Sowjetisierung verfolgten Kommunisten politisches Asyl, doch deren internationalistische Agitation fand allenfalls bei ethnischen Minderheiten (Russen, Kurden, Aserbeidschanern) oder westarmenischen Flüchtlingen Anklang. Als im Mai 1920 ein bolschewistisches Militär- und Revolutionskomitee in Alexandropol einen Aufstand anzettelte, schlug ihn die politisch im

Parlament dominierende *Daschnakzutjun* mit Hilfe westarmenischer Kämpfer blutig nieder und schwang sich anschließend zur alleinregierenden Partei auf.

Rachedurst gegen die Daschnaken und Unkenntnis der Landesverhältnisse bestimmten das Verhalten jener armenischen Kommunisten aus Aserbeidschan, die seit dem 6. Dezember 1920 in Jerewan herrschten. Sie annullierten umgehend das Abkommen zwischen dem sowjetrussischen Unterhändler Legran und der Regierung Simon Wrazjans, darunter die Zusagen, Armeniens Vorkriegsgrenzen mit Nachitschewan und dem Gebiet von Kars wiederherzustellen sowie Nicht-Kommunisten Straffreiheit zu gewähren. Statt dessen wurden zahlreiche Daschnakenführer beim Versuch, nach Georgien zu flüchten, festgenommen und im Januar 1921 das Offizierskorps, darunter der beliebte Volksheld Dro, nach Rußland verbannt. Während der Amtszeit von Geworg Otarbekjan, des für seinen Sadismus gefürchteten Vorsitzenden der sowjetarmenischen Geheimpolizei *Tscheka*, wanderten ab dem 10. Februar 2500 Mitglieder oder Anhänger der *Daschnakzutjun*-Regierung ins Gefängnis von Jerewan, wo viele ermordet wurden, darunter der *fedaji* Hamasasp, der als Befehlshaber der 5. armenischen Freiwilligenabteilung der russischen Armee im Ersten Weltkrieg die armenische Bevölkerung Alaschkerts und Bassens vor dem Völkermord gerettet hatte. Gleichzeitig setzte das erste Revolutionskomitee (*Revkom*) Sowjetarmeniens die bisherigen Gesetze außer Kraft und übernahm die sowjetrussischen. Den von den türkischen Invasoren ausgeplünderten Bauern wurden bei Requirierungen und Kollektivierungsversuchen die letzten Habseligkeiten genommen. Besonders unter den westarmenischen Flüchtlingen wuchs die Unzufriedenheit mit den Bolschewiki. Am 18. Februar 1921 verjagten *fedajiner* das *Revkom* aus Jerewan. Simon Wrazjan (Grusjan, Grusinjan, 1882–1969), der letzte Ministerpräsident (November 1920) der Republik Armenien, übernahm als Vorsitzender des *Komitees zur Rettung des Vaterlands* die Verwaltung.

Sangesur, die historische Provinz Sjunik im Südosten der Republik, spielte eine Sonderrolle, da sie als Bindeglied zwischen Berg-Karabach und Nachitschewan von aserbeidschanischen Nationalisten besonders heftig angegriffen wurde. Im Sommer 1919 entsandte das armenische Parlament den begabten, als *sparapet* geehrten Kommandanten Nschdeh (Garegin Ter-Harutjunjan, 1886–1955) zu Sangesurs Verteidigung. Die Sowjetisierung Aserbeidschans lockerte den Druck keineswegs, denn die aserbeidschanischen Kommunisten verspürten nicht nur einen ebenso großen Appetit auf diese Region wie vor ihnen die Anhänger der nationalistischen aserbeidschanischen Mussawat-Partei, sondern waren sogar entschlossen, dieses Ziel durch die Vernichtung der Armenier zu erreichen. Ganz im Geist der Jungtürken instruierte Assad Karajew, einer der führenden Kommunisten Aserbeidschans, am 21. Juli 1920 seine Genossen in Sangesur:

„(...) Genossen, die hier kürzlich eintrafen, berichten, daß bis zu 90 Prozent der Dörfer in Sangesur noch nicht entwaffnet sind. Das ist unschön. Noch unschöner aber ist, daß die armenische Bevölkerung Sangesurs noch nicht enthauptet wurde (d.h. ihrer Elite beraubt, T.H.). Ihre Intellektuellen und militärischen Anführer sind noch in den Dörfern. Wenn es morgen zu einem Aufstand kommt, werden sie die Führung ergreifen und unsere Kräfte aus Sangesur vertreiben. Ich wiederhole ein für alle Mal: Wir müssen die Gelegenheit nutzen. Arbeitet Tag und Nacht! Ergreift Schritte, um zu gewährleisten, daß alle wichtigen Armenier festgenommen werden. Deportationen und Plünderungen sind nicht sehr sachdienlich. Die Zeit vergeht, die Lage wird sich ändern, und sie werden in ihr Land zurückkehren. Laßt menschliche Gefühle beiseite. Mit solchen Gefühlen errichtet man keinen Staat."

In Tateinheit mit regulärem türkischen Militär hatten Mussawat-Anhänger zwischen 1918 und 1920 jene Landstriche am rechten Kuraufer „gesäubert", wo seit alters her Armenier in zusammenhängenden Siedlungen gelebt hatten. Im September 1918 erlaubten die türkischen Eroberer Bakus den dortigen Aseris, an die 30000 armenische Einwohner zu ermorden, am 23. März 1920 massakrierte türkisches und aserbeidschanisches Militär die armenische Bevölkerung Schuschis, über 22000

Menschen. In den vom nationalen und vom Religionswahn heimgesuchten Bezirken Göktscha, Schemachi, Aresch und Nucha, wo 1915 noch 73 500 Armenier gelebt hatten, registrierte man bei der sowjetischen Volkszählung von 1922 nur noch 12 700. Der Terror der türkisch-aserbeidschanischen Nationalisten bewirkte, daß die Armenier Sangesurs der 11. Roten Armee keinen Widerstand entgegensetzten, als diese, auf der Grundlage des armenisch-sowjetrussischen Abkommens vom 10. August 1920, in einer vorgeblichen Friedensmission die zwischen Aserbeidschan und Armenien strittigen Gebiete Sangesur, Nachitschewan und Karabach besetzte. Greueltaten aserbeidschanischer, unter bolschewistischem Befehl stehender Bataillone trieben aber die Bauern Sangesurs bald ebenso zum Aufstand wie die parteiische Erklärung des sowjetrussischen Kommandanten Hecker, die Region gehöre zu Aserbeidschan. Im November 1920 verjagte Nschdeh die 11. Rote Armee aus Sangesur, am 25. Dezember 1920 erklärte es sich zum *Autonomen Sjunik* und vereinte sich nach der Vertreibung der Sowjets aus Jerewan mit den vom *Rettungskomitee* kontrollierten Gebieten zu *Lernahajastan* („Bergarmenien"). Doch Simon Wrazjans Appelle an die Alliierten und selbst an die Türkei blieben ergebnislos; *Lernahajastan* besaß keine Zukunft. Kaum hatten die Sowjets das bis dahin unabhängige Georgien erobert und seine menschewistische Regierung ins Exil getrieben, wandten sie sich dem aufständischen Armenien zu. Am 2. April 1921 hatten sie Jerewan zurückerobert. Mit Tausenden von Kämpfern und Zivilisten zog sich das *Rettungskomitee* nach Sangesur zurück.

Zeitweiliges Einlenken verhalf den Bolschewiken in Armenien mehr zum Sieg als Terror. Auf dem 10. Parteitag der Kommunistischen Partei Rußlands (Mehrheitsfraktion) war der Übergang zur Neuen Ökonomischen Politik beschlossen worden und damit ein versöhnlicheres, flexibleres Verhalten gegenüber nichtproletarischen Klassen und Schichten; eine vom Staat kontrollierte Marktwirtschaft trat an die Stelle des Kriegskommunismus und der Zwangsbeschlagnahmungen. Lenin schaltete sich positiv in die Armenienpolitik ein, kritisierte heftig das erste sowjetarmenische *Revkom* und erlaubte den gemäßigten Kommunisten Alexander Mjasnikjan (Alexander Martuni, 1886–1925) und Sargis Lukaschin (Sraponjan) im Mai 1921 die Reise nach Jerewan, wo Mjasnikjan Generalamnestie verkündete und Verhandlungen mit der Regierung *Lernahajastans* aufnahm. Nschdeh, der Retter Sangesurs, erwies nun der Region seinen letzten Dienst: Er verlangte die offizielle Bestätigung Mjasnikjans, daß Sangesur bei Sowjetarmenien bleiben werde, und verließ die Region erst, nachdem der Vorsitzende des armenischen Volkskommissariats auf diese Forderung eingegangen war. Am 13. Juli 1921 wechselten der *sparapet* und die Regierung *Lernahajastans* ins iranische Exil über.

Sangesur blieb der einzige Erfolg der armenischen Kommunisten, die gehofft hatten, durch Verhandlungen die von den „daschnakischen Abenteurern" verlorenen Siedlungsgebiete zurückzuerlangen. Ihr Optimismus stützte sich auf offizielle sowjetaserbeidschanische Zusagen. Am 30. November 1920 hatte das aserbeidschanische *Revkom* dem armenischen, das einen Tag zuvor die Sowjetmacht in Armenien ausgerufen hatte, telegraphiert: „Berg-Karabach, Sangesur und Nachitschewan werden von heute an als integrale Bestandteile der Armenischen Sozialistischen Republik anerkannt." Doch solche Versprechen waren hohl. Vielmehr setzten die Sowjets die Zerstückelung des Landes auf Kosten der Armenier fort: Obwohl ihm zu diesem Zeitpunkt die Kontrolle über Armenien entglitten war, reduzierte Sowjetrußland in einem Vertrag mit der Türkei am 16. März 1921 Armenien auf ein Territorium von 29 700 Quadratkilometern. Armenien verlor nicht nur Kars und Ardahan, sondern auch das Gebiet von Surmalu mit dem heiligen Berg Ararat sowie Nachitschewan. Der sowjetarmenische Botschafter durfte der Zerstückelung seiner Heimat nur als ohnmächtiger Beobachter beiwohnen. Mit dem bilateralen Freundschaftsvertrag von Kars (13. Oktober 1921) mußte Sowjetarmenien nachträglich die Gebietsabtretungen anerkennen.

Noch 1914 hatten Armenier mit 52 Prozent knapp die absolute Mehrheit in Nachitschewan (5500 qkm) gebildet. Die heterogene muslimische Bevölkerung setzte sich aus Kurden, Persern, Türken und Aserbeidschanern zusammen. Während der beiden türkischen Invasionen von 1918 und 1920 floh beinahe die gesamte armenische Bevölkerung in die Araratebene. Nachdem 1921 Nachitschewan auf türkisches Drängen als Autonome Republik unter sowjetaserbeidschanisches „Protektorat" gestellt worden war, verhinderte die aserbeidschanische Regierung mit entsprechenden Beschlüssen in den Jahren 1922 bis 1926 die Rückkehr der Flüchtlinge in ihre Heimat und vertrieb die Verbliebenen durch verstärkte Repressionen. Die letzten ein- bis zweitausend Armenier Nachitschewans flohen 1988, als es in Aserbeidschan zu neuen Pogromen kam. Die Region bildete 1996 eine aserbeidschanische Exklave mit einer Bevölkerung von knapp 300 000, eingeschlossen zwischen der Türkei, dem Iran und Armenien.

Anders lagen die demographischen Verhältnisse in Arzach (Karabach), wo 1921 noch 94,4 Prozent der Bevölkerung Armenier waren. Die vollmundigen Versprechungen vom 30. November 1920 waren umgehend vergessen. Bereits einen Tag später erkannte das aserbeidschanische *Revkom* „den Werktätigen und Bauern Karabachs" lediglich „das volle Recht auf Selbstverwaltung" zu. Zwar beschloß das *Kawbjuro*, das kaukasische Büro des Zentralkomitees der Kommunistischen Partei Rußlands, auf seinem Plenum vom 4. Juli 1921 den Anschluß Arzachs an Sowjetarmenien, doch N. Narimanow, der Vorsitzende des aserbeidschanischen *Revkom*, drohte für diesen Fall offen mit Konterrevolution. Er ruhte nicht eher, bis am 5. Juli 1921 die Entscheidung vom Vorabend zugunsten Aserbeidschans revidiert wurde: Karabach sollte ein Autonomes Gebiet innerhalb Sowjetaserbeidschans werden, dessen Grenzen die aserbeidschanische Regierung zwei Jahre später festlegte: Danach umfaßte das Autonome Gebiet Berg-Karabach nur ein Drittel (4400 qkm) der historischen Provinz Arzach. Die armenische Bevölkerung der westlich angrenzenden Bezirke Latschin, Kelbadschar und Kedabek wurde vertrieben, so daß ein künstlicher Korridor das Autonome Gebiet von Sowjetarmenien trennte, aus dem in den 1950er Jahren die letzten

Armenier ausgesiedelt wurden. Die nördlich an das Autonome Gebiet Berg-Karabach angrenzenden Bezirke Schamchor, Chanlar, Daschkessan und Schahumjan genossen keinerlei Autonomie, obwohl sie, teilweise noch bis 1988, zu 75 Prozent von Armeniern bewohnt wurden. Von den drei durch uralte Fernhandelswege sowie durch eine gemeinsame Kultur und Sprache verbundenen ostarmenischen Regionen Nachitschewan, Sjunik (Sangesur) und Arzach (Karabach) konnte Armenien mithin nur die mittlere – Sangesur – behaupten.

Die sowjetarmenischen Kommunisten hatten, soweit sie überhaupt Einfluß in der sowjetischen Parteispitze oder Zentralregierung besaßen, die Zerstückelung Ostarmeniens ohne nennenswerten Widerstand hingenommen, teils aus internationalistischer Überzeugung, teils aus Ohnmacht. Sowjetarmenien hatte seine staatliche Souveränität Stück für Stück preisgeben müssen: Schon im September 1921 band es ein Wirtschafts- und Militärvertrag eng an Sowjetrußland. Auf dessen Druck hin schlossen sich die drei transkaukasischen Republiken am 12. März 1922 zur Föderativen Sozialistischen Transkaukasischen Sowjetrepublik (FSTS) zusammen, wobei Armenien noch bis zum 13. Dezember jenes Jahres einen halbautonomen Status behielt und Vertretungen in Tabris (Iran) sowie Kars (Türkei) besaß. Am 30. Dezember 1922 trat die FSTS der UdSSR bei.

Die FSTS war ein Wiederbelebungsversuch der 1918 gescheiterten Transkaukasischen Föderation und besaß wie jene kurzlebige Vorläuferin ihr politisches Zentrum in Tbilissi. Der Zwangszusammenschluß der transkaukasischen Staatsvölker sollte der Erziehung zum „Internationalismus" dienen. Durch die sowjetische Verfassung vom 5. Dezember 1936 wurde sie wieder aufgelöst, und Armenien, Georgien und Aserbeidschan wurden zu Bundesstaaten der UdSSR erhoben, die hinfort außer eigenen, der zentralen Verfassung angepaßten Landesverfassungen die Symbole souveräner Staaten wie Wappen, Flaggen und Hymnen besitzen durften.

Als Ausgleich für den Verlust an politischer Bedeutung hatte die sowjetarmenische Führung unter der Ministerpräsidentschaft Mjasnikjans seit 1921 damit begonnen, das Land zum geistigen und kulturellen armenischen Zentrum auf- und auszubauen. Der materiellen Not zum Trotz entstanden Verlagshäuser, Theater, eine Oper (1933), ein landesweites Bibliotheksnetz, Museen, Einrichtungen der Volksbildung und Forschungsstätten wie das Institut der Künste und Wissenschaften Armeniens (1925), das 1943 zur Akademie der Wissenschaften erhoben wurde. Um die Jahrhundertwende noch ein Provinznest mit 30000 Einwohnern, wurde die Hauptstadt Jerewan von 1926 bis zum Kriegsbeginn 1941 nach Plänen des bekannten Architekten Alexander Tamanjan völlig neu gestaltet: „eine Stadt, errichtet aus Sonnenstrahlen", mit ringförmigen Umgehungsstraßen, breiten, radial auf runde Zentralplätze führenden Boulevards sowie harmonischen Wohn- und Repräsentationsbauten im Stil armenischer Neoklassik. Die enthusiastische Aufbruchsstimmung der 1920er Jahre war so groß, daß zahlreiche Intellektuelle der Diaspora nach Armenien übersiedelten, wo Festgehälter sowie Renten für anerkannte Autoren und Künstler einen zusätzlichen Anreiz boten. Wenn auch durch geschichtliche Erfahrung zum Skeptizismus und ausgeprägten Individualismus neigend und somit alles andere als für die Sowjetideologie prädestiniert, begannen viele Armenier, an die Chance einer kulturellen Renaissance auf armenischem Boden zu glauben.

Die brutale Zwangskollektivierung der Landwirtschaft (1928–1934) dämpfte solche Hoffnungen. In Armenien erreichte sie ihren Höhepunkt in den frühen 1930er Jahren, nachdem Arassi Chandschjan zum Ersten Sekretär der KP Armeniens ernannt worden war. Doch nicht einmal die Verbannung von 25000 Bauern, die im Winter 1929/30 als angebliche *Kulaken* („Großbauern") nach Sibirien deportiert wurden, vermochte den Widerstand Sangesurs zu brechen. In dieser für ihren aufrührerischen Geist bekannten Region wehrten sich noch bis 1934 Altansässige, Flüchtlinge aus Westarmenien und Arzach sowie Angehörige der aserbeidschanischen Minderheit in seltener Aktionseinheit gegen die Kollektivierung.

Chandschjan, einem Flüchtling aus Wan und Schwager des russischen Altbolschewisten Kirow, oblag auch die Vorbereitung allgemeiner politischer „Säuberungen", denen er als einer der ersten zum Opfer fiel, nachdem er gegen eine stalinzentrierte Geschichtsschreibung sowie die Unterdrückung Berg-Karabachs protestiert und sich den einflußreichen georgischen Sicherheitschef Beria zum Feind gemacht hatte. Im Juli 1936 stürzte er in Tbilissi aus dem Fenster von Berias Büro – angeblich ein Selbstmord. Den bis 1939 anhaltenden „Säuberungen" gegen „Volksfeinde" oder „nationalistische Verschwörer" fielen in Armenien insgesamt 300 000 Menschen zum Opfer, also etwa jeder vierte Einwohner.

Die Haltung der Kommunisten zur armenischen Kirche war ambivalent. Einerseits waren sie sich durchaus der besonderen Rolle bewußt, die diese für die armenische Diaspora spielte, und versuchten darum, über das Katholikat von Etschmiadsin Einfluß auf die Auslandsarmenier zu nehmen. Andererseits war auch die armenische Kirche der offiziellen Religionsfeindlichkeit ausgesetzt: Gläubige wurden im Zuge atheistischer Propaganda eingeschüchtert, die Bibliothek des Klosters Etschmiadsin mit der unschätzbaren Handschriftensammlung beschlagnahmt, Kirchen entweiht und zu Speichern, Sport- oder Klubräumen profanisiert. Geistliche und ihre Familien verloren ihre Bürgerrechte, 238 armenische Priester wurden deportiert, etliche hingerichtet. Eine vorübergehende Entspannung trat 1932 ein, als Choren I. Muradbekjan (1873–1938) zum Katholikos gewählt wurde. Doch obwohl er sich um einvernehmliche Beziehungen zu den sowjetischen Machthabern bemühte, war er nicht bereit, ihnen seine moralischen Grundsätze zu opfern. Als sich der in parteikonformen Kreisen als „Daschnaken-Katholikos" bezeichnete Kirchenführer weigerte, die Klosterschätze Etschmiadsins an Moskau herauszugeben, wurde er am 6. April 1938 von sowjetischen Geheimdienstangehörigen erdrosselt. Der amtliche Totenschein lautete auf „Herzversagen". Erst 68 Jahre später wagte es Katholikos Garegin I., den Ermordeten als Märtyrer der armenisch-apostolischen Kirche zu ehren. Das Amt des Katholikos blieb, unter dem Druck des sowjetischen Apparats, bis 1945 vakant.

Das Ende der Neuen Ökonomischen Politik fand seinen kulturpolitischen Ausdruck in einer zunehmenden Reglementierung der künstlerischen und schriftstellerischen Arbeit. Der erste gesamtsowjetische Schriftstellerkongreß legte 1932 die rigiden Normen fest: An die Stelle eines liberalen Gewährenlassens und der stilistischen Experimentierfreude trat der konventionelle, mimetische Realismus des 19. Jahrhunderts. Die Schriftsteller wurden zu bloßen Propagandisten, zu „Ingenieuren der Seele" degradiert. In der Nationalitätenpolitik galt die Devise „national in der Form, sozialistisch im Inhalt", die die nichtrussischen Kulturen zur reinen Folklore herabwürdigte. Zugleich setzte eine aggressive Russifizierungspolitik ein: Die Zahl der Russischlehrer wurde von 470 im Jahre 1937 auf 1300 im Jahr 1939 erhöht. Nicht nur die Wissenschaft, sondern auch die Publizistik und selbst die Belletristik litten unter der Tabuisierung ganzer Themenbereiche. In Armenien betraf dies die vorsowjetische Geschichte und besonders den Völkermord, dessen Erörterung als nationalistisch gebrandmarkt wurde. Erst der Überfall Deutschlands auf die Sowjetunion 1941 bewirkte in der Kirchen- und Kulturpolitik eine gewisse Lockerung. Man gestattete das Konkordat zwischen Kirche und Staat sowie die Wiedereröffnung der Druckerei und des theologischen Seminars von Etschmiadsin (April 1944). In der Roten Armee, bis dahin eine „Schule des Internationalismus", wurden nationale, von der armenischen Diaspora finanzierte Divisionen eingerichtet. Zahlreiche Armeeführer waren Armenier, darunter fünf Marschälle sowie ein Admiral. Die armenische *Tamanjan*-Division (89. Division der Roten Armee) war an der Einnahme Berlins beteiligt. Armeniens Verluste an Menschenleben lagen ebenfalls hoch: Von den 450000 armenischen Frontkämpfern sind 300000 im Zweiten Weltkrieg gefallen. Wohl um diese Verluste auszugleichen, erlaubte die sowjetische Zentralregierung Armenien nach Kriegsende, in größerem Umfang als bisher auslandsarmenische Einwanderer aufzunehmen. Zwischen 1921 und 1936 waren nur insgesamt

42 300 „repatriiert" worden, 1946 und 1948 durften jedoch 100 000 „Repatrianten", vor allem aus den Balkanstaaten und dem Nahen Osten (Syrien, Libanon, Iran, Ägypten), einwandern. Danach setzte ein deutlicher Rückgang auf etwa eintausend pro Jahr ein, der aber dadurch ausgeglichen wurde, daß seit Beginn der 1970er Jahre verstärkt Armenier aus anderen Sowjetrepubliken, zur Hälfte aus Aserbeidschan und Georgien, zuwanderten. Die Gesamtzahl aller Repatrianten betrug zwischen 1921 und 1973 nach amtlichen Angaben 522 240, davon stammten 246 140 aus dem außersowjetischen Ausland.

Nach Stalins Tod am 5. März 1953 begann die etwa ein Jahrzehnt während „Tauwetterperiode", die Armenien vor allem die Überwindung bisheriger historischer und politischer Tabus bescherte. Am 24. April 1965, dem 50. Jahresgedenktag an den Genozid, demonstrierten in Jerewan bei der ersten Massenkundgebung in der sowjetischen Geschichte etwa 200 000 Menschen mit der Forderung nach „Gerechtigkeit" und der Rückgabe „unserer Gebiete", worunter sie außer Westarmenien auch Nachitschewan und Arzach verstanden. Um die empörte Türkei zu beschwichtigen, wechselte die sowjetische Regierung schleunigst die Partei- und Regierungsspitze Armeniens aus. Gleichzeitig aber schuf sie dem unübersehbaren Volkszorn ein Ventil: In den kommenden Jahren durfte sich in Armenien eine eindrucksvolle, inhaltlich immer kühnere Memorialarchitektur entfalten. War sie anfangs, wie das Völkermordmahnmal *Jerern* (1967) auf dem Jerewaner Hügel Zizernakaberd, noch ganz der Trauer gewidmet, so beziehen sich die folgenden Gedenkstätten bei Sardarapat (1968), dem Dorf Mussa Ler (1976), im Bezirk Aschtarak (*Der Adler von Waspurakan*, 1979) und in der Bezirksstadt Aparan (1979) selbstbewußt auf erfolgreiche Episoden des Überlebenskampfes in den Jahren 1915 und 1918.

Dieses wachsende Selbstbewußtsein fand seinen vollen Ausdruck in der Perestrojka-Ära (1985–1991), die damals von den meisten allerdings noch nicht als Endphase der Sowjetherrschaft erkannt wurde. Für die in Armenien besonders früh und massenhaft einsetzende Protestbewegung gab es mehrere ernste

Abb. 7: Hunderttausende pilgern alljährlich am 24. April zum Völkermordmahnmal auf dem Jerewaner Hügel Zizernakaberd („Schwalbenfestung").

Anlässe. In ihrer ersten Phase stand die Frage im Vordergrund, ob nicht die seit den 1950er Jahren von Moskau forciert betriebene Industrialisierung das Land einem Ökozid ausgesetzt habe. Der Zusammenhang zwischen Industrialisierung und sowjetischem Kolonialismus schien besonders beim Kernkraftwerk Metsamor augenfällig, das 1976 allen Expertenwarnungen zum Trotz ans Netz ging. Das nur 24 Kilometer von der Millionenstadt Jerewan entfernte, zudem auf einer tektonischen Verwerfung errichtete AKW vom technisch veralteten Greifswaldtypus (WWER-440-V270-Reaktor) versorgte nicht nur Armenien mit billigem Atomstrom, sondern auch die Osttürkei und Armeniens Nachbarn Georgien und Aserbeidschan, die sich erfolgreich gegen ein AKW auf ihrem eigenen Territorium gewehrt hatten. Obwohl am 31. März 1986 – vier Wochen vor dem Reaktorunfall von Tschernobyl – 350 sowjetarmenische Intellektuelle in einem Offenen Brief an Michail Gorbatschow gegen die katastrophale Umweltsituation in ihrer Heimat protestierten und die sofortige Stillegung Metsamors verlangten, wurde das AKW erst im März 1989, unter dem Eindruck des Erdbebens vom 7. Dezember 1988, abgeschaltet. Ein weiterer Hauptstreitpunkt der kurzen, aber intensiven Ökologiebewegung in den Jahren 1986 bis 1989 bildete der Sewan-See. Die „blaue Perle Armeniens" war seit den 1920er Jahren rücksichtslos zur Bewässerung der Araratebene, vor allem aber für den Betrieb einer Kaskade von sieben kleinen, veralteten Wasserkraftwerken angezapft worden. Bereits 1980 war dadurch sein Pegel um 19 Meter gefallen und sein Wasservolumen um die Hälfte verlorengegangen. Entlastungsmaßnahmen wie der Bau eines Zuflußtunnels scheiterten an technischen Schwierigkeiten.

Seit Oktober 1987 kam es in Jerewan zu ersten Solidaritätskundgebungen mit der armenischen Bevölkerung Arzachs, die die Perestrojka ebenso wie frühere Liberalisierungsphasen genutzt hatte, um mit Bittschriften, die Zehntausende unterzeichneten, die Moskauer Partei- und Regierungsspitze auf ihre anhaltende Benachteiligung aufmerksam zu machen. In Arzach verschmolz das Problem historisch bedingter armenisch-aserbeidschanischer Spannungen, die in der Sowjetzeit nie ehrlich erörtert, geschweige denn aufgearbeitet wurden, mit der allgemeinen Benachteiligung Autonomer Gebiete. Diese standen an unterster Stelle in der dreistufigen Verwaltungshierarchie des Transkaukasus und besaßen im Unterschied zu den sowjetischen Unionsrepubliken und Autonomen Republiken keine eigene Legislative. Die sowjetaserbeidschanische Regierung hatte Arzach, mit Hilfe konformistischer armenischer Parteifunktionäre, über Jahrzehnte kultur- und wirtschaftspolitisch ausgetrocknet: Von den 222 Kirchen, die 1914 im Bistum Arzach gezählt worden waren, durfte nach der Sowjetisierung keine einzige mehr „arbeiten", jegliche seelsorgerische Tätigkeit armenischer Geistlicher war untersagt. Der 1930 verhaftete Bischof Wrtanes kam erst gegen sein Versprechen, nie wieder nach Arzach zurückzukehren, aus Bakuer Haft frei. Die Zahl armenischer Schulen sank stetig, pro Klasse wurden nur zwei bis drei Lehrbücher in armenischer Sprache zur Verfügung gestellt. Wirtschaftlich behandelte Aserbeidschan Arzach als Rohstofflieferanten, in dessen Infrastruktur es so wenig wie möglich investierte. Die Kapitalinvestition pro Kopf lag dort zehnmal niedriger als in Aserbeidschan. Die Leitung der wenigen Betriebe, etwa des Seidenkombinats von Stepanakert oder des Wasserkraftwerks am Stausee von Sarsang, lag außerhalb des Autonomen Gebiets, die Produktion beschränkte sich auf Teilfertigung. Obwohl Quellgebiet zahlreicher Flüsse, litt Arzach absurderweise an chronischer Wasserknappheit, was vor allem die 70 000 Einwohner seiner Hauptstadt Stepanakert zu spüren bekamen, deren Haushalte nur zweimal täglich Wasser erhielten. Denn der im Stausee von Sarsang gesammelte Wasserreichtum diente in erster Linie zur Bewässerung der Kuraebene. Die Selbstversorgung der Region wurde auch durch gravierende Änderungen der Wirtschaftsstruktur verhindert, etwa durch Begünstigung der Schafzucht bei gleichzeitiger Senkung der traditionellen Rinder- und Schweinehaltung, was eine halbnomadische Lebensweise förderte. Zugleich wurden Obstgärten geopfert, um größere Schafweideflächen zu erhalten.

Sämtliche Einstellungen und Ernennungen, selbst von Krankenschwestern, bedurften der Genehmigung aus Baku. Intellektuelle wurden, oft mit Gewalt, aus dem Autonomen Gebiet vertrieben. Die gezielte Austrocknungspolitik zeigte die beabsichtigten demographischen Folgen: Die armenische

Erwerbsbevölkerung emigrierte im Zeitraum zwischen 1926 und 1979 mit etwa 2000 Personen pro Jahr, während seit den 1950er Jahren die Zahl der Aserbeidschaner jährlich um 1000 stieg und 1979 37200 erreicht hatte (1926: 12600). Die Zahl der Armenier war im selben Zeitraum nur von 111700 auf 123100 gewachsen bzw. ihr Anteil an der Gesamtbevölkerung auf 75,9 Prozent zurückgegangen. Aserbeidschan machte armenischen Arbeitskräften und Intellektuellen die Auswanderung leicht, indem es ihnen in den Industriestandorten Sumgait und Mingetschaur das bot, was es ihnen in ihrer Heimat vorenthielt: Arbeit und Wohnungen. Andere wanderten nach Moskau oder Jerewan aus. So verschwanden zwischen 1926 und 1980 insgesamt 85 armenische Dörfer bzw. ein Viertel der Gesamtbevölkerung von der Landkarte, während die Aserbeidschanerdörfer prosperierten. Die überwiegend von Armeniern bewohnte Hauptstadt Stepanakert wurde eigens mit einem Ring aserbeidschanischer Wehrdörfer umzogen. Das bei Stepanakert errichtete Denkmal *Wir sind unsere Berge*, das ein bejahrtes Paar zeigt und inzwischen als inoffizielles Wahrzeichen der Region gilt, erinnert an den Massenexodus und die daraus resultierende Überalterung der verbliebenen Bevölkerung.

In Armenien hatten bis 1988 nur einzelne wie der Schriftsteller Sero Chansadjan (geb. 1915) an das Schicksal ihrer Landsleute in Arzach zu erinnern gewagt. Als die Karabach-Armenier Ende 1987 mit ihrem erneuten Vorstoß in Moskau wieder gescheitert waren und seit dem 11. Februar 1988 zu Massenkundgebungen und Streiks übergingen, beantragte das oberste Gremium des Autonomen Gebiets, der Gebietssowjet, am 20. Februar 1988 bei der Regierung Aserbeidschans, förmlich aus dem Bestand dieser Sowjetrepublik „entlassen" zu werden. Dieser ganz in Übereinstimmung mit den gesetzlichen Vorschriften gefaßte Beschluß wurde in Armenien durch Massenkundgebungen unterstützt, die allein schon ihrer Teilnehmerzahl wegen – zeitweilig war eine Million Menschen auf den Beinen –, noch mehr aber durch ihre außerordentliche Disziplin und Gewaltlosigkeit beeindruckten. Trotz aller Reformphrasen reagierte der morsche Moskauer Partei- und Regierungsapparat in gewohnter Weise repressiv, nicht zuletzt deshalb, weil er im Vorgehen des Arzacher Gebietssowjets einen gefährlichen Präzedenzfall erblickte. Vieles spricht dafür, daß die Sowjetregierung in der Zerfallsperiode ihres Imperiums ebenso zynisch wie die zaristische während der Revolution von 1905 einen politisch-sozialen Zündstoff zum Nationalitätenkonflikt anfachte. Mit Wissen und Duldung der örtlichen Verwaltung wie auch der Regierungen in Baku und Moskau kam es Ende Februar 1988 in Sumgait zu Pogromen an der Minderheit der etwa 22000 Armenier; im November 1988 sowie Mitte Januar 1990 folgten Massaker in Kirowabad (seit Ende 1989 Gandscha) und Baku, wo 40000 bzw. 200000 Armenier lebten. Durch Terror wurden zwischen 1988 und Anfang 1990 fast sämtliche 350000 in Aserbeidschan lebenden Armenier vertrieben, ohne daß die Sicherheitskräfte Armee und Polizei rechtzeitig eingeschritten wären. Fast gleichzeitig floh, aus Angst vor Racheakten, die aserbeidschanische Minderheit aus Armenien. Nach dem sowjetischen Zensus von 1979 betrug ihre Zahl 161000, nach aserbeidschanischen Angaben bis zu 250000.

Während sich im frühen Gebirgswinter von 1988/89 Flüchtlingsströme in beiden Richtungen zwischen Armenien und Aserbeidschan bewegten, wurde Nordarmenien am 7. Dezember von einem schweren Erdbeben verwüstet. Obwohl Seismologen in Dagestan sowie der Ukraine schon seit Frühjahr 1988 gewarnt hatten, hatte die Moskauer Führung nichts unternommen, um die Katastrophe einzudämmen, bei der nach offiziellen sowjetischen Angaben 23000 Menschen getötet wurden und 514000 ihr Heim, oft auch ihre Arbeitsstätte, verloren. Inoffizielle Schätzungen gingen sogar von 50000 bis 80000 Todesopfern aus. Hartnäckig hielt sich in Armenien der Verdacht, die Sowjetregierung habe das Erdbeben künstlich ausgelöst, um die Bevölkerung der unbequemen Republik von der Politik abzulenken. Das Erdbeben lieferte den willkommenen Vorwand, um den damals in der Landeshauptstadt bereits herrschenden Ausnahmezustand auf 16 weitere Kreise des Landes auszudehnen. Dies und die Festnahme von elf führenden Aktivisten des *Karabachkomitees* leiteten 1989 zur dritten, ganz vom Streben nach staatlicher Unabhängigkeit geprägten sowjetarmenischen Protestphase über. Zu ihrer wichtigsten Trägerin wurde die *HHSch* (*Hajoz Hamasgajin Scharschum* – Pannationale Bewegung der Armenier), zu der sich am 7. September 1989 14 oppositionelle Gruppierungen zusammenschlossen. Ebenso wie beim Anschlußversuch Arzachs versuchte man, sich bei der Erlangung staatlicher Unabhängigkeit streng an die sowjetische Verfassung und die für Volksabstimmungen vorgesehenen Fristen zu halten. Bei den Parlamentswahlen im Mai 1990 setzte sich die *HHSch* als stärkste Partei durch. Am 4. September desselben Jahres wurde ihr Kandidat, der habilitierte Orientalist Lewon Ter-Petrosjan (geb. 1945), der als Sohn eines „repatriierten" armenischen Kommunisten aus Aleppo in Sowjetarmenien aufwuchs, zum ersten nichtkommunistischen Parlamentspräsidenten seit 1920 gewählt, am 16. Oktober 1991 mit rund 83 Prozent der Stimmen zum Staatspräsidenten. Der 21. September 1991, an dem sich die Bevölkerung Sowjetarmeniens zu 92 Prozent für die Umwandlung ihres Landes in einen demokratischen Staat und dessen Austritt aus der UdSSR entschied, wird seither als Geburtstag der zweiten unabhängigen Republik Armenien alljährlich gefeiert.

Kleiner Staat mit großen Problemen: Die zweite Republik Armenien

Mit der Selbstauflösung der UdSSR am 31. Dezember 1991 endeten siebzig Jahre sowjetischer Herrschaft über Armenien. Nun schien der Traum von einem souveränen, demokratischen Nationalstaat erfüllt, für den Generationen von Armeniern gekämpft hatten. Er führt die offizielle Bezeichnung *Hajastani Hanrapetutjun* (Republik von Armenien) und als Flagge die Trikolore (rot, blau, orange), die bereits dem kilikisch-armenischen Königreich und später der Partei *Daschnakzutjun* diente. Staatswappen ist ein Schild mit dem heiligen Ararat im

Zentrum, den ein Adler und ein Löwe halten, die heraldischen Tiere der armenisch-apostolischen Kirche bzw. des Königshauses der Bagratiden. Die Freude über solche lange vermißten Insignien staatlicher Souveränität ist schnell der Enttäuschung gewichen. Denn mehr als je zuvor erschien Armenien als Gefangener seiner geopolitischen Lage und seiner Geschichte. Von seinen vier unmittelbaren Nachbarn verhielten sich nur das überwiegend christliche Georgien sowie die Islamische Republik Iran neutral.

Armeniens Verhältnis zu Aserbeidschan ist, entgegen dem Willen seiner Regierung, nach wie vor frostig. Zwar kam es zu keiner regulären Kriegserklärung, aber um Arzach nicht offiziell als Verhandlungspartner anerkennen zu müssen, behandelte Aserbeidschan Armenien wie seinen eigentlichen Gegner im Konflikt um das einstige Autonome Gebiet Berg-Karabach. Bereits am 4. September 1989 begann Sowjetaserbeidschan, durch das 87 Prozent des damaligen Eisenbahnverkehrs von und nach Armenien verlief, sämtliche in das Nachbarland führenden Straßen- und Schienenwege zu sperren, und stellte die Lieferung von Erdöl und Erdgas ein, den für Armenien wichtigsten Energiestoffen. Das bis heute andauernde Embargo betrifft im übrigen auch die über Aserbeidschan führenden Pipelines aus Mittelasien. Von seinem wichtigsten Energielieferanten Turkmenistan kann Armenien Erdgas nur über eine durch Georgien verlaufende Leitung empfangen. Außerdem hielt sich Georgien, dem Turkmenistan 1995 wegen seiner Zahlungsunfähigkeit das Erdgas abgedreht hatte, an den für Armenien bestimmten Lieferungen schadlos, seit Mai 1995 ist Armenien sogar vertraglich zu „Transitzöllen" verpflichtet. Energiepolitik wurde im postsowjetischen Transkaukasus zum hemmungslos benutzten Druckmittel in internationalen Beziehungen.

1993, auf dem Höhepunkt der Blockade, als sich die Bevölkerung noch nicht mit alternativen Licht- und Wärmespendern ausgestattet hatte, lebte sie bei Wintertemperaturen bis zu minus 25 Grad Celsius in Kälte und Dunkelheit. In Krankenhäusern mußte bei Kerzenlicht operiert werden, und Frühgeborene erfroren in den Brutkästen. Strom erhielten die Privathaushalte bis 1996 nur maximal zwei Stunden am Tag und zu oft unvorhersagbaren Zeiten. Unter diesen Verhältnissen war an die Benutzung von Kühlschränken oder Waschmaschinen ebensowenig zu denken wie an den Betrieb von Fahrstühlen in den zahlreichen Hochhäusern der Hauptstadt Jerewan. Bis 1996 fiel das Fernheizungssystem landesweit aus, im Winter 1996/97 wurde immerhin ein Viertel der Jerewaner Zentralheizungen wieder warm.

Die Auswirkungen der vor allem im Interesse der USA sowie der Anrainerstaaten liegenden Inbetriebnahme der Erdöltrasse Baku-Tbilissi-Ceyhan auf Armenien und auf den Karabach-Konflikt sind noch nicht absehbar. Das Milliardengeschäft mit dem transkaspischen und kaspischen Erdöl, auf das besonders Aserbeidschan hofft, versetzt es in die Lage, hochzurüsten und die immer wieder angedrohte Eroberung Karabachs durchzuführen. Ebenso könnte aber eine beträchtliche Hebung des Nationaleinkommens bei gerechter Verteilung zu steigendem Wohlstand und damit zur Beruhigung in Aserbeidschan beitragen. Ähnlich ambivalent ist derzeit die Sichtweise der USA auf Armenien und Karabach, die einerseits als potentielle Störfaktoren einer ruhigen Abwicklung des Erdölgeschäfts gelten, andererseits wegen ihrer geopolitischen Lage von wachsendem Interesse sind, das sich auch im Bau einer überproportional großen Botschaftsanlage der USA in Jerewan niederschlägt.

Armeniens vierter direkter Nachbar, die Türkei, hatte seit dem Ausbruch der Vereinigungsbewegung in Arzach bzw. Armenien eine pro-aserbeidschanische Haltung eingenommen, in der Hoffnung, damit stärkeren Einfluß auf die Aserbeidschaner zu gewinnen, von denen sich viele den Türken sprachlich und ethnisch eng verwandt fühlen. Einen eifrigen Verfechter fand der neubelebte Pantürkismus in dem Nationalisten Abulfas Eltschibej, dem Staatspräsidenten Aserbeidschans von 1992 bis Mitte 1993. Die Siege der Arzacher Selbstverteidigungseinheiten im Frühjahr 1992 lieferten der

Türkei den Vorwand, ihren verbalen Solidaritätserklärungen praktische Taten folgen zu lassen und sich der aserbeidschanischen Transportblockade gegen Armenien anzuschließen. Von 1992 bis 1995 verwehrte sie humanitären Hilfslieferungen Frankreichs, der USA und internationaler Organisationen den Überflug nach Armenien. Türkische Militärausbilder trainierten aserbeidschanische Rekruten zum Kampf gegen die Armenier, Waffen aus eigener sowie aus NATO-Produktion wurden von der Türkei aus an Aserbeidschan weitergereicht, in offener Verletzung der NATO-Bestimmung, die eine Weitergabe an Nichtmitglieder des Pakts verbietet. Die rechtsradikale *Partei der Nationalen Bewegung* (Milliyetçi Hareket Partisi, MHP) sowie die dieser Partei nahestehenden Organisationen der „Grauwölfe" und „Idealistenvereinigungen" bildeten türkische Staatsbürger als freiwillige Kämpfer Aserbeidschans gegen die Armenier aus.

Der Zerfall des Sowjetreiches hinterließ im Transkaukasus ein Machtvakuum, in dem sich bald der Wettkampf der einstigen Hegemonialmächte Türkei, Iran und Rußland wieder regte. Die beiden letztgenannten eint das Interesse, den Einfluß der Türkei im Transkaukasus möglichst gering zu halten, was sie zu strategischen Partnern Armeniens macht. Der russische Versuch, mit der außenpolitischen Doktrin von Interessensphären im „nahen Ausland" den vormaligen sowjetischen Territorialbesitz wiederherzustellen, wurde allerdings in der jungen Republik Armenien kühl aufgenommen. Zu frisch war dort die Erinnerung an die Demütigungen und Benachteiligungen, die Rußland Armenien in den letzten Jahren der Sowjetherrschaft zugefügt hatte. Der Anblick von Panzern und Hubschraubern der Sowjetarmee in Jerewan sowie die bittere Erfahrung von Ausnahmezustand und nächtlichen Ausgangssperren als Moskaus Antwort auf ihre gewaltfreie Protestbewegung hatten bei vielen Armeniern grundsätzliche Zweifel daran ausgelöst, ob Rußland jemals ein zuverlässiger Partner Armeniens sein werde. Das belebte eine Grundsatzfrage neu, die sich armenische Politiker im Verlauf von Jahrhunderten immer wieder stellen mußten: Sollten sie den Schutz und die Fürsprache mächtigerer Staaten anstreben oder nur auf die eigenen, wenngleich geringen Kräfte vertrauen? Die armenische Regierung entschied sich für den Spagat zwischen beiden Positionen. Denn sie gestattete Rußland, seine Truppen zur Kontrolle und Sicherung der GUS-Außengrenzen in Armenien zu stationieren. Faktisch hat sich also im Vergleich zur Sowjetzeit an der armenisch-türkischen Grenze wenig geändert. Traditionell wirkt auch das Bemühen um die gleichzeitige Anbindung an den Westen, insbesondere die USA sowie die Europäische Gemeinschaft; der Europarat nahm Armenien 2001 als Mitglied auf, zeitgleich mit dessen Nachbarn Aserbeidschan, aber nach Georgien. Diese Westorientierung erscheint erfolgreicher zu verlaufen als ähnliche Versuche der ersten unabhängigen Republik 1918–1920. Der armenische Außenminister Wardan Oskanjan beschrieb in einem Interview (2004) das Bestreben um gute Außenbeziehungen trotz partieller Interessenunterschiede als komplementär: „Das bedeutet, mit Ländern gute Beziehungen zu unterhalten, die – wie die Vereinigten Staaten und Rußland – bei einigen Themen im Widerspruch zu stehen scheinen. In einem Teil mögen wir zu 80 Prozent intensive Beziehungen mit Rußland unterhalten, die anderen 20 Prozent mit den Vereinigten Staaten oder der EU. Auf einem anderen Gebiet mag die Gewichtung anders sein. Das soll zu einer intensiveren wirtschaftlichen Zusammenarbeit und Sicherheit beitragen, an der sich jeder beteiligen kann, der Interesse an der Region hat. [...] Unsere Beziehungen zur Nato sind ein gutes Beispiel für [diese] Politik. Unsere Sicherheitsgarantien haben fünf Schichten: die Beziehungen zu Rußland und dessen militärischer Präsenz in Armenien, die kollektive Sicherheitsvereinbarung mit Rußland und vier früheren Sowjetrepubliken, der Vertrag über konventionelle Waffen in Europa, der Transparenz bei den Waffen schafft, unsere Kooperation mit der Nato sowie die bilateralen Sicherheitskooperationen mit Ländern wie Griechenland und den Vereinigten Staaten, mit denen wir gerade eine Sicherheitszusammenarbeit begonnen haben. Diese Schichten bilden unsere Sicherheitspolitik."

Der dritte Eckpfeiler der armenischen Außenpolitik wirkt, vor dem Hintergrund der bisherigen Geschichte, ungewöhnlich. Denn das Bestreben um entspannte Beziehungen zu den Nachbarländern schließt nicht nur den Iran ein, sondern auch die Republik Türkei. Diesem Ziel opferte das unabhängige Armenien unter der Präsidentschaft Lewon Ter-Petrosjans (1991–Februar 1998) soviel, daß Kritiker inner- und außerhalb des Landes von einem Ausverkauf nationaler Interessen sprachen. Ihr Vorwurf bezog sich insbesondere auf den Verzicht auf Vorbedingungen bei der Annäherung an das Nachbarland. Vielen Armeniern galt bislang die Bereitschaft der türkischen Regierung, den Völkermord von 1915/16 als historische Tatsache zuzugeben und zu bedauern, als Mindestvoraussetzung für die Normalisierung der Beziehungen.

Der sowjetischen Regierung hatten Kritiker jahrzehntelang vorgeworfen, zu Lasten armenischer Grundinteressen und über die Köpfe der Armenier hinweg Türkeipolitik zu treiben. Um sich vom Vorwurf, Lakaien Moskaus zu sein, zu rehabilitieren, sowie unter dem Druck der zur Macht drängenden nationaldemokratischen Oppositionellen hatten die Kommunisten im Obersten Sowjet Armeniens 1989 und 1990 einer Reihe revisionistischer Beschlüsse zugestimmt. So hatte am 16. September 1989 eine Sondersitzung des Parlaments eine Kommission „zum Studium des russisch-türkischen Abkommens von 1920/21" ins Leben gerufen, die namentlich die Annullierung des Moskauer und Karser Vertrages von 1921 vorbereiten sollte. Die Kommission bereitete ferner die Aufhebung des Beschlusses vom 5. Juli 1921 vor, der zum Anschluß Arzachs an Sowjetaserbeidschan geführt hatte. Diese Annullierung verabschiedete der Oberste Sowjet Armeniens am 13. Februar 1990. Am 22. November 1990 beschloß die armenische Regierung ein Gesetz „Über die Verurteilung des Genozids an den Armeniern in der osmanischen Türkei" und erhob den 24. April zum offiziellen Staatstrauertag. Nachdem das Land 1992 seine vollständige Unabhängigkeit erlangt hatte, distanzierte sich allerdings die Regierung von diesen Beschlüssen aus der Endphase der Sowjetzeit und löste die Annullierungskommission auf. Im Februar 1995 veranlaßte der damalige Bildungsminister Aschot Blejan die Streichung des Genozids aus den Schullehrplänen, angeblich, um nicht die Gemüter der Heranwachsenden zu belasten. Hrant Bagratjan, der damalige Ministerpräsident, erklärte im März 1996 auf einer Pressekonferenz, daß die Türken 1915 möglicherweise Gründe für ihr Vorgehen gegen das armenische Volk gehabt hätten. Außenminister Papasjan sagte etwa zeitgleich in einem Interview, der Völkermord bilde ein ethisches Problem für die türkische Öffentlichkeit, dessen Bewältigung die Politik Armeniens nichts mehr angehe. Zudem unterscheidet die offizielle Doktrin deutlich zwischen Angehörigen der Republik Armenien und denen der Diaspora. Letzterer wird anheimgestellt, ein türkisches Schuldzugeständnis zu verlangen.

Auch in der heiklen Arzach-Frage verfuhr das Kabinett Ter-Petrosjans doppelgleisig. Die damals in der Republik Armenien regierende *HHSch* verdankte ihren Aufstieg der breiten Solidaritätsbewegung mit den Arzacher Landsleuten. Am 1. Dezember 1989 hatte das sowjetarmenische Parlament dem Anschlußbegehren Arzachs zugestimmt. Doch die populäre Parole *miazum* („Vereinigung") wurde bald klammheimlich fallengelassen. Mit dem Beitritt zur KSZE im Januar 1992 erkannte Armenien auch völkerrechtlich verbindlich die Grenzen Aserbeidschans sowie der Türkei an und verzichtete somit indirekt auf Westarmenien sowie Arzach. Es unterstützt seither nur noch das Recht der Arzacher Armenier auf nationale Selbstbestimmung, wobei die Regierung Ter-Petrosjans im Unterschied zu Arzach sogar Bereitschaft erkennen ließ, über „weitreichende Autonomieangebote" der Aserbeidschaner zu verhandeln. Ähnlich wie bei der Völkermordfrage ermöglichte ihre Doppelgleisigkeit der armenischen Regierung, besonders pragmatisch und verhandlungsbereit zu wirken, ohne die Konsequenzen für gesamtnationale Entscheidungen tragen zu müssen. Diese Gratwanderung mag prinzipienlos wirken, doch angesichts der herrschenden geopolitischen Verhältnisse begreifen sie große Teile der armenischen Weltbevölkerung als nüchterne, wenn auch beschämende Realpolitik: Man opfert die Geschichte der Nation, um ihre Zukunft zu retten. Nennenswerte Vorteile hat Armenien durch sein Entgegenkommen nicht erlangt. Die Türkei hob zwar 1995 die Blockade der Luftwege auf, aber die über Kars nach Armenien führende Eisenbahnverbindung wurde, nach einer vorübergehenden Öffnung, erneut geschlossen.

Die Intelligenzija Armeniens sah in der Türkei- und vor allem in der Karabachpolitik Ter-Petrosjans eine Verletzung jener Grundsätze, dank derer die regierende *HHSch* 1990 zur Macht gekommen war, und entzog dem Präsidenten im Herbst 1997 das Vertrauen. Als sich auch noch die damals größte und einflußreichste gesellschaftliche Organisation, der patriotische Veteranenverein *Jerkrapah* („Landesschützer"), auf die Seite seiner Kritiker schlug, sah sich Ter-Petrosjan im Februar 1998 zum Rücktritt gezwungen. Bei vorgezogenen Wahlen obsiegte in zwei Runden der aus Karabach stammende bisherige Regierungschef Robert Kotscharjan.

Ursprünglich ein Agrarland, ist Armenien erst in den 1950er und 1960er Jahren in nennenswertem Umfang industrialisiert worden. Die Schwerpunkte seiner Industrieproduktion lagen in der verarbeitenden und chemischen Industrie. Mit der Selbstauflösung der UdSSR zerfiel Ende 1991 auch der bisherige Wirtschaftsverbund. Zugleich litt Armenien noch immer unter den Auswirkungen des Erdbebens vom Dezember 1988, das in einem Drittel des Landes den Großteil der Produktionsstätten vernichtet hatte. Die aserbeidschanische Transport- und Energiebieblockade führte zeitweilig beinahe zum Zusammenbruch: Nur drei der rund 450 Betriebe konnten im Januar 1993 ihre Produktion aufrechterhalten, darunter eine Brotbäckerei. Mit der Außenwelt war Armenien auf dem Landweg damals nur noch über Georgien verbunden, das seinerseits bis Ende 1992 unter Bürgerkrieg litt, seit August 1992 unter seiner militärischen Intervention in Abchasien. Chaos, marodierende Milizen und die Willkür örtlicher Machthaber beeinträchtigten die Sicherheit der nach Armenien führenden georgischen Schienen- und Straßenwege erheblich. Der vierte Hemmschuh der armenischen Wirtschaft war der Konflikt in und um Arzach, der sich im Dezember 1991 zum Krieg ausweitete. Unter diesen Umständen schien der einzige Ausweg in einer frühen und schnellen Privatisierung der Landwirtschaft zu liegen, auf der Grundlage eines bereits am 22. Januar 1991 erlassenen Privatisierungsgesetzes. Bis zum Juli 1992 waren bereits 75 Prozent der Anbauflächen in Privatbesitz überführt worden. Über 45 Prozent der erwerbstätigen Bevölkerung sind gegenwärtig in der Landwirtschaft beschäftigt, die auf Grund des gebirgigen Charakters Armeniens allerdings nur auf 66 Prozent des Staatsgebiets betrieben werden kann. Der Ackerbau beschränkt sich weitgehend auf die Araratniederung, die Ebene von Schirak sowie einige Flußtäler. Ertragreicher Pflanzenbau hängt in Armenien stets von Bewässerung ab. Die übereilt durchgeführte Bodenreform hatte unter anderem zur Folge, daß die privatisierten Anbauflächen bis zu 70 Prozent für den Eigenbedarf der Erzeuger genutzt werden, so daß Armenien seinen Gesamtbedarf an Getreide nur zu 23–25 Prozent decken kann, an Milch nur zu 39, an Fleisch zu 60 Prozent.

Vor der Unabhängigkeit gewann (Sowjet-)Armenien 70 Prozent seines Nationaleinkommens aus der Industrie. Rohstoffe und Energie wurden nach Armenien eingeführt, dort verarbeitet und die Erzeugnisse in andere Sowjetrepubliken oder ins Ausland exportiert. Auf Drängen der Weltbank, der Armenien schon 1992 beitrat, leitete es im Mai 1995 die Privatisierung der Industrie ein. An seine Tradition als Verarbeitungsland versucht auch das unabhängige Armenien anzuknüpfen, indem es aus dem Ausland gelieferte Rohedelsteine und Diamanten veredelt. Hauptauftraggeber und -abnehmer sind Israel und Belgien, während Rußland zwar gern Rohedelsteine zur Weiterbearbeitung liefert, sich aber weigert, die bearbeiteten Steine zu reimportieren. Armenien besaß 2004 an die fünfzig Diamantschleifereien mit über 4000 Angestellten. Die Diamantschleiferei gehört zu den sich am schnellsten entwickelnden Industriezweigen des Landes: Ihr Beitrag zur Industrieproduktion stieg von 74 Millionen EUR im Jahr 1999 auf 208 Millionen EUR (2003).

Zum Bruttoinlandsprodukt (BIP), das (2003) 1,768 Millionen EUR betrug, trugen die Industrie 26 Prozent (2001), die Landwirtschaft 23 (2004) und der Dienstleistungssektor 37 Prozent (2004) bei. Der Anteil der Schattenwirtschaft am BIP stieg von geschätzten 37–40 Prozent (1996) auf 52,1 Prozent im Jahr 2003 – Gewinne, die unversteuert am Fiskus vorbeifließen und dem Staatshaushalt fehlen.

Die Währungsunion des Rubels überlebte die UdSSR nur um anderthalb Jahre. Nach ihrem Zerfall sah sich Armenien am 22. November 1993 gezwungen, seine eigene Währung, den *Dram*, einzuführen. Die Voraussetzungen waren denkbar ungünstig. Schon in den ersten sechs Monaten sank der Dram im Verhältnis zum Dollar auf ein Zwanzigstel. Doch die Zentralbank verbot den Handel mit dem Dollar oder Rubel und erreichte die Konvertierbarkeit der armenischen Währung. Mit der Unterzeichnung eines unbefristeten Waffenstillstandes im Arzach-Konflikt wurden Armenien großzügigere Kredite durch die Weltbank sowie einzelne Geberstaaten gewährt. Dies und eine liberale Wirtschaftspolitik trugen zur Konsolidierung der armenischen Geldwirtschaft seit Ende Mai 1994 bei. Sie fand ihren sichtbarsten Ausdruck im drastischen Rückgang der Inflationsrate von 1100 Prozent (1993) auf 7,3 Prozent (2004). Im November 2005 lag der Dollarkurs bei etwa 450, der Euro-Kurs bei 530 Dram. Die Kursstabilisierung besitzt freilich keine reale wirtschaftliche Grundlage. Sie erfolgte zu Lasten des Außenhandels und führte zu einer passiven Handelsbilanz (2004: minus 200 Millionen EUR), zu niedrigen Gehältern sowie zum Rückgang der zahlungsfähigen Nachfrage.

Armeniens Kreditaufnahmen machten das Land von der Weltbank abhängig, die Ende 1994 von der Regierung die Durchführung einer Reihe unpopulärer Maßnahmen verlangte, darunter die Aufhebung der Festpreise. Im Jahr 2004 betrug die Auslandsverschuldung Armeniens 834,15 Milliarden EUR, davon 146 Millionen EUR (2002) gegenüber der Weltbank.

Obwohl der Anteil des Exports am Außenhandel steigt, scheint das Defizit der Handelsbilanz chronisch und wird nur mit Hilfe ausländischer Kredite ausgeglichen. Armenischer Außenhandel heißt noch immer in erster Linie Einfuhr, davon 40 Prozent Lebensmittel und 34–39 Prozent Energie. Einem Importvolumen von 778 Millionen EUR stand 1999 ein Export von 195 Millionen EUR gegenüber, wobei die GUS-Staaten Rußland, Georgien und Turkmenistan die wichtigsten Exportpartner bildeten, gefolgt von den USA, Belgien, Iran, Deutschland und Großbritannien, bei der Einfuhr die GUS-Staaten Rußland, Georgien und Ukraine, die USA, Belgien, die Türkei und der Iran, der 1996 Rußland als Haupthandelspartner Armeniens abgelöst hatte. Exportiert werden vor allem mineralische Produkte und Maschinen. Rußland bezieht den wertvollsten Rohstoff Armeniens, das seltene, für die russische Wirtschaft unverzichtbare Metall Molybdän, und liefert Armenien Rohdiamanten und Halbedelsteine. Würde die Türkei ihre Grenze zu Armenien öffnen, könnte das seinen Export um schätzungsweise 40 Prozent steigern. Vor allem in der Region von Gjumri erhofft man sich durch den Grenzverkehr eine nennenswerte Verbesserung des Lebensstandards. Der *Turkish Armenian Business Development Council (TABDC)* gehörte zu den ersten bilateralen Initiativen, die nach der Devise „Annäherung durch Handel" seit den 1990er Jahren auf nichtstaatlicher Ebene für eine türkisch-armenische Verständigung zum Nutzen beider Völker eintraten.

Innere und äußere Stabilität vorausgesetzt, wird sich mittelfristig der Fremdenverkehr wiederbeleben. Der Tourismus hatte sich bereits seit der Breschnjew-Ära entfalten können, als Armenien und sein Nachbarland Georgien mit ihrer abwechslungsreichen Natur und zahlreichen kunsthistorischen Sehenswürdigkeiten vielen Reisenden aus RGW-Staaten die damals unzugänglichen „klassischen" Reiseziele Südeuropas ersetzten. Gegenwärtig schätzen, neben Diaspora-Armeniern, vor allem Iraner Armenien als Reiseziel, in dem sie sich von den Zwängen des fundamentalistischen Alltags erholen. Mit 268 000 (2004) Touristen hat man allerdings die Besucherzahlen der Sowjetperiode mit 700 000 bis zu einer Million jährlich noch lange nicht erreicht.

Da sämtliche armenischen Regierungen seit 1992 die Vorschriften und Empfehlungen internationaler Finanzeinrichtungen befolgt haben, hat sich Armenien trotz aller geopolitischen und geographischen Nachteile makroökonomisch stabilisieren können. Die durchschnittliche Jahreswachstumsrate betrug zwischen 1994 und 2000 nur 5,5 Prozent. Seit 1998 stieg dann das jährliche Durchschnittswachstum des Bruttoinlandsprodukts auf über neun Prozent, während die Inflationsrate unter zehn Prozent sank. Nach elf Jahren kontinuierlichem Wirtschaftswachstum erreichte Armenien Ende 2004 dasselbe Bruttoinlandsprodukt wie vor dem Systemwechsel 1990. Der Armutsanteil an der Bevölkerung sinkt langsam. Gleichwohl sieht sich die Mehrheit der Bevölkerung von diesen bescheidenen makroökonomischen Erfolgen ausgeschlossen, weil sich ihre Lebensverhältnisse nicht spürbar verbessert haben.

Wer sich heute, vom internationalen Flughafen Swartnoz kommend, der armenischen Hauptstadt nähert, passiert Armeniens „Las Vegas": eine von der Stadtregierung Jerewans an die Peripherie verbannte Ansammlung von Spielcasinos. Ihre grelle Leuchtreklame, aber auch diverse protzige Millionärsresidenzen der „neuen Armenier" lassen andauernde Sozialprobleme des Landes ebenso vergessen wie der festlich erleuchtete Platz der Republik im Stadtzentrum, zahlreiche Hotels und Restaurants oder die abendlichen Flaneure auf Jerewans berühmtester historischer Straße, der Abowjanstraße. Armut trägt in Armenien ein ländliches bzw. weibliches Gesicht. Fünf der elf Provinzen (*marser*) des Landes weisen einen hohen Anteil armer bzw. sehr armer Landbevölkerung auf; 2003 lag der Anteil der armen Landbevölkerung landesweit bei 47,5 Prozent und der der sehr Armen bei 6,8 Prozent.

Der Wirtschaftsliberalismus im unabhängigen Armenien schränkte den Schutz der sozial Schwachen erheblich ein. Vor allem Rentner, alleinerziehende Mütter und Arbeitslose sowie etwa 70 000 Binnenflüchtlinge gehören zu den Opfern der Preisfreigaben. Nach amtlichen, jedoch unrealistischen Angaben lag 2004 die Arbeitslosenquote bei 10,9 Prozent. Realistische ausländische Schätzungen gehen dagegen von zwanzig

Prozent Arbeitslosen sowie über fünfzig Prozent Unterbeschäftigten aus. Zahlreiche Beschäftigte im Öffentlichen Dienst, vor allem Lehrer und Angestellte im Gesundheitswesen, leiden unter monatelangen Lohnzahlungsrückständen. Nach amtlichen Angaben lebt die Hälfte der Bevölkerung Armeniens unterhalb der Armutsgrenze, davon 17 Prozent in extremer Armut. Diese Ärmsten der Armen sind nicht in der Lage, für ihre Kleidung und Nahrung aufzukommen. Ihre Kinder besuchen selten die Schule und in manchen Fällen sind sie nicht einmal standesamtlich registriert. Der monatliche Durchschnittslohn lag 2004 umgerechnet bei 64 EUR, die Grundrente bei fünf und die Durchschnittsrente unter acht EUR, während der monatliche Mindestbedarf mit 41 EUR pro Person ermittelt wurde. 70 Prozent der Einwohner Armeniens ernähren sich mangelhaft, denn nach Angaben des Nationalen Statistikamts leben sie ausschließlich von Brot, Kartoffeln und Makkaroni. Von UNICEF 1998 in Armenien durchgeführte und im September 2000 sowie im April 2001 vom *World Food Programme* aktualisierte Studien zu den Auswirkungen der Armut auf die Volksgesundheit erbrachten, daß in der südöstlichen Provinz Sjunik ein Viertel aller Kinder unter Wachstumsstörungen wie Zwergwuchs litt und fast 17 Prozent der älteren Einwohner unterernährt waren. In der Provinz Gegarkunik lag der Anteil wachstumsgestörter Kinder sogar bei 32,4 Prozent, in Jerewan immerhin bei 14,5 Prozent. Dort sind 6,1 Prozent der Älteren unterernährt. Nach Angaben des Büros der Vereinten Nationen nimmt die Bevölkerung Armeniens durchschnittlich nur 2040 Kalorien pro Tag zu sich, während der internationale Standard für die tägliche Mindestzufuhr an Energie 2100 Kalorien vorsieht. Der schlechte Gesundheitszustand der Bevölkerung wird noch durch eine Reform des Gesundheitswesens verschlimmert, die die Weltbank der armenischen Regierung aufdrängte und die laut Kritik der in Armenien tätigen Hilfsorganisation *Médecins sans frontières* („Ärzte ohne Grenzen", abgekürzt MSF) darauf abzielt, „Ausgaben für die Gesundheitsfürsorge zu unterdrücken und die staatliche Rolle in der Gesundheitsversorgung zu reduzieren." So hat die Weltbank die Einführung von Patientengebühren in Armenien (und Aserbeidschan) unterstützt. Einrichtungen des Gesundheitswesens befinden sich in baufälligem Zustand, insbesondere in ländlichen Gebieten. Laut einer Umfrage nehmen 42 Prozent der Kranken in ländlichen Regionen keine ärztliche Hilfe in Anspruch, weil sie sich diese nicht leisten können.

Die Armut wäre krasser, wenn nicht der Großteil der Bevölkerung durch das Auslandsarmeniertum unterstützt würde, das einer Studie von USAID (2003) zufolge jährlich insgesamt über 344 Millionen EUR aufbringt – eine Summe, die in etwa dem Staatshaushalt Armeniens entspricht. Davon stammt die Hälfte – zwölf Prozent des Gesamtbruttosozialprodukts – aus Überweisungen der im Ausland tätigen Bürger der Republik. Erst im August 2003 legte die armenische Regierung ihr lange gefordertes Armutsbekämpfungsprogramm für die Jahre 2004 bis 2010 vor. Darin heißt es allerdings, daß erst im Jahr 2012 mit einem Rückgang der Kategorie der sogenannten „sehr Armen" auf unter acht Prozent an der Gesamtbevölkerung gerechnet werden kann. Wie vieles in Armenien, sind auch diese Sozialdaten umstritten. Das Nationale Statistikamt verkündete in seinem Jahresbericht für 2004 unter anderem, daß der Anteil der armen Bevölkerung von 50 Prozent im Jahr 2002 auf 42,9 Prozent im Jahr 2003 zurückgegangen sei und der Prozentsatz jener Ärmsten, die weniger als 13 EUR im Monat verdienen, bereits zu diesem Zeitpunkt unter acht Prozent gelegen habe. Zugleich habe der relative Wirtschaftsboom der Jahre 2003 und 2004 dazu geführt, daß sich die Einkommensschere zwischen Arm und Reich verringert habe. Diesem Optimismus widersprechen sowohl Armeniens Wirtschaftsminister und unabhängige Wirtschaftsexperten in Armenien als auch eine Studie der *International Crisis Group (ICG)* vom Oktober 2004, die davon ausgeht, daß noch immer 55 Prozent der Bevölkerung in Armut leben. Die Studie gelangt zu dem Schluß, daß kaum Anzeichen für einen Rückgang der Armut vorlägen, denn „die Vorteile der wirtschaftlichen Gesundung würden nicht gleichmäßig verteilt." Diese Verteilungsungleichheit des Einkommens und des Verbrauchs mißt, auf einer

Skala von Null bis Hundert, der GINI-Index als international üblicher Indikator. Nach UN-Angaben in Armenien betrug er für Armenien im Jahr 2003 37,9 gegenüber 44,4 im Jahr 1996, was auf einen Ausgleich sozialer Gegensätze hinweist. Im internationalen Vergleich liegt Armenien dabei knapp hinter Aserbeidschan (36,5), aber vor Deutschland (38,2), den USA (40,8) sowie Rußland (45,6).

Die Gründe für die widersprüchlichen Angaben des Statistikamtes und des Armutsbekämpfungsprogramms der Regierung erklären manche Kommentatoren mit deren Absicht, mit der dramatischen Soziallage des Landes möglichst hohe auswärtige Unterstützung für die Stabilisierung der Wirtschaft zu mobilisieren. So hoffte Armenien 2004, ein Paket von insgesamt 83 Millionen EUR aus einem Hilfsprogramm der USA zu erhalten, sowie auf weitere 208 Millionen EUR, die die Weltbank Präsident Kotscharjan für ländliche Schulen, die Verbesserung der Infrastruktur und für Bewässerungssysteme versprochen hatte.

Zur Entspannung auf dem Arbeitsmarkt in Armenien trug die Massenauswanderung seit 1990 bei, wobei allerdings der *brain drain* dem Land auch zahlreiche hochqualifizierte Arbeitskräfte genommen hat. Einer Ende 1995 veröffentlichten Studie des armenischen Instituts für Wirtschaftsforschung zufolge waren 70 Prozent der seit 1991 aus Armenien Ausgewanderten Männer, die meisten mit Hochschulabschluß. Als Hauptmotiv für ihre vorübergehende oder dauerhafte Auswanderung nannten sie Arbeitslosigkeit. 90 Prozent der Emigranten suchten ihren Lebensunterhalt in der Rußländischen Föderation, der traditionellen Hauptabnehmerin armenischen Arbeitskräfteüberschusses, die zudem ein vierfach höheres Lebensniveau bietet. Der Armutsexodus besitzt in der jüngeren armenischen Sozialgeschichte eine Parallele allenfalls in der saisonweisen oder dauerhaften Emigration von Westarmeniern in der zweiten Hälfte des 19. Jahrhunderts. Der damals wie heute auf den in der Heimat zurückgebliebenen Frauen lastende Zwang, ihre Kinder ohne Vater aufzuziehen, wird in dem stark familienorientierten Land als besonders negative Folge der

Massenauswanderung empfunden. Viele Ehen sind durch die lange Abwesenheit der Ehemänner zerrüttet. Zahlreiche Arbeitsemigranten sind im Ausland neue Beziehungen oder – teilweise in Bigamie – Ehen eingegangen und wollen oder können ihre bisherigen Partnerinnen in Armenien und die Kinder aus dortigen Beziehungen nicht mehr materiell unterstützen.

Die Frauen Armeniens gehören zu den Verlierern der jüngsten sozioökonomischen Veränderungen, stellen sie doch die absolute Mehrheit der arbeitslosen und marginalisierten Bevölkerung. Zwar bildet der Sozialstaat eines der armenischen Verfassungsziele, aber das Grundrecht auf Arbeit kann der Staat seinen Bürgerinnen gegenwärtig nicht garantieren. Eine wachsende Zahl von Frauen muß im unabhängigen Armenien mit Einkommen unter dem Existenzminimum leben. Erwerbstätige Frauen sind in Niedriglohnberufen bzw. in Positionen ohne Weisungsbefugnis überrepräsentiert. Dazu gehören wie in der Sowjetzeit das Grund- und Hauptschulwesen sowie die Gesundheitszentren. Die Bedeutungslosigkeit der 26 in Armenien tätigen Gewerkschaften, aber auch ein weit verbreitetes patriarchalisches Rollenverhalten bilden weitere Ursachen für die Diskriminierung von Frauen im Berufsleben. Nach Angaben der Entwicklungsbehörde der Vereinten Nationen lagen 1996 Frauenlöhne im Durchschnitt um zwei Drittel niedriger als Männerlöhne. Waren von 240 Mitgliedern der Volksvertretung Sowjetarmeniens im Jahr 1985 noch 121 – also die Hälfte – Frauen, so fanden sich bei den Parlamentswahlen vom 23. Mai 2003 nur noch sieben Frauen unter den derzeit 131 Abgeordneten. Es gibt keine einzige Ministerin, Provinzgouverneurin oder stellvertretende Gouverneurin in Armenien. Eheliche oder häusliche Gewalt gegen Frauen sowie sexuelle Belästigung werden durch das Strafgesetz nicht verfolgt. Einer im Jahr 2000 durchgeführten Studie zufolge war die Hälfte der befragten Frauen häuslicher Gewalt zum Opfer gefallen; die Dunkelziffer liegt sehr hoch, weil das Ehe- und Familienleben gesellschaftliche Tabus bilden. Nach einer 2001 veröffentlichten Studie der *International Organization for Immigration* (IOM) werden jährlich etwa 700 Frauen und Mädchen, meist aus sozial schwachen Schichten in Armenien und Berg-Karabach, unter Vortäuschung einer Arbeitsvermittlung ins Ausland gelockt bzw. verschleppt und dort zur Prostitution gezwungen, davon 61,4 Prozent in die benachbarte Türkei sowie 29,5 Prozent nach Dubai (Vereinigte Emirate). Die Vereinten Nationen erwähnten 2005 eine Zahl von eintausend Armenierinnen, die infolge illegalen Frauenhandels als Prostituierte im Ausland arbeiten, andere Quellen gehen von Tausenden aus. Gelingt den in die nahöstliche Sexindustrie Verschleppten eine Rückkehr in die Heimat, erwartet sie dort völlige Verständnislosigkeit und Verachtung, die wiederum dem Frauenhandel Vorschub leisten. Die armenische Regierung, so rügte ein Bericht der US-Regierung vom Juni 2005, habe es versäumt, ihren Anfang 2004 verkündeten Nationalen Handlungsplan zur Bekämpfung des Frauenhandels auch nur annähernd in die Tat umzusetzen. Ein weiteres gesellschaftliches Tabu bildet die Armutsprostitution von Kindern und Jugendlichen, von denen viele obdachlos sind.

Obwohl seit der Vierten Frauenkonferenz der Vereinten Nationen (Peking 1995) auch in Armenien allmählich ein Bewußtsein für den Zusammenhang von Frauen- bzw. Geschlechterpolitik, Arbeitsmarkt und Sozialpolitik entstanden ist, wird sich nach Überzeugung der Frauenverbände in Armenien nur dann etwas bessern, wenn der Frauenanteil in der Exekutive und Legislative wieder angehoben wird, möglichst über Quotenregelungen. Wie in anderen Bereichen auch, bilden zivilgesellschaftliche Einrichtungen, in diesem Fall die etwa 80 nichtstaatlichen frauenpolitischen Organisationen Armeniens, auf internationaler Ebene die Vereinten Nationen sowie die Europäische Union, und die gegenüber diesen Einrichtungen vertraglich festgelegten Verpflichtungen Armeniens die wichtigsten Motoren für Fortschritt.

Obwohl Amtsmißbrauch, Klientelwirtschaft und Korruption zu den historischen Erblasten gehören und von vielen Bürgern als Hauptgrund ihrer Unzufriedenheit genannt werden, schneidet Armenien im internationalen Korruptions-Vergleich besser ab als die meisten übrigen ehemaligen Sowjetrepubliken.

2004 lag es auf Platz 82 unter 146 Staaten eines von *Transparency International* durchgeführten Korruptionswahrnehmungsvergleichs, weit vor seinen Nachbarn Georgien und Aserbeidschan und von den einstigen Sowjetrepubliken nur durch Belarus positiv übertroffen. Da es den Medien Armeniens an politischer und wirtschaftlicher Unabhängigkeit fehlt, sind diese subjektiv wie objektiv nicht in der Lage, durch kritische Berichterstattung Korruptionsfälle im Öffentlichen Dienst aufzudecken. Der Versuch der Regierung, 2003 durch Anhebung der Gehälter öffentlich Bediensteter auf durchschnittlich 70 000 Dram (135 EUR) die Bestechlichkeit zu verringern, schlugen bislang fehl. Auch die Wirksamkeit eines im Juni 2004 ins Leben gerufenen Korruptions-Bekämpfungsrats, dem auch einige Nicht-Regierungsorganisationen angehören, wird von Kennern bezweifelt, da es den Behörden an ernsthaftem politischen Willen fehle.

Wie die meisten postsowjetischen Republiken hat Armenien nach dem Vorbild der 5. französischen Republik ein Regierungssystem übernommen, in dem sich das Parlament (*Asgajin Shorow* – Nationalversammlung) mit 131 Abgeordneten und der Präsident die Exekutive teilen. Nach dem 1999 verabschiedeten Wahlgesetz sind 56 Parlamentssitze für Parteilisten reserviert, 75 werden als Direktmandate nach dem Mehrheitsgrundsatz pro Verwaltungsregion (*mars*) gewählt. Parlament und Präsident werden in direkter Wahl legitimiert. Allerdings kritisieren Menschenrechtler und Oppositionelle Armeniens, daß die Verfassung vom 5. Juli 1995 dem Präsidenten zu weitreichende eigenständige und ausschließlich von ihm wahrgenommene Machtbefugnisse einräumt. Von den zahlreichen politischen Parteien – 2001 waren offiziell 103 Parteien registriert – sind nur etwa sieben als Parlamentsparteien tatsächlich an politischen Entscheidungen beteiligt. Die Parteienbildung erfolgt in aller Regel durch Abspaltungen nach Zerwürfnissen. So hat die nationaldemokratische, antikommunistische Partei *Hajoz Hamasgajin Scharschum*, die 1989 aus der Karabachbewegung hervorgegangen war, mindestens acht Abspaltungen erlebt. Oder Parteien entstehen als Elitegruppen um ein Finanzzentrum. Keiner der größeren Oppositionsparteien ist es gelungen, eine breite Basis zu gewinnen oder ein überzeugendes Programm zu entwickeln. Kritik an der Regierungspartei entzündet sich vor allem in Wirtschafts- und Sozialfragen und äußert sich bei öffentlichen Zusammenkünften sowie Demonstrationen. Das politische Umfeld sei der Entstehung von Parteien in Armenien nicht förderlich, schlußfolgert eine Untersuchung der *USAID* (Mai 2005). Hauptsächlich fehle es am politischen Willen, saubere und faire Wahlen abzuhalten, die die Mehrheit des Wählerwillens widerspiegeln, sowie an einer rechenschaftspflichtigen Verwaltung.

1993 begann die Einheitsfront derer, die mit Ter-Petrosjan bzw. der Partei *HHSch* zur Macht gelangt waren, zu zerbröckeln. Die innenpolitische Krise kulminierte 1994 in einer heftigen, von der Opposition unterstützten Auseinandersetzung zwischen Aschot Manutscharjan, dem ehemaligen Sicherheitsberater des Präsidenten, und dem damaligen Innenminister Wano Siraderjan, dem Amtsmißbrauch sowie die Verletzung zahlreicher Bürger- und Menschenrechte vorgeworfen wurden. Eine Parlamentskommission, die zur Prüfung der wechselseitigen Vorwürfe eingesetzt wurde, befand beide für schuldig. Im Verlauf der Auseinandersetzung kam es zu mindestens sechs Morden an prominenten Armeniern, ohne daß der politische Hintergrund dieser Gewaltverbrechen je eindeutig erhellt werden konnte. Zu den Opfern gehörten der ehemalige Geheimdienstchef Sowjetarmeniens, der Leiter der Eisenbahnverwaltung, der ehemalige Vorsitzende des Schriftstellerverbandes sowie der ehemalige Bürgermeister von Jerewan.

Schon 1994 häuften sich Repressionen gegen regierungsunabhängige oder oppositionelle Medienvertreter. Einzelne Journalisten wurden zusammengeschlagen, auf Redaktionsräume der Tageszeitung *Asg* („Nation") sowie der unabhängigen russischsprachigen Zeitung *Golos Armenii* („Stimme Armeniens") Brandanschläge verübt. Seit 1995 erfolgten Gleichschaltungsversuche der Medien vor allem unter Anwendung von materiellem Druck: Die nonkonformen Zeitungen hingen von einer staatlichen Druckerei und Vertriebsagentur ab, wurden bei der

Papierzuteilung benachteiligt und mußten dem Staat 85 Prozent ihres Erlöses als Steuern und Abgaben zahlen. Regierungskontrollierte Medien warben den unabhängigen gezielt qualifizierte Journalisten ab. Allerdings ist der Begriff „unabhängig" äußerst relativ. Denn mit Ausnahme des Regierungsorgans *Hajastani Hanrapetutjun* („Republik Armenien") und rein kommerzieller Blätter hängen sämtliche Medien von öffentlichen oder privaten „Sponsoren" ab und sind eng mit der Machtelite verbunden.

Im Jahr 2004 erschienen in Armenien 35 Zeitungen und Zeitschriften mit Auflagen von durchschnittlich drei- bis viertausend Exemplaren. Printmedien bilden jedoch nur für weniger als fünf Prozent der Bevölkerung die Hauptquelle ihrer Information. Als oppositionelle bzw. regierungskritische Zeitungen gelten *Arawot* („Morgen"), *Hajkakan Shamanak* („Armenische Zeit") und *Irawunk* („Recht"), als regierungsnahe oder der Regierung gehörende Presseorgane die Zeitungen *Hajoz Aschcharh* („Armenische Welt"), *Jerkir* („Land"), *Golos Armenii* und *Hajastani Hanrapetutjun* („Republik Armenien"). Im übrigen bieten die sechs privaten nationalen Tageszeitungen ein breites Meinungsspektrum: *Hajoz Aschcharh* und *Jerkir* stehen der Partei *Daschnakzutjun* nahe, die zentristische *Asg* („Nation") der vor allem in der Diaspora einflußreichen *Demokratisch-Liberalen Partei*. *Irawunk*, das Organ der zentristischen, zweitstärksten Parlamentspartei *Orinaz Jerkir* („Rechtsstaat") und *Golos Armenii* vertreten linksorientierte Standpunkte, *Arawot* und *Hajkakan shamanak* liberale, pro-westliche Ansichten. Zwei öffentlichen Fernsehkanälen und einem öffentlichen Rundfunksender standen 2004 über vierzig private Fernseh- sowie zwanzig Rundfunksender gegenüber, von denen allerdings nur die Fernsehsender *Prometheus* und *ALM* landesweit ausstrahlen. Die Kontrolle der audiovisuellen Medien erfolgt durch die Vergabe von Sendelizenzen, die der *Rat für Öffentliches Fernsehen* sowie die *Nationale Fernseh- und Radio-Kommission* erteilen; die Mitglieder beider Gremien werden vom Präsidenten berufen. Mehrere Angriffe auf Journalisten im Jahr 2004 und die mit

Haftstrafe belegte Beleidigung tragen auch gegenwärtig zur Beeinträchtigung der Presse- und Meinungsfreiheit in Armenien bei. Viele Journalisten schreiben „mit der Schere im Kopf".

Vom Dezember 1994 bis Juli 1995 schaltete Präsident Ter-Petrosjan durch Verbot die *Daschnakzutjun* aus, die damals neben den Kommunisten Armeniens stärkste Oppositionspartei und zugleich die einflußreichste Partei des Auslandsarmeniertums, die vor allem in außenpolitischen Fragen wie der Türkei- und Arzachpolitik eine weniger kompromißbereite Haltung als die Regierung einnahm. Den Anlaß für das Verbot lieferte die „Gruppe Dro", eine angebliche Geheimorganisation innerhalb der *Daschnakzutjun*, der eine Reihe schwerer Straftaten, darunter Drogenhandel sowie drei Morde, zur Last gelegt wurden. Insgesamt elf Medien, die dieser Partei gehörten oder nahestanden, mußten ihr Erscheinen zeitweilig oder für immer einstellen, einige Verteidiger der inkriminierten Daschnaken und Familienangehörige der Anwälte wurden unter Druck gesetzt und sogar tätlich angegriffen. Der Strafprozeß gegen die elf Angeklagten endete nach 18 Monaten am 10. Dezember 1996 mit drei Todesurteilen und hohen Haftstrafen. Obwohl das Gericht bei der Urteilsverkündung einräumen mußte, daß es keinen Zusammenhang zwischen der *Daschnakzutjun* und der „Gruppe Dro" habe feststellen können, hatte das Strafverfahren seinen eigentlichen Zweck, nämlich den Ausschluß einer einflußreichen Oppositionspartei aus dem politischen Leben Armeniens, längst erfüllt. Die ohne eine Liste der *Daschnakzutjun* am 5. Juli 1995 durchgeführten Parlamentswahlen erhielten deshalb von OSZE-Beobachtern das ambivalente Prädikat „frei, aber unfair".

Die Präsidentschaftswahlen vom 22. September 1996 stürzten Armenien in die nächste Krise. Der starke Rückgang der Wahlbeteiligung auf 58,41 Prozent zeugte von allgemeiner Politikverdrossenheit. Daran änderte auch die Ablösung Ter-Petrosjans durch Robert Kotscharjan im Februar 1998 wenig. Zwar sorgte Kotscharjan, kaum im Amt, für die Freilassung der willkürlich inhaftierten Daschnaken, die seither dankbar eine Säule der regierungsnahen Parteienkoalition im Parlament bilden, aber Wahlzeiten blieben weiterhin Krisenzeiten mit Massenfestnahmen Oppositioneller und kritischer Journalisten wie bei den Präsidentenwahlen im Frühjahr 2004. Die bereits früher sichtbaren Spannungen zwischen dem Präsidenten und dem Parlament bzw. zwischen den Schlüsselministerien Verteidigung, Inneres und Nationale Sicherheit eskalierten, als am 27. Oktober 1999 der ehemalige Journalist Nairi Hunanjan gemeinsam mit fünf Verwandten sowie Freunden im Plenarsaal der Nationalversammlung den damaligen Regierungschef und einstigen Verteidigungsminister Wasgen Sargsjan mit Maschinengewehrsalven gleichsam hinrichtete und „nebenbei" sechs weitere Politiker erschoß, darunter den populären Parlamentspräsidenten und ehemaligen Vorsitzenden der KP Armeniens, Karen Demirtschjan. Die folgenden Ermittlungen vor dem bisher größten Strafprozeß Armeniens gaben dem Verteidigungsministerium, das die Interessen der Familie Wasgen Sargsjans wahrnahm, Gelegenheit zur Abrechnung mit Präsident Kotscharjan und dem damaligen Minister für Nationale Sicherheit, Serge Sargsjan, denen mehr oder weniger Auftragsmord unterstellt wurde. Allerdings gelang es Präsident Kotscharjan, nach wenigen Monaten wieder das Heft in die Hand zu bekommen, den einflußreichen Veteranenverband *Jerkrapah* durch Postenvergabe zu beschwichtigen sowie das Verteidigungsministerium mit Serge Sargsjan zu besetzen und damit zu kontrollieren.

Die meisten Bürger Armeniens, so Larissa Alawerdjan, die oberste menschenrechtliche Instanz Armeniens, zweifeln an der Rechtsstaatlichkeit der übermächtigen Exekutive und der schwachen Judikative. Sie trauen den Machthabenden alles erdenklich Böse zu und beklagen zugleich, daß der unabhängige Staat Armenien nicht mehr die Stärke des früheren Sowjetregimes besitzt.

Zunehmend engagieren sich BürgerInnen in nichtstaatlichen Organisationen. Nicht nur die Zunahme solcher Organisationen, sondern auch ein erhöhtes Berufs- und Beratungstraining zeugen vom positiven Wachstum der armenischen Zivilgesellschaft. Allerdings hängt auch diese Entwicklung finanziell von ausländischer Unterstützung ab, die teilweise von der armenischen Diaspora stammt. Von großer Bedeutung für die Demokratisierung der armenischen Gesellschaft war auch die Verabschiedung eines Gesetzes (2003) zur Einrichtung einer unabhängigen Behörde eines „Menschenrechtsverteidigers" (Ombudsmann), dem Justiz und Regierung auf allen Ebenen auskunfts- und rechenschaftspflichtig sind. Die im März 2004 berufene erste Amtsinhaberin, Larissa Alawerdjan, besitzt langjährige Erfahrung in der Menschenrechtsarbeit und nahm ihre Verantwortung für die Menschenrechtslage in Armenien sehr ernst. Sie legte im April 2005 ihren ersten Jahresbericht vor, der dem Regierungsapparat ebenso wenig mundete wie ihr Einsatz für politische Häftlinge und enteignete Grundstückseigentümer, deren Rechte Boden- und Bauspekulanten geopfert wurden.

Deutlich zeigen sich die Veränderungen, die sich seit der Unabhängigkeit in der politischen Mentalität Armeniens vollzogen, auch im Umweltbewußtsein. Bildete der Protest gegen den der sowjetischen Zentralregierung angelasteten „Ökozid" am armenischen Volk 1986 bis 1988 das Hauptthema der Bürgerbewegung, sind die grünen Kritiker in Armenien seither zeitweilig verstummt. Im Unterschied zu Georgien fehlte ihnen der Rückhalt, um sich von einer bloßen Organisation zu einer Partei zu formieren. Vielmehr wurden der „Union der Grünen" und ihrem Vorsitzenden Hakob Sanassarjan auch in der nonkonformen Presse die Abschaltung des AKW Metsamor im März 1989 und damit die traumatischen Blockadeerfahrungen des frierenden Volkes angelastet. Um eine Eigenversorgung von Elektrizität zu gewährleisten, entschloß sich die Regierung fünf Jahre darauf zur Wiederinbetriebnahme des zweiten Reaktors des AKW Metsamor, das Ende Oktober 1995 trotz der Warnungen der Internationalen Atomenergie-Organisation erneut ans Netz ging und seither ein Viertel der in Armenien erzeugten Energie liefert. Obwohl sich Armenien 1994 indirekt verpflichtet hatte, das marode Werk bis 2004 stillzulegen, kündigte die Regierung zu jenem Datum den weiteren Betrieb bis zum Jahr 2014 an und machte die Abschaltung von der Erschließung preiswerter alternativer Energiequellen abhängig. Die faktische Weigerung, frühere Verpflichtungen zu erfüllen, führte im Juli 2004 zu einem Moratorium der verärgerten Europäischen Union, die 100 Millionen Euro an Zuschüssen für den Bau alternativer Energiegewinnungsanlagen in Armenien einfror. Die armenische Regierung hatte diese Summe als zu gering bezeichnet. Denn in derselben Höhe lagen Armeniens Energieschulden bei Rußland, das Armenien stets ermutigt hatte, das AKW trotz aller Sicherheitsbedenken weiter zu betreiben. Inzwischen hat das Land Metsamor zusammen mit vier weiteren Staatsbetrieben Rußland zur Verrechnung mit seinen Energieschulden übereignet.

Eine Ende 2001 veröffentlichte vergleichende Studie des Wiener Ökologie-Instituts über die Sicherheit von Atomkraftwerken stufte Armenien und Bulgarien als die mit Abstand gefährlichsten Atomstromerzeuger Europas ein. Kriterien dieses Vergleichs von insgesamt 41 Kraftwerken waren die Sicherheit, der Standort, die Wartung und das Alter der Reaktoren. Seit 1996 verkauft Armenien, wie bereits in Sowjetzeiten, Teilmengen seines unter großen Sicherheitsrisiken erzeugten Stroms wieder ins Ausland, diesmal nach Georgien sowie in den Iran.

Auch das wegen seiner giftigen Emissionen am 17. März 1991 stillgelegte „Bunawerk" Nairit im Südosten der Hauptstadt Jerewan ist erneut in Betrieb und vergiftet ohne Verwendung von Filtern die Luft sowie den Hrasdanfluß. Das amtlich als das gefährlichste von 27 bedenklichen Industrieanlagen in Armenien eingestufte Kautschuk- und Chemiekombinat bietet immerhin 4 000 Arbeitsplätze und bestreitet 12 Prozent der Industrieproduktionsrate. Zu den Blockadefolgen gehörten ferner die jährliche Abholzung von 1,5 Millionen Bäumen sowie die Absenkung des Sewan-Sees um weitere 1,5 Meter. Kälte und Dunkelheit überwogen alle mittelfristigen ökologischen Erwägungen.

Am Schicksal der „blauen Perle Armeniens" zeigen sich Erfolge und Rückschläge der armenischen Umweltbewegung und -politik besonders deutlich: Ende des 20. Jahrhunderts hatte der Hochgebirgssee, dessen Spiegel durch menschliche Eingriffe im Verlauf des vorigen Jahrhunderts um 22 Meter gefallen war, über die Hälfte seines Wasserbestands sowie seine einzigartigen Vorkommen an endemischen Forellen, Karpfen und Barben verloren; die Trockenlegung von 10 000 Hektar Marschen und Sumpfland in der Umgebung des Sees für die Nutzlandgewinnung nahm Zug- und einheimischen Vögeln den Lebensraum, darunter der fast ausgestorbenen Sewan-Möve. Experten prophezeiten bereits eine schon in naher Zukunft irreversible Katastrophe, deren regionale klimatische Auswirkungen ebenso verheerend sein könnten wie das Verlanden des mittelasiatischen Aral-Sees. Diese Entwicklung wurde noch durch die von der allgemeinen Erderwärmung hervorgerufene Wasserverdunstung beschleunigt, die zeitweilig größer als der Zufluß von 28 Bächen und Flüßchen in den Sewan war. Dann aber wurde 1999 die Anzapfung des Sees zu Zwecken der Energiegewinnung gestoppt und 2001 ein Gesetz verabschiedet, das eine Erhöhung des Wasserspiegels um mindestens sechs Meter vorschreibt. Nachdem zwei weitere Flüsse, Arpa und Worotan, in den Sewan umgeleitet werden und die Niederschläge seit 2002 ungewöhnlich stark ausfielen, füllt sich der Sewan schneller auf als vorhergesehen. Die Umweltschützer kämpfen nun darum, das Land, das demnächst wieder im Wasser versinken wird, vorher von Bäumen, Büschen und Häusern zu reinigen, damit diese nicht den Wert des Sewan als Trinkwasserreservoir beeinträchtigen. Mit diesem Anliegen geraten sie aber in Interessenkonflikt mit den Neureichen, die ihre Wochenendhäuser möglichst nah an das bisherige Ufer gebaut haben. Die Tatsache, daß in Armenien erneut heftig um Umweltfragen gestritten wird, spricht ebenso für eine allmähliche wirtschaftliche und soziale Erholung wie die makroökonomischen Daten.

Nicht anerkannt, doch existent: Die Republik Berg-Karabach

Mit knapp 5 000 Quadratkilometern umfaßt die Republik Berg-Karabach ein Territorium von der doppelten Größe des deutschen Bundeslandes Saarland. Nach dem amtlichen Zensus von

2005 beträgt die Zahl der Bevölkerung 144 600, was in etwa dem Stand von 1939 entspricht, als die damalige Volkszählung 150 800 Einwohner erbrachte, davon 132 800 Armenier und 14 100 Aserbeidschaner. Beim letzten sowjetischen Zensus von 1989 wurde eine Gesamtbevölkerung von 189 100 gezählt, davon 145 500 Armenier sowie 40 700 Aserbeidschaner. Der Stand der armenischen Bevölkerung ist mithin in 66 Jahren fast gleichgeblieben, während die Zahl der Aserbeidschaner zur Sowjetzeit infolge einer gezielten Nationalitätenpolitik überproportional stieg. Ähnlich wie zu Beginn der Sowjetisierung bilden seit 1992 Armenier mit 95 Prozent die absolute Mehrheit. Heute leben etwa 3400 Menschen in Karabachs historischer Hauptstadt Schuschi (1979: 12 000) und 50 000 in Stepanakert, das vor der Sowjetzeit Wararakn hieß.

Staatsflagge ist die armenische Trikolore, die eine weiße Linie symbolhaft in zwei ungleiche Hälften spaltet: Arzach und die Republik Armenien, die es mit Rücksicht auf die OSZE, die Vereinten Nationen sowie die USA nicht gewagt hat, die kleinere Schwester anzuerkennen, geschweige denn anzugliedern. Die Beziehungen zwischen den beiden armenischen Staaten sind vielschichtig. Artur Mkrttschjan, der der *Daschnakzutjun* nahestehende erste Präsident Arzachs, regierte nur 97 Tage. Seine Ermordung am 14. April 1992 symbolisiert für viele die Gleichschaltung Arzachs mit der Republik Armenien, doch die politischen Strukturen und Methoden beider Staaten sind bis heute nicht deckungsgleich. Vielmehr scheint eine wechselseitige Abhängigkeit zu bestehen. Er würde seine Politik mit jeder in Jerewan regierenden Partei abzustimmen versuchen, erklärte der damalige parteilose Präsident Arzachs, Robert Kotscharjan (geb. 1954). Doch auch jede Regierung in der Republik Armenien ist gehalten, den Bedürfnissen und Interessen Arzachs zu willfahren. Denn im Kampf für dessen Freiheit hat die Bevölkerung beider Staaten immense Opfer gebracht und ihr Selbstbewußtsein aus dem fast unerwarteten Sieg bezogen. Er befreite, nach Jahrhunderten der Verfolgung und Vernichtung, nicht nur die *hajastanziner* von der bisherigen armenischen Opfermentalität. Mit Gespür für politische Gesten machte Ter-Petrosjan im März 1997 seinen populären Arzacher Amtskollegen Robert Kotscharjan zum Ministerpräsidenten der Republik Armenien. Ein knappes Jahr später sah sich Ter-Petrosjan unter dem Druck der Öffentlichkeit gezwungen, sein Amt an Kotscharjan abzutreten.

Eigentlich wollten jene Armenier, die Mitte Februar 1988 in Stepanakert demonstrierten, keinen eigenen Staat, sondern das Ende der aserbeidschanischen Herrschaft sowie den Anschluß an Sowjetarmenien. Als aber Aserbeidschan Ende August 1991 seinen Austritt aus der Sowjetunion erklärte, blieb dem Sowjet des Autonomen Gebietes Berg-Karabach nichts anderes übrig, als dieses seinerseits am 2. September 1991 gemeinsam mit dem nördlich angrenzenden Bezirk Schahumjan zur unabhängigen Republik auszurufen, was ein Volksentscheid am 10. Dezember 1991 mit 98,2 Prozent der abgegebenen Stimmen legitimierte.

Sowohl das sowjetisch regierte wie das unabhängige Aserbeidschan hatten den Freiheitswunsch der armenischen Mehrheitsbevölkerung des Autonomen Gebiets Berg-Karabach von Anfang an unterdrückt. Flüchtlinge aus Sumgait und Baku, von denen viele ursprünglich aus Arzach stammten, berichteten dort von Metzeleien an der armenischen Streuminorität in Aserbeidschan. Die im Sommer 1989 verhängte Totalblockade dauert bis heute an. Vom Sommer 1988 bis zum Sommer 1991 wurde Arzach im Ausnahmezustand regiert. Willkürliche Festnahmen und Urteile im Schnellverfahren sowie die Mißhandlung politischer Gefangener gehörten damals ebenso zum Alltag wie Razzien und die Jagd auf amtlich nicht in Arzach gemeldete Armenier. Ab März 1990 setzten massive Vertreibungsversuche ein. Sie betrafen zunächst die Armenierdörfer Getaschen, Asat und Kamo im Bezirk Chanlar, deren Einwohner nach wochenlangem Beschuß durch Angehörige der 4. Sowjetarmee vertrieben wurden. Ein Jahr darauf verjagte diese, gemeinsam mit aserbeidschanischen OMON-Einheiten, während der dreimonatigen „Operation Ring" die Einwohner von 25 weiteren Dörfern, nach armenischen Angaben bis zu zehntausend, nach aserbeidschanischen 32 000 Menschen. Bei der mit schierem Terror durchgeführten Aktion starben bis zu 170 Armenier, über 600 wurden als Geiseln verschleppt und brutal mißhandelt, Dutzende von ihnen als angebliche Terroristen eingekerkert. Fünf der damals Verschleppten wurden am 19. März 1992 in Baku zum Tode verurteilt. Auch wenn diese Urteile mit Rücksicht auf die internationale Öffentlichkeit nicht vollstreckt wurden, kam es in den folgenden Jahren zu extralegalen Hinrichtungen an 15 armenischen Häftlingen. Der aus einem der 1991 besonders heimgesuchten Dörfer des Unterbezirks Berdadsor stammende, in Baku zum Tode verurteilte Arwid Mangassarjan berichtete nach seiner Befreiung im Mai 1996 über die Behandlung der verschleppten armenischen Männer: „Schon in Latschin fingen sie an, uns zu prügeln. Sie schlugen alle, jung wie alt. (...) Das setzte sich im Gefängnis von Schuschi fort. Sie prügelten uns Tag und Nacht, vier bis fünf Mal innerhalb von 24 Stunden, mit Fäusten, Knüppeln und Beilen. Fünf bis zehn machten sich über einen einzelnen her. Natürlich hatten wir keinerlei Möglichkeit, uns zu wehren. Die ganzen sieben Monate im (Bakuer) Schuweljan-Gefängnis ging dieser Alptraum weiter. Sie prügelten heftig und setzten uns mit Hunger zu. Niemand wurde zu uns gelassen, nicht einmal Ärzte. Nach der Verurteilung überführte man uns ins Bailow-Gefängnis. Hier wurden wir ebenfalls mit Hunger gequält, zwei Jahre lang schliefen wir auf den Sprungfedern eines Bettes ohne Matratzen. In der Zelle war es furchtbar kalt. Sie gaben uns lediglich Wasser und Brotreste aus den anderen Zellen. Wir haben uns oft beschwert, aber stets ergebnislos."

Die „Operation Ring" machte Geiselnahmen zu einer Massenerscheinung. Ohne Rücksicht auf Alter oder Geschlecht verschleppten Aserbeidschaner Tausende armenischer Zivilisten, darunter auch Staatsangehörige Georgiens, des Iran und Armeniens, obwohl dieses unermüdlich seine Neutralität im Karabach-Konflikt beteuerte. Als Aserbeidschan nach Ausbruch regulärer Kriegshandlungen nicht mehr ohne weiteres auf die Arzacher Zivilbevölkerung zugreifen konnte, holten sich gewerbsmäßige Menschenjäger ihre Opfer aus Transitzügen, von Flughäfen und selbst aus Nervenheilanstalten. Abnehmer waren häufig aserbeidschanische Familien, die mit dem Erwerb einer armenischen Zivilgeisel ihre kriegsgefangenen Söhne freizupressen hofften. Auf armenischer Seite wurden außer Kriegsgefangenen auch Zivilisten gefangengehalten, die hinter die Frontlinie geraten waren.

Als Reaktion auf die Arzacher Unabhängigkeitserklärung hatte das aserbeidschanische Parlament am 26. November 1991 den Autonomiestatus des Unabhängigen Gebiets aufgehoben. Kurz darauf begann die Offensive der aserbeidschanischen Streitkräfte. Dieser erfolglose Versuch, mit militärischen Mitteln Arzach zurückzuerobern, dauerte bis Mitte Mai 1994 und kostete, nach jeweils eigenen Angaben, 18 000 Aserbeidschaner sowie mindestens 20 000 Armenier das Leben, letztere überwiegend bei Luftangriffen getötete Zivilisten. Bei Bodenkämpfen war jedoch die aserbeidschanische Armee den Selbstverteidigungseinheiten unterlegen. Das lag sowohl an der höheren Motivation der Armenier als auch an der geringen Kampferfahrung der Aserbeidschaner, die nicht nur in der Vergangenheit die allgemeine sowjetische Militärpflicht zu umgehen wußten, sondern 1991 bis 1994 blutjunge Rekruten oft schon nach ihrer dreimonatigen Grundausbildung an die Front schickten. Den Arzacher Einheiten gelang es darum bereits im Frühjahr 1992, die seit 1920 überwiegend von Aserbeidschanern bewohnte Festungsstadt Schuschi einzunehmen, und anschließend das Gebiet zwischen Arzach und der Republik Armenien. Damit entstand bei der Kreisstadt Berdsor (vormals Latschin) ein „humanitärer Korridor", der der Totalblockade zumindest im Westen ein Ende setzte. Während der aserbeidschanischen Gegenoffensive vom Juni 1992 verlor Arzach den Bezirk Schahumjan sowie vorübergehend den Bezirk Mardakert, aus denen bis zu 80 000 Armenier flohen. Obwohl sich im März 1992 die ehemals sowjetischen Truppen aus Aserbeidschan und Arzach zurückzogen, schritt mit Aserbeidschans Anwerbung von Söldnern aus Rußland, der Ukraine und Afghanistan sowie dem Einsatz türkischer Freiwilliger die Internationalisierung des Konflikts voran. Etwa fünftausend Freiwillige aus Armenien unterstützten ihre Landsleute in Arzach.

Abb. 8: Trauer um einen im Krieg gefallenen Kämpfer: Armenierinnen aus dem Dorf Madschkalaschen (Bezirk Martuni, Arzach).

Zum Inbegriff für Kriegsgreuel wurde für Armenier das große Grenzdorf Marara, für Aserbeidschaner die Siedlung Chodschalu, die den Zivilflughafen kontrollierte. In Marara ermordeten am 10. April 1992 Angehörige des aserbeidschanischen OMON über 60 Armenier, davon die Hälfte Frauen, mit einer bis dahin im ganzen Transkaukasus unbekannten Brutalität. Von den bei wiederholten Überfällen aus Marara verschleppten 70 Geiseln wurden 29 mit Gewißheit und 19 mutmaßlich in Aserbeidschan zu Tode gequält. Marara bildete die Rache der Aserbeidschaner für ihre Wehrsiedlung Chodschalu, die bei ihrer Einnahme durch armenische Freischärler in der Nacht zum 26. Februar 1992 von 6 000 Aserbeidschanern und meßchetischen Neusiedlern bewohnt wurde. Nach Angaben des aserbeidschanischen Parlaments kamen dabei 181 Menschen um, davon 130 Männer. Entgegen früherer Zusagen schossen offenbar die Armenier auf die Flüchtlinge, als sie unter ihnen uniformierte Angehörige des aserbeidschanischen OMON bemerkten. Während die internationale Öffentlichkeit die von der nationalistischen Opposition Aserbeidschans aufgebauschte Berichterstattung über die tragischen Ereignisse in Chodschalu kritiklos übernahm, hat sie das Massaker von Marara fast vollständig ignoriert.

Im April 1993 wendete sich das Blatt erneut zugunsten der Armenier, die in den folgenden sechs Monaten mit der Einnahme der östlich und südlich des einstigen Autonomen Gebiets gelegenen Bezirksstädte Agdam, Fisuli, Dschebrail und Kubatly ihre strategisch optimalen Verteidigungslinien erlangten. Sie reichen im Süden bis zur „Mutter Arax", wie im Armenischen der breite Grenzfluß zum Iran heißt. Aus den besetzten Bezirken flohen 1993 etwa 750 000 Menschen. Mit den etwa 40 000 aserbeidschanischen Flüchtlingen aus Arzach, den 194 000 aus Armenien geflüchteten Aseris, 350 000 armenischen Flüchtlingen aus Aserbeidschan sowie 80 000 armenischen Kriegsflüchtlingen aus Nordarzach zusammengerechnet, waren 1,364 Millionen Menschen im östlichen Transkaukasus entwurzelt worden. Die Integration der Flüchtlinge und Vertriebenen gelang in Armenien und vor allem in Aserbeidschan nur unvollkommen. Dort leben auch zwölf Jahre nach ihrer Flucht oder Vertreibung eine halbe Million völlig verarmter Aseris. Daß ihr Elend den Nährboden für heftigen Haß abgibt, erhellte schlaglichtartig die Bluttat des Offiziers Ramil Safarow, der 2004 in Budapest an einem Englischkurs im Rahmen des NATO-Programms „Partnerschaft für Frieden" teilnahm und nachts einen armenischen Teilnehmer mit einem Beil erschlug. Safarow stammt aus einer aserischen Flüchtlingsfamilie und wird in seiner Heimat als Opfer armenischer Gewalt und als Volksheld gefeiert.

Die armenischen Siege bewirkten zwar, daß Aserbeidschan im Juli 1993 erstmals in Direktverhandlungen mit Arzach trat, doch das Kriegsende verzögerte sich. Die neue aserbeidschanische Regierung unter Hejdar Alijew startete im Dezember 1993 die bislang größte Offensive, die die Arzacher Einheiten erst nach zwei Monaten stoppen konnten. Eine Initiative der russischen Regierung sowie der Interparlamentarischen Versammlung der GUS führte dazu, daß am 9. Mai 1994 in der kirgisischen Hauptstadt Bischkek Parlamentsdelegationen aus

Aserbeidschan, Armenien und Arzach ein Waffenstillstandsprotokoll unterzeichneten, dem am 12. Mai in Moskau ein Waffenstillstandsvertrag folgte.

Am 6. Dezember 1994 beschloß der Budapester Gipfel der von den Vereinten Nationen mit der Vermittlung im Karabach-Konflikt beauftragten OSZE, die Einhaltung des Waffenstillstandes zu überwachen. Damit beauftragte der amtierende OSZE-Vorsitzende einen persönlichen Stellvertreter, der seit 1995 zusammen mit seinen Helfern in regelmäßigen Abständen die sogenannte „Kontaktlinie" zwischen den armenischen und aserbeidschanischen Streitkräften kontrolliert; der Persönliche Beauftragte des amtierenden OSZE-Vorsitzenden bildet die einzige internationale Vertretung im Konfliktgebiet.

Mit Ausnahme kleinerer Scharmützel hat das Waffenstillstandsabkommen bis heute gehalten. Es stellt den bisher größten Erfolg internationaler Vermittlungsbemühungen dar. Allerdings steht ein politischer Rahmenvertrag als Grundlage einer dauerhaften Friedensregelung bis heute aus. Ersten Vermittlungsversuchen der Präsidenten Rußlands und Kasachstans folgten nach dem KSZE-Beitritt Armeniens und Aserbeidschans Anfang 1992 Bemühungen der sogenannten Minsker Gruppe, einem aus elf Mitgliedsstaaten gebildeten OSZE-Gremium. Ihm gehören außer Aserbeidschan und Armenien auch Deutschland, die Türkei, Rußland sowie die USA an. Eine gewisse Neutralisierung der internen OSZE-Rivalitäten und damit eine Wiederbelebung des Minsker Prozesses trat ein, nachdem im März 1997 der Amtierende OSZE-Vorsitzende Rußland, die USA sowie Frankreich zu einem Mit-Vorstand in der Minsker Gruppe erhoben hatte. Auch die Verpflichtung der Konfliktparteien zu absoluter Vertraulichkeit während der Verhandlungen und zum Verzicht auf Stimmungsmache daheim trug zur Versachlichung und damit zur Erleichterung der Gespräche bei.

Arzach, der eigentlich Betroffene und militärische Sieger, darf paradoxerweise nur als „interessierte Seite" an OSZE-Sitzungen teilnehmen, verlangt aber seine Anerkennung als Konfliktpartei und damit seine volle Mitgliedschaft in der

Minsker Gruppe. Dagegen akzeptiert Aserbeidschan einzig Armenien als Verhandlungspartner. Den Hauptstreitpunkt bilden jedoch die beiden völkerrechtlichen Grundsätze der territorialen Integrität sowie des nationalen Selbstbestimmungsrechts, wie sie jeweils Aserbeidschan bzw. Arzach für sich in Anspruch nehmen, wobei einzig die Republik Armenien Arzachs Verlangen nach Unabhängigkeit unterstützt. Auch der Streit um die Abfolge der Verhandlungsgegenstände ist seit 1997 ungelöst. Während Arzach auf einer „Paketlösung" und vor allem auf der offiziellen Anerkennung seines Status als vertrauensbildende Vorableistung beharrt, sieht das „Stufenmodell" zunächst den Abzug der armenischen Streitkräfte aus den besetzten Bezirken Aserbeidschans sowie die Rückführung der aus Karabach stammenden Flüchtlinge vor, bevor ein Referendum der armenischen und aserischen Bevölkerung Karabachs über die Zugehörigkeit des Landes entscheiden darf. Ein Bericht der unabhängigen *International Crisis Group* stellte im Oktober 2005 fest: „Die öffentliche Meinung, wie der Konflikt zu lösen sei, ist in Armenien und Aserbeidschan so konträr wie eh und je. Nichts wurde getan, um die Bevölkerung beider Länder auf irgendeine Vereinbarung vorzubereiten. Das Vertrauen der Karabach-Armenier auf eine Zukunft in Unabhängigkeit und die Frustration sowie der Zorn der Karabacher Aseris über ihr Schicksal als Vertriebene sind unvereinbar. Keine der beiden Gemeinschaften scheint bereit, jenen Schritten zur Konfliktlösung beizustimmen, die derzeit von den Außenministern Armeniens und Aserbeidschans bei den von der Organisation für Sicherheit und Zusammenarbeit in Europa (OSZE) gesponsorten Verhandlungen erörtert werden." Armeniens Präsident Kotscharjan dürfte nicht vergessen haben, daß es seinen Vorgänger Ter-Petrosjan das Amt kostete, als dieser 1997 die Notwendigkeit eines Kompromisses im Karabach-Konflikt auch nur andeutete. Als Ausweg aus dem Dilemma schlug Kotscharjan Volksabstimmungen vor, die die Politiker in Armenien und Aserbeidschan von der alleinigen Verantwortung für Änderungen bzw. Stillstand entlasten sollen.

Während sich die OSZE-Verhandlungen hinziehen, bemüht sich die politische Führung Arzachs um eine Verbesserung der wirtschaftlichen und sozialen Verhältnisse. „Nur ein wirtschaftlich entwickeltes Berg-Karabach ist in der Lage, eifrig sein Recht auf Anerkennung in der Weltgemeinschaft zu verteidigen", meint Präsident Arkadi Rukasjan. Drei Aufgaben müssen gleichzeitig bewältigt werden: wirtschaftliche Entwicklung, der Übergang zur Marktwirtschaft sowie die Überwindung von Kriegsschäden.

Dies ist um so schwieriger, als ihr ungeklärter politischer Status sowie die Furcht vor einer neuerlichen Großoffensive Aserbeidschans die kleine Republik in permanente Wehrbereitschaft versetzen. Längst sind die örtlichen Partisaneneinheiten, die sich nach alten Regionaltraditionen in der Anfangsphase des Konflikts gebildet hatten, in eine reguläre, modern ausgerüstete und gut trainierte Armee integriert worden, die Militärfachleute für die schlagkräftigste Streitmacht im gesamten ehemals sowjetischen Gebiet halten. Die Kosten, die dieser Zwang zum Hoch- und Wettrüsten verursacht, sind erheblich. Größter öffentlicher Auftraggeber der Wirtschaft Berg-Karabachs ist denn auch seine 18 500 Mann starke und zu 22 Prozent aus Berufssoldaten bestehende Armee, der an der einstigen Frontlinie eine aserbeidschanische Streitmacht von 40 000 Mann gegenübersteht. Mit einem Monatssold zwischen 50 und 141 EUR (2001) zählen Berufssoldaten deutlich zu den höheren Einkommensklassen Karabachs. Lehrer dagegen verdienen nur 32 bis 35 EUR im Monat, der durchschnittliche Monatslohn liegt bei 20,80 bis 25 EUR.

Zu den immateriellen Kriegsschäden gehört eine traumatisierte, in vielfacher Weise in ihrer körperlichen und geistigen Entwicklung gestörte Kindergeneration. Überdurchschnittlich oft im Vergleich mit Altersgenossen in weniger heimgesuchten Gegenden registrieren Pädagogen und Ärzte bei den Kriegskindern Diabetes, verschiedene Ängste, Stottern sowie die Unfähigkeit, dem Schulunterricht zu folgen.

Die materiellen Kriegsschäden in Arzach werden auf über 2,5 Milliarden EUR geschätzt. 85 Prozent aller Betriebe und die Hälfte der öffentlichen Gebäude wurden damals zerstört. Mehr als ein Drittel der Kriegsschäden betraf die Hauptstadt Stepanakert. Ihr sieht man jedoch, im Unterschied zu vielen ländlichen Siedlungen und zu Schuschi, die Kriegsschäden kaum noch an. Die tiefen Schlaglöcher der vom Regen und von Panzern ruinierten Straßen sind guter Pflasterung gewichen, die Ruinen zerbombter Gebäude abgetragen. Geschäfte, Straßencafés und mehrere Hotelneubauten zeugen ebenso wie die Zunahme privater Personenkraftwagen von allmählicher Normalisierung.

Ein weiteres kriegsbedingtes Wirtschaftsproblem bildet die Entschärfung der etwa 500 000 Personenminen, die im Verlauf des Krieges von Aserbeidschanern und Armeniern verlegt wurden und nun, in Ermangelung von Verminungsplänen, nicht nur große Anbauflächen in der noch immer überwiegend landwirtschaftlich ausgerichteten Region unbenutzbar machen, sondern immer wieder unter Bauern und spielenden Kindern Opfer fordern. Dank eines von der *U.S. Agency for International Development* und dem britischen *HALO Trust* finanzierten Entminungsprogramms konnten zwar bis 2004 insgesamt 900 000 Quadratmeter geräumt werden, doch gehen Fachleute davon aus, daß Arzach erst im Jahr 2014 völlig minenfrei sein wird.

Die natürlichen Voraussetzungen für eine erfolgreiche Landwirtschaft sind günstig: Arzach ist fruchtbarer und besitzt ein milderes, niederschlagsreicheres Klima als die Hauptanbaugebiete der Republik Armenien in der Araratsenke oder der Schirakebene.

Wein- und Obstanbau sowie Seidenraupenzucht bilden traditionelle Schwerpunkte der Landwirtschaft. Im Januar 1996 mußte allerdings das bekannte Stepanakerter Seidenkombinat wegen Rohstoffmangels schließen. Auch andere Betriebe waren zeitweilig gezwungen, ihre Produktion wegen fehlender Absatzmärkte, Transportschwierigkeiten oder mangelnder Rohstoffe stark einzuschränken oder einzustellen. Doch seit 2001 erlebt Arzach, gemessen am Nullstand seiner Wirtschaft nach dem Krieg, einen erkennbaren Aufschwung. 135 der vor dem Krieg dort tätigen 150 Unternehmen sind, zumindest ansatzweise, wieder in Betrieb. Dazu gehören eine Möbelfabrik in Martakert und eine Diamantschleiferei in Stepanakert. Ansonsten liegt der Schwerpunkt auf der Verarbeitung von Lebensmitteln. Das bekannteste Destillerieerzeugnis bildet Maulbeerschnaps, während in Schuschi vom dortigen Erzbischof gesegnetes Tafelwasser in Flaschen gefüllt wird. Die Wachstumsrate der Industrieproduktion lag 2002 bei 15 und 2003 bei 38 Prozent. Im selben Zeitraum stieg das Exportvolumen von 1,6 auf 12 Millionen EUR. 2002 exportierte Arzach Gemüseerzeugnisse für 775 833 EUR, Holz für 660 833, Lebensmittelerzeugnisse für 575 833 sowie Edelsteine für 21 Millionen EUR.

Diesen Aufschwung verdankt die Minirepublik auch gezielten steuerlichen Maßnahmen, die sie sogar für ausländische Investoren attraktiv machen. So wurde seit 1999 die Einkommensteuer von damals 25 auf fünf Prozent (2004) gesenkt, die Bodensteuer von 15 auf sechs Prozent. Zuschüsse und andere Anreize ließen den Anteil privater Unternehmen von 25 auf 70 Prozent steigen. Für ein bis dato von den Wirtschaftsriesen unentdecktes Land, dem ein Investoren abschreckender Ruf als Krisenregion vorauseilt, ist es umso bemerkenswerter, daß dort seit 2001 mindestens zehn Staaten – unter anderem Rußland, die Vereinigten Staaten, der Iran, die Schweiz, Australien sowie Frankreich – 33 Millionen EUR investiert haben, davon allein 15 Millionen für Telekommunikation. Bis 1999 gab es praktisch keine Investitionen in Arzach, die nicht von Diaspora-Armeniern oder von Armenien getätigt wurden, doch zwischen 2001 und 2003 stieg die Summe nicht-armenischer Investitionen auf 11 Millionen EUR.

Außerdem hat sich die Regierung Berg-Karabachs als erfolgreiche Spendeneinwerberin erwiesen, darunter über fünfzig Millionen Wiederaufbauhilfe seit 1994. Die zur Sowjetzeit absichtlich von Aserbeidschan vernachlässigte kürzeste Straßenverbindung zwischen Stepanakert und Goris, der nächstgrößeren Stadt in der Republik Armenien, wurde 1995 bis 1996 mit Spenden von 8,5 Millionen EUR, die der *Allarmenische Haya-*

stan Fonds vor allem in der Diaspora aufgebracht hatte, zur Karabacher Lebensader und derzeit modernsten Fernstraße der Region ausgebaut. Der zur Verbesserung der Infrastruktur unerläßliche Ausbau eines Straßennetzes von 170 Kilometern innerhalb Berg-Karabachs, an dem seit dem Jahr 2000 gearbeitet wird, wird auf 21 Millionen EUR veranschlagt. Als international nicht anerkannter Staat bleibt Arzach derzeit von Geldmitteln der Weltbank, der Vereinten Nationen sowie des Internationalen Währungsfonds ausgeschlossen und empfängt Finanzhilfe aus den USA nur im humanitären Bereich und nicht als Entwicklungs- und Wirtschaftshilfe. In den USA, Australien und Frankreich besitzt es inoffizielle Vertretungen.

Die Soziallage Arzachs bleibt angespannt. Ein Großteil der Bevölkerung ist arbeitslos, wobei Frauen die Hauptlast tragen, denn ihnen fehlen die Arbeitsplätze in der einstigen Textil- und Schuhindustrie. Viele haben zudem im Krieg ihren Ernährer verloren. Das 2001 von einem Hilfswerk der Methodisten gestartete Programm „Nachhaltige Hilfe für Frauen" versucht, mit Hilfe niedrig verzinster Kleinkredite in Höhe von 250 bis 2500 EUR Frauen zur Existenzgründung zu verhelfen.

65 Prozent des knappen Staatshaushalts von 42 Millionen EUR mußten 2004 für soziale Belange ausgegeben werden. Während man sich in der Republik Armenien um die Deutung der vom Nationalen Statistikamt gelieferten Sozialdaten noch streitet, liegen für Arzach nur Schätzwerte über die Zahl der Bedürftigen und sozial besonders Gefährdeten vor. So schätzte Sozialminister Lenston Ruljan 2004, daß man monatlich mindestens 35 EUR benötigt, um „normal" zu leben. Ein Rentner bezog jedoch zum selben Zeitpunkt nur eine Monatsrente von etwa 6600 Dram (10 EUR), wobei nach amtlichen Angaben die Zahl der berenteten öffentlich Bediensteten 28000 betrug. Sie gehören in aller Regel zu jenen fünfzig Prozent der Bevölkerung, die sich nach Meinung des Sozialministers in „sehr schwierigen sozialen Verhältnissen" befinden.

Eine geringe Geburtenrate sowie die berühmte kaukasische Langlebigkeit der Karabacher verschärfen die Sozialsituation. Von Januar bis September 2005 wurden 1525 Geburten bei

1004 Sterbefällen registriert, im Vergleich zu 1619 Geburten sowie 977 Todesfällen im selben Zeitraum des Vorjahres. Die Regierung versucht, die Bevölkerungsstruktur mit der Förderung kinderreicher Familien und einer gezielten Siedlungspolitik zu verbessern. So erhält eine Familie mit vier Kindern kostenlos Strom, eine Familie mit sechs Kindern ein Haus und eine Familie mit zehn Kindern ein Auto. Seit 1995 läuft ein Wiederansiedlungsprogramm, um das sich ein 2004 eingerichtetes eigenes *Ministerium für Migration, Flüchtlinge und Wiederansiedlungsangelegenheiten* kümmert. Der Wiederansiedlung aus Arzach Geflüchteter bzw. der Ansiedlung von Neusiedlern stand 2004 ein Haushalt von 654 166 EUR zur Verfügung. Das Siedlungsprogramm schließt den Neubau von Wohnhäusern, die Übernahme von Umzugskosten sowie eine einmalige Zuwendung von 20 000 Dram (37 EUR) und zinslose Zehnjahresdarlehen bis zu einer Höhe von 388 EUR ein; manche Familien erhalten auch eine Kuh. Die Zahl der Rückkehrer und Neusiedler betrug bis 2004 in ganz Arzach 20 000. Viele erwartet ein hartes Leben, denn längst nicht alle Dörfer und Siedlungen Arzachs besitzen Stromanschluß und Kanalisation,

Das trifft besonders auf das einstige Korridorgebiet zwischen Armenien und dem Autonomen Gebiet Berg-Karabach zu. Von den 127 Siedlungen im jetzigen 300 Quadratkilometer großen Bezirk Kaschatach (vormals die Bezirke Latschin, Zangelan, Kubatly) besitzen nur 57 Stromanschluß. Vor allem in den nördlichen Gebirgsdörfern dieses Bezirks wird die vollständige Elektrifizierung erst 2014 abgeschlossen sein. In dieser Region setzte der Rückgang der armenischen Bevölkerung bereits Anfang des 20. Jahrhunderts ein. Die sowjetaserbeidschanische Politik verstärkte den Prozeß, so daß in den 1950er Jahren die letzten armenischen Einwohner der damaligen Korridorbezirke Latschin und Kelbadschar (arm. Karwadschar) fortziehen mußten. Heute bildet Karwadschar einen Kreis des nördlich an Kaschatach angrenzenden Bezirks Schahumjan. Obwohl Armeniens Präsident Robert Kotscharjan deutlich gemacht hat, daß Armenien und Karabach eine gemeinsame Grenze haben müssen und eine Wiederherstellung des künst-

Abb. 9: Erst Präsident der Republik Berg-Karabach, dann Ministerpräsident und seit März 1998 Präsident der Republik Armenien: Robert Kotscharjan.

lichen Korridors unannehmbar sei, ist der völkerrechtliche Status der ehemaligen Korridorbezirke noch ungeklärter als der der übrigen Republik Berg-Karabach.

Wer sich im heutigen Bezirk Kaschatach niederläßt, tut dies meist nicht aus abstraktem Patriotismus. Manche Freiheitsliebenden lockt der hier herrschende Pioniergeist fern der Jerewaner Bürokratie, manche flüchteten vor der sozialen Perspektivlosigkeit im nordarmenischen Erdbebengebiet, in der Hoffnung, für sich und ihre Kinder eine Existenz gründen zu können. Hier, wo der Boden besonders fruchtbar ist, können sie als Grundbesitzer statt als Flüchtlinge und sozial Gestrandete leben. Im Unterschied zu den Kapitalen „beider Armenien" herrschen im Niemandsland keine sozialen Unterschiede. Doch der Zuzug läßt nach. Waren allein zwischen 1997 und 1998 an die 800 Familien zugezogen, kamen 2003 gerade noch achtzig nach Kaschatach, dessen Gesamtbevölkerung 2004 bei 13000 Einwohnern lag. Innerhalb von fünf Jahren hatten die Neusiedler die Anbaufläche von 5000 Hektar auf 12000 vergrößert.

Als am 19. Juni 2005 Wahlen zu dem 38 Abgeordnete zählenden Parlament der Minirepublik abgehalten wurden, gelangte eine unabhängige Beobachterkommission aus den USA zu dem positiven Urteil: „Berg-Karabach hat einen vorzeigbaren Fortschritt bei der Errichtung von Demokratie erzielt, und seine Behörden haben ernsthafte Anstrengungen unternommen, um die Wahlen vom 19. Juni 2005 mit demokratischen Mitteln durchzuführen. Besonders das neue Wahlgesetz scheint die politischen Energien der Karabacher Bevölkerung stimuliert zu haben und lenkt zugleich diese Energien durch die Gründung politischer Parteien in demokratische Richtung. (...) Während Raum für weitere Verbesserungen bleibt, besteht Anlaß zu dem Optimismus, daß das Volk von Berg-Karabach den demokratischen Fortschritt, von dem die Wahlen vom 19. Juni 2005 zeugen, konsolidieren kann."

III. Armenien,
seine Diaspora und seine Minderheiten

Zwei gegenläufige Tendenzen prägten die Entwicklung des armenischen Volkes im 19. und 20. Jahrhundert: Während immer mehr Armenier auf Grund der Verfolgungen im osmanischen Teilgebiet ins Ausland flohen, stabilisierten sich im russisch beherrschten Ostarmenien zunehmend die demographischen Verhältnisse zugunsten der Armenier. Trotz offizieller Internationalismusideologie und der von der sowjetischen Zentralregierung zum Zwecke der Schaffung eines „Sowjetvolkes" durchgeführten „Aufmischung" ethnisch einheitlicher Siedlungsgebiete setzte sich die Homogenisierung Armeniens auch in der Sowjetzeit fort, nicht zuletzt dank der besonders nach dem Zweiten Weltkrieg intensiv betriebenen „Repatriierung". Obwohl die Zuwanderung aus Furcht vor unkontrollierbaren ideologischen Einflüssen, die den „westlichen" Diasporaarmeniern unterstellt wurden, schnell gedrosselt wurde und ein Teil der „Repatrianten", vor allem jene aus Frankreich, Sowjetarmenien schon bald enttäuscht wieder verließ, dauerte der Zuzug aus der „inneren Diaspora" an, wie man die Armeniergemeinschaften in den übrigen Sowjetrepubliken nannte. Das durch diese Einwanderung hervorgerufene künstliche Wachstum der Bevölkerung Armeniens endete 1991. Zwar brachten ethnische Säuberungen in der Zerfallsperiode der Sowjetunion 1988–1990 sowie der 1991 einsetzende Krieg um Arzach noch einmal einen erheblichen Zuwachs an Flüchtlingen: 350000 Armenier aus Aserbeidschan, 25000 aus Tadschikistan, 3000 aus Abchasien sowie 50000 aus dem Norden Arzachs suchten zeitweilig in der Republik Armenien Schutz, wo sie wiederum die Mehrheit der etwa 400000 Binnenmigranten bildeten. Gegenläufig dazu setzte mit der neuen Reisefreiheit und den anhaltenden aserbeidschanisch-türkischen

Embargo- und Blockademaßnahmen ein Massenexodus von Arbeitsemigranten und Sozialflüchtlingen ein, der nach amtlichen Angaben in den Jahren 1992 bis 1995 450000, nach der realistischeren Schätzung des Flüchtlingshochkommissariats der Vereinten Nationen jedoch eine Million Menschen umfaßte. Von etwa 3,8 nominellen Einwohnern des Landes leben nur 2,8 bis 3,1 Millionen dauerhaft in Armenien. Der letzte Zensus erbrachte 2001 eine Gesamtbevölkerung von 3,212 Millionen. Ein Oppositionspolitiker faßte es in die Worte: „In Armenien ist nur noch die Regierung verblieben, ferner jene, die weder Mittel noch Beziehungen zur Auswanderung besitzen, und schließlich jene wenigen hochgradig Motivierten, die unter gar keinen Umständen das Land verlassen würden."

Lebte zum Zeitpunkt der letzten sowjetischen Volkszählung von 1989 noch knapp über die Hälfte der armenischen Weltbevölkerung in Armenien, so hat sich dieses Verhältnis ebenfalls innerhalb weniger Jahre dramatisch geändert, denn inzwischen lebt weit über die Hälfte der auf acht bis neun Millionen geschätzten armenischen Weltbevölkerung im Ausland. Unter den dauerhaft Ausgewanderten befanden sich viele Flüchtlinge, denen der armenische Staat unter den obwaltenden Schwierigkeiten nur geringe Integrationshilfen bieten konnte. Zur Behausung umfunktionierte Überlandleitungen aus Metall waren keine Seltenheit.

Armenien bildet das extremste Beispiel für ethnische Homogenisierungsprozesse in den ehemaligen Sowjetrepubliken. Die wechselseitige Vertreibung von Minderheiten aus Aserbeidschan und Armenien bzw. der Zuzug armenischer Flüchtlinge aus Aserbeidschan erhöhten den Anteil der Titularnation an der Gesamtbevölkerung von 93,3 Prozent im Jahre 1989 auf 97,8 Prozent (2001). Die meisten Minderheiten bis auf die Roma (Boscha) und einige andere haben von dem 1989 gewährten Vereinsrecht Gebrauch gemacht und Organisationen zur Verteidigung ihrer Interessen gegenüber dem Staat sowie zur Brauchtums- und Kulturpflege gegründet. Als Dachorganisation fungiert seit 1994 die *Vereinigung der Volksgruppen Armeniens* mit ihrem assyrischen Vorsitzenden Arsen Michajlow

Abb. 10: Behelfslager bei Jerewan für Flüchtlinge aus Arzach: Wasserrohre wurden zu Notunterkünften umfunktioniert, davor ihre Bewohner.

(seit 2002). Wie seine Nachbarstaaten wurde Armenien, dessen Verfassung und Gesetze bisher keinerlei Minderheitenschutz enthalten, vom Europarat gedrängt, ein Minderheitenschutzgesetz zu verabschieden. Der Entwurf wurde allerdings 2004 von den Minderheitensprechern mit Gleichgültigkeit, Skepsis und sogar heftiger Ablehnung aufgenommen, weil sie fürchten, daß die Mehrheitsbevölkerung die positive Diskriminierung der Minderheiten als Bevorzugung auslegen und das Gesetz aus diesem Grund Anlaß zu Verfolgungen bieten könnte. Ein 2004 eingerichtetes *Ministerium für Nationale Minderheiten und Religion* ist seither mit der Überarbeitung des Entwurfs befaßt.

Mit 5,3 Prozent bzw. 161 000 Angehörigen, nach Eigenangaben sogar bis zu 250 000, hatten die Aserbeidschaner vor ihrer Massenflucht 1988/89 die größte der zwanzig in Sowjetarmenien vertretenen ethnischen Minderheiten gebildet. Obwohl es in Armenien keine den Pogromen in Aserbeidschan vergleichbaren Ausschreitungen gab, war nach den Armeniermassakern in Aserbeidschan die Stimmung in Armenien sehr angespannt.

Arbeitskollegen, Nachbarn und örtliche Funktionäre legten ihren aserbeidschanischen Mitbürgern die „freiwillige" Ausreise nahe. Den Flüchtlingen stellten sich jeweils große Integrationsprobleme in Aserbeidschan und Armenien: Die armenische Minderheit aus Aserbeidschan gehörte überwiegend zur hochqualifizierten städtischen Intellektuellenschicht; sie verstand viel von der Petrowirtschaft Aserbeidschans, doch nichts vom Melken einer Kuh oder dem Pflügen eines Ackers. Die aus Armenien geflüchteten Aserbeidschaner waren dagegen überwiegend in der Landwirtschaft tätig gewesen. Die meisten beherrschten außer ihrer türkischen Muttersprache Armenisch und Russisch, während umgekehrt die meisten aus Aserbeidschan stammenden Armenier aufgrund der restriktiven Minderheitenpolitik Aserbeidschans kein oder nur wenig Armenisch sprachen, sondern Russisch und oft auch Aserbeidschanisch. Nach Angaben des Hohen Flüchtlingskommissariats der Vereinten Nationen (UNHCR) lebt in Armenien heute eine nicht genau zu beziffernde, sehr kleine Zahl von Aserbeidschanern, die meisten hochbetagt bzw. als Angehörige oder Abkömmlinge binationaler Ehen. Um sich vor Diskriminierung zu schützen, halten sie ihre Herkunft verborgen, mit Ausnahme ihrer unmittelbaren Nachbarschaft. Den gleichen Zwang zur Selbstverleugnung empfinden umgekehrt auch die letzten in Aserbeidschan verbliebenen Armenier bzw. Abkömmlinge aus armenisch-aserischen Ehen; ihre Zahl wird dort auf 35 000 geschätzt. Mit den Aserbeidschanern flüchteten 1988/89 die etwa 4 500 muslimischen Kurden Armeniens, die sich wohl wegen der gemeinsamen Religion auch sprachlich und kulturell an die Aserbeidschaner assimiliert hatten. Die überwältigende Mehrheit der 1979 in Sowjetarmenien gezählten 51 000 Kurden gehört jedoch dem Jesidentum an, einer synkretistischen Religion mit vorislamischen Bestandteilen, die von ihren Anhängern als die eigentliche Religion des kurdischen Volkes bezeichnet wird. Jesiden wanderten seit 1829, nach der russischen Eroberung des östlichen Transkaukasus, in die Araratebene ein. Wie in der Türkei, sind auch die in Armenien lebenden Jesiden über die Frage zerstritten, ob sie sich als eine religiöse Untergruppe der kurdischen Nation oder als eigenständige Ethnie definieren wollen. Im Zuge allgemeiner Religionsunterdrückung wurde in der Sowjetzeit kein Unterschied zwischen jesidischen und muslimischen Kurden gemacht. Seit 1988 verlangten die Jesiden jedoch ihre Anerkennung als eigenständige Volksgruppe. Erst beim letzten sowjetischen Zensus von 1989 wurde dem Rechnung getragen: Von den etwa 60 000 Kurden, die nach früheren Angaben in Sowjetarmenien lebten, bezeichneten sich 52 700 als Jesiden. Der Zensus von 2001 erbrachte eine Zahl von 40 620 Jesiden. Eine Minderheit von 1519 (2004) städtischen Jesiden neigt dem pankurdischen Gedanken zu und lehnt entsprechend die Abgrenzung von den muslimischen Kurden strikt ab.

Sowohl die betont jesidische als auch die säkulare Fraktion der pankurdischen Jesiden können täglich eigene Rundfunkprogramme in kurdischer Sprache ausstrahlen sowie eigene Organisationen und Zeitungen unterhalten. Trotzdem klagen jesidische Wortführer im Inland sowie Asylbewerber im Ausland über behördliche Benachteiligungen sowie diverse Raubüberfälle, Sexualdelikte und Morde, die sie als Vertreibungsversuche der armenischen Mehrheit deuten. Der Länderbericht zu Menschenrechtsfragen des US-Außenministeriums erwähnt außerdem fortgesetzte Beschwerden jesidischer Wortführer über die Quälerei jesidischer Rekruten während ihres Wehrdienstes. Mit 23,1 Prozent weisen die Jesiden den niedrigsten Grad der Verstädterung in Armenien auf, ebenso das niedrigste Bildungsniveau und die geringste berufliche Qualifikation. Andererseits bewahrt sie ihr im Vergleich zu anderen Volksgruppen konservativeres Wertesystem besser vor Assimilation als andere Ethnien. In der Bundesrepublik Deutschland leben etwa zehntausend aus Armenien stammende jesidische Asylbewerber.

Weitaus stärker als die Zahl der Jesiden sank die der russischen Bevölkerung Armeniens, nämlich von 51 600 im Jahre 1989 auf 12 000–13 000 (2005). Die meisten Russen gehörten zu jenen Fachleuten und ihren Abkömmlingen, die seit der Industrialisierung in den 1950er und 1960er Jahren nach Sowjetarmenien geholt wurden. Ihr Bildungsgrad lag über dem der armenischen Mehrheitsbevölkerung, was sie während der armenischen Wirtschaftskrise der 1990er Jahre in erhöhtem Maß zu Opfern der Arbeitslosigkeit machte. Weitgehend im Land geblieben ist eine Minderheit von fünftausend Russen, die den „altgläubigen" Sekten der Molokaner und Duchoborzen angehört. Die Hälfte der Molokaner lebt heute in Jerewan, Dilidschan und anderen Städten sowie in Dörfern in der Nähe des Sewan-Passes. Das Sprachengesetz von 1993, das Armenisch zur alleinigen Amts- und Staatssprache erhob, bezeichnete die Organisation *Rossija* („Rußland") als diskriminierend, da es zur Schließung von 78 der einst 82 russischsprachigen Schulen des Landes führte. Es beeinträchtigt auch die Berufs- und Ausbildungschancen anderer Minderheiten. In Armenien erschienen 2005 bis zu sieben russischsprachige Presseorgane, darunter allerdings keine Tageszeitung.

Ähnlich wie die Jesiden, wanderten die aramäischsprachigen Assyrer (2004: 7000 nach Eigenangaben) nach den russischen Siegen von 1829/30 ein. Aus Dankbarkeit für die Dienste, die sie der russischen Armee 1826–1828 im Krieg gegen den Iran erwiesen hatten, wies General Paskjewitsch einhundert Familien bestes Ackerland in der Araratebene zu. Ihre Nachfahren wohnen in den Dörfern Werin Dwin, Dimitrow und Arsni sowie in den Städten Jerewan (500), Artaschat und Abowjan. Die meisten Assyrer beherrschen fließend Armenisch, Russisch sowie Ostsyrisch, das auch in einigen Schulen die Unterrichtssprache bildet. Die der Alten Kirche des Orients (auch Assyrische Kirche, vulgo Nestorianer) angehörigen semitischen Christen fühlen sich den Armeniern ähnlich schicksalsverwandt wie die noch etwa 5000 in Armenien lebenden Griechen. Ihre Vorfahren stammten aus dem Pontosgebiet an der südlichen Schwarzmeerküste, von wo sie seit dem Russisch-Türkischen Krieg von 1827/28 in mehreren Schüben vor türkischer Unterdrückung, Verfolgung und schließlich Vernichtung (1916–1923) in den russisch beherrschten Transkaukasus (Armenien, Georgien bzw. Abchasien) flüchteten. Ihre pontische Muttersprache bewahrt Elemente des Altgriechischen. In Armenien entwikkelten Pontosgriechen den Bergbau. Pontosgriechische Gemeinschaften bestehen heute in den Dörfern Hankawan und Arsni sowie in der Stadt Alawerdi und ihrer Umgebung.

Den dramatischsten Rückgang verzeichnete, nach den Aserbeidschanern, die jüdische Minderheit, denn angesichts der tiefen sozioökonomischen Krise machten seit 1991 6 000 Juden vom Angebot der kostenlosen Übersiedlung nach Israel Gebrauch. Jüdische Gemeinden im Armenischen Hochland sind seit der Antike belegt. So lebten im zweiten vorchristlichen Jahrhundert in der damaligen armenischen Hauptstadt Artaschat neuntausend jüdische Familien, und die in der armenischen und georgischen Geschichte bedeutende Adelsfamilie der Bagratuni soll dem „Vater der armenischen Geschichtsschreibung", Mowses Chorenazi, zufolge jüdischer Herkunft sein. Jüdische Vertreter datieren den Beginn einer jüdischen Gemeinschaft in Armenien auf das 6. Jahrhundert. Zur Sowjetzeit, vor allem in den 1920/30er sowie in 1950/60er Jahren, bildete Armenien eine Zuflucht für hochqualifizierte Juden aus Rußland und der Ukraine. Gegenwärtig entdecken, nach jahrzehntelanger Unterdrückung zur Sowjetzeit, viele der in Armenien gebliebenen Juden ihre religiösen Traditionen neu. Die knapp eintausend Angehörige zählende Gemeinschaft verteilt sich auf die Städte Jerewan, wo auch eine Synagoge vorhanden ist, Wanadsor sowie Sewan. Antijüdische Angriffe in Wort und Tat bilden seit 2004 ein Problem, als ein Holocaust-Mahnmal im Zentrum Jerewans geschändet wurde und der Besitzer des regierungsfreundlichen Privatfernsehsenders *ALM* eine Talkshow benutzte, um die Behauptung zu verbreiten, die Juden seien an Armeniens politischen und sozioökonomischen Problemen schuld. Im Januar 2005 ordnete der Generalstaatsanwalt die Festnahme von Armen Awetisjan an, dem Vorsitzenden der winzigen rechtsradikalen „Arier-Partei". Awetisjan hatte unter anderem in einem Presseinterview gedroht, dafür zu sorgen, daß alle Juden außer Landes gewiesen würden; es befänden sich 50 000 „verkleidete" Juden in Armenien, deren wahre Identität er enthüllen wolle. Seine Anhänger vermuten, daß die Festnahme in Wahrheit auf Awetisjans Kampf gegen die Homosexualität sowie auf seine Drohung zurückzuführen sei, er werde die schwulen Parlamentsabgeordneten outen.

Mit den Juden teilen die Armenier seit Jahrhunderten das Schicksal der Heimatlosigkeit, hervorgerufen durch Auswanderung und Zwangsumsiedlungen, wie sie die Könige Vorderasiens vom Altertum bis in die Neuzeit praktizierten. Davon machten bereits die Urartäer Gebrauch, aber auch Armeniens mächtigster Herrscher, Tigran II. (95–55 v. Chr.), der bei seinem Rückzug aus Palästina zehntausend Juden nach Armenien verpflanzen ließ. Die byzantinischen Kaiser verbannten „Häretiker" aus Armenien an die balkanische Peripherie ihres Reiches und siedelten armenische Fürsten nebst Gefolge im Landesinneren an. Persische Despoten nahmen seit dem dritten Jahrhundert Aussiedlungen aus Armenien vor. Am berüchtigsten, da besonders brutal durchgeführt, wurden jene unter Abbas I. und Nadir Schah im 17. und 18. Jahrhundert. Die Auswanderung der immer wieder von Kriegsverwüstungen, Willkürherrschaft und Verelendung geplagten Bevölkerung Armeniens setzte sich seit dem Auftauchen der turkstämmigen Seldschuken im späten 11. Jahrhundert fort, bis die jungtürkischen Nationalisten im Ersten Weltkrieg mit Vertreibung und Massenmord der Existenz der Armenier in neun Zehnteln ihrer Heimat ein Ende bereiteten.

Das Armenische bezeichnet mit einer Lehnübersetzung des griechischen Wortes Diaspora das heute über 102 Staaten der Welt verstreute Auslandsarmeniertum als *spjurk*. Von höherem Gefühlswert ist das Wort *aksor* („Verbannung", „Exil"), in dem die Unfreiwilligkeit und der Zwang mitschwingen. Entwurzelung, Zerrissenheit und Entfremdung wurden bereits in der hochmittelalterlichen Dichtung eindringlich geschildert, noch bevor sie die europäische Moderne als Thema entdeckte. Als Grunderfahrung einen sie das weltweite *spjurkahajutjun* (Diasporaarmeniertum), dessen kultureller Facettenreichtum sich im übrigen kaum auf einen Nenner bringen läßt. Zu verschieden sind die politischen, wirtschaftlichen und rechtlichen Voraussetzungen, die das Verhalten und die Denkweise der Armenier in ihren unterschiedlichen „Gast"ländern geprägt haben. Von den *hajastanziner(n)* unterscheidet die *spjurkahajer* grundsätzlich ihre Minderheitensituation und der Zwang zur Anpassung an eine nichtarmenische Umwelt. Dazu gehören die deutliche Diskrepanz zwischen Konservatismus im Privatleben und einer außerordentlichen Aufgeschlossenheit in allen übrigen Lebensbereichen. Geistig flexibel, anpassungsfähig bis zur Selbstaufgabe, tolerant und bei Problemen meist auf Eigenhilfe bedacht, verkörpern die *spjurkahajer* geradezu den Idealtypus des kosmopolitischen Weltbürgers. Den *hajastanziner(n)* dagegen stellte sich das Problem des Identitätsverlusts und der Entwurzelung nie derartig kraß. Sie wuchsen wie selbstverständlich in einem fast ausschließlich armenischen Milieu auf, bei gleichzeitiger Prägung durch die nur oberflächlich egalitäre Sowjetgesellschaft, in der Selbstfindung bzw. Befreiung vom Konformismus wichtigere Ziele bildeten. In den Augen des durchschnittlichen *hajastanzi* bot die Diaspora diese beneidenswerte individuelle Freiheit, während umgekehrt die Diaspora Armenien als Hort nationaler Tugenden sowie Garanten für das Überleben als ethnisches Kollektiv verehrt. Nicht nur die sowjet-armenische Propaganda, sondern auch die Führung der armenisch-apostolischen Kirche bestärkten die *spjurkahajer* in dieser verklärenden Sicht. Einzig die 1922 in Sowjetarmenien verbotene und über Jahrzehnte verfolgte *Daschnakzutjun* gab ihren Groll auf die Sowjets nicht auf, die im übrigen die Spendenbereitschaft und den Patriotismus der Diasporaarmenier erfolgreich ausnutzten. Auch die Regierungen der unabhängigen Republiken Armenien und Berg-Karabach sind auf die Finanzhilfe auslandsarmenischer Patrioten angewiesen, um unerläßliche Straßenbau- und Renovierungsarbeiten an öffentlichen Einrichtungen durchzuführen. Der unter anderem von den Präsidenten der beiden armenischen Staaten, den Oberhäuptern der zwei armenisch-apostolischen Teilkirchen sowie Vertretern wichtiger Diasporaverbände kontrollierte *Allarmenische Hajastan-Fonds* wirkt wie ein Organ freiwilliger und zusätzlicher Selbstbesteuerung der Diaspora. Trotzdem genießen armenischstämmige Ausländer in Armenien keine Sonderrechte. Ihr Recht auf Kritik versagt sich, mit dem Schuldbewußtsein aller Auswanderer, die Diaspora freiwillig. Analog der britischen Devise „right or wrong – my country" neigt sie dazu, Mißstände im Ursprungsland zu ignorieren oder sogar nach außen hin zu rechtfertigen. Der schwierige, ungewohnte Umgang miteinander und mit sich selbst erklärt sich nicht nur aus der künstlichen Spaltung, der die armenische Nation 70 Jahre lang ausgesetzt war, sondern auch aus einer einseitigen Vorstellung vom *spjurkahajutjun*, das viele Armenier trotz seiner mindestens eintausendjährigen Geschichte als eine vorübergehende Erscheinung auffassen. Das nationale Ideal vom gemeinsamen Leben aller Armenier im Ursprungsland hat den Blick dafür verstellt, daß die Gespaltenheit der Nation nicht nur Fluch, sondern auch Chance ist. So bietet die Diaspora eine Gewähr dafür, Fehlentwicklungen in Armenien auszugleichen oder, wie in der armenischen Kulturgeschichte bereits geschehen, Avantgarde des geistigen Fortschritts zu sein.

Wie alles in der armenischen Geschichte ist auch die Diaspora keine feste Größe. Außer den Tauf- und Sterberegistern der armenisch-apostolischen Kirche gibt es keine Hilfsmittel, um die Anzahl und Verteilung der Diaspora statistisch genau zu erfassen. Beides hängt natürlich eng mit politischen sowie wirtschaftlichen Entwicklungen in der jeweiligen Region bzw. dem „Gast"land zusammen. Kriege und Bürgerkriege können das Bild sehr schnell ändern: Von den 30 000 vor Beginn der russischen Angriffe in der tschetschenischen Hauptstadt Grosnyj lebenden Armeniern wurden im Frühjahr 1996 nur mehr einhundert gezählt. Doch die Armenier Grosnyjs bilden wiederum nur eine kleine Facette innerhalb jenes gewaltigen Flucht- und Emigrationsprozesses von bis zu zwei Millionen Armeniern, der sich seit 1988 in Staaten der ehemaligen Sowjetunion vollzieht und mit Ausnahme des Genozids im Ersten Weltkrieg den umfangreichsten Entwurzelungsvorgang darstellt, dem das armenische Volk je in seiner Geschichte ausgesetzt war. Seit Mitte der 1990er Jahre bestehen die größten Diasporagemeinschaften in der Rußländischen Föderation, wo zwischen 1,8 und 2,5 Millionen Armenier leben, sowie mit

1,2 Millionen in den USA, gefolgt von Frankreich mit 400 000. Alle drei Staaten sind junge „Gast"länder, trotz der teilweise ins Mittelalter zurückreichenden Kontakte wie im Falle Frankreichs und Rußlands. In den Hauptstädten Moskau und Petersburg bestanden zwar schon seit dem 14. Jahrhundert bzw. 1778 armenische Gemeinden, doch erst seit 1988 ist die Gesamtzahl der Armenier in Rußland sprunghaft um 1,63 Millionen angestiegen. Nach Schätzung des für Rußland zuständigen armenisch-apostolischen Erzbischofs Tiran Gjuregjan stammen 850 000 der Neuzugereisten aus der Republik Armenien, 350 000 aus Aserbeidschan, 250 000 aus Georgien und Abchasien sowie 180 000 aus Mittelasien, insbesondere Turkmenistan und Tadschikistan. Beste Vertrautheit mit der Landessprache und den Lebensverhältnissen sowie geringe Schwierigkeiten bei der Einreise heben Rußland unter allen potentiellen Einwanderungsländern hervor. Als problematisch schildern dagegen viele Armenier die unterschiedslos gegen christliche wie muslimische Kaukasier gerichtete russische Fremdenfeindlichkeit. Armenier, Georgier, Tschetschenen und Aserbeidschaner werden überdurchschnittlich oft von russischen Zivilisten beleidigt, von Polizisten mißhandelt oder willkürlich festgenommen, falls sie sich nicht freikaufen. „Heute ist die Lage armenischer Emigranten in Rußland mehr als aussichtslos", warnte Erzbischof Gjuregjan bereits 1996. „Viele unserer dort eingewanderten Landsleute leben ohne polizeiliche Anmeldung, ohne festen Wohnsitz und ohne Existenzgrundlage. Man trifft sogar Bettler unter ihnen."

An solchen Problemen besserte sich in den kommenden zehn Jahren nur wenig. Die altansässige russische bzw. slawische Bevölkerung ist offensichtlich mit der wachsenden Multiethnizität und den Folgen ungelöster Integrationsaufgaben überfordert. Das Moskauer *Menschenrechtsbüro* beobachtete 2005 einen „Aufschwung faschistischer Stimmungen" und einen Anstieg extremistischer Publikationen, darunter zunehmend auch von seriösen Verlagen publizierter nazistischer Literatur. Im Jahr 2005 waren nach Schätzung des Büros zehn extremistische Organisationen in Rußland aktiv, und hunderte russischsprachiger Internetseiten verbreiteten chauvinistisches Gedankengut. Zugleich stieg die Zahl rassistisch motivierter Morde von dreißig Opfern im Jahr 2003 auf vierzig im folgenden Jahr. Eine Umfrage des russischen Meinungsforschungsinsituts *Expertisa* erbrachte 2005, daß 43 Prozent der Befragten darüber klagten, mit „Nichtrussen" zusammenleben zu müssen. 48 Prozent der als liberal geltenden Moskauer beschwerten sich über eine „Überfremdung der Stadt durch Kaukasier". Bereits 2002 war es in der südrussischen Region Krasnodar zum offenen Fremdenhaß gekommen, wo neben Aserbeidschanern sowie Flüchtlingen aus Tschetschenien und Inguschetien mehr als eine Million Armenier leben sollen. In einer Kleinstadt bei Moskau kam es zum antiarmenischen Pogrom. Die *Bewegung gegen illegale Einwanderung* verlieh 2005 einer jungen Russin einen Preis, weil sie, nach einem Ehestreit, einen armenischen Taxifahrer in angeblicher Notwehr erstochen hatte. Zugereiste Vertreter der kaukasischen Völker, hieß es in der Laudatio, verhielten sich respektlos gegenüber der rechtmäßigen slawischen Bevölkerung und ihren Frauen.

Mit ca. 60 000 bzw. 20 000 Armeniern folgen Turkmenistan und Kasachstan als „Gast"länder unter den postsowjetischen Republiken. Alle Sowjetrepubliken gehörten zur „inneren", Sowjetarmeniern ohne Visum zugänglichen Diaspora. Die Nationalitätenpolitik der UdSSR verhinderte allerdings bis zu Beginn der Perestrojka, daß Gemeinden außerhalb Sowjetarmeniens Kultur- und Brauchtumspflege treiben durften. Dank der neuen Vereins- und Pressefreiheiten belebten sich Auslandsgemeinden nicht nur in der ehemaligen UdSSR, sondern auch in den einstigen Volksdemokratien Ostmittel- und Südosteuropas, insbesondere in Rumänien (6 000) und Polen, wo die Zahl der altansässigen Armenischstämmigen auf fünf- bis zehntausend (1999) gegenüber bis zu 200 000 Migranten aus Armenien geschätzt wird.

Geographisch ihrer Heimat benachbart, bestanden im Iran, in Syrien und im Libanon seit alters Armeniergemeinschaften, die zwischen 1915 und 1939 erheblich durch Überlebende des Völkermordes und Flüchtlinge verstärkt wurden. Bis zum

Bürgerkrieg von 1975–1991 war insbesondere der multiethnische und multikonfessionelle Libanon aufgrund seines kosmopolitischen, liberalen Klimas für Armenier attraktiv. Die türkische Besatzung Nordzyperns 1974, die Ausrufung der Islamischen Republik Iran 1979 und die damit verbundene Stärkung des islamischen Fundamentalismus, die Zunahme des arabischen Nationalismus in den 1980er Jahren, die beiden iranisch-irakischen Kriege sowie der Golfkrieg 1991 ließen Zehntausende Armenier aus dem Nahen Osten fliehen, vorzugsweise nach Frankreich und in die USA. Heute leben noch schätzungsweise 75 000 Armenier in Syrien (gegenüber 1985: 150 000), 150 000 im Libanon (1975: 186 000), 20 000 im Irak sowie 100 000 (gegenüber 1979: 300 000) im Iran, dort vor allem in Teheran (2001: 60 000), Isfahan (2001: 8000) und Tabris.

Dieser Exodus aus dem Nahen und Mittleren Osten wird von zahlreichen Beobachtern mit Sorge betrachtet und analysiert. Denn unter den dortigen Ghettobedingungen habe sich, so der Befund, armenische Identität besser bewahrt als in den modernen Industriestaaten Europas und Nordamerikas. Die galoppierende Assimilation ist auch an den Steinen armenischer Gräber in den USA ablesbar: Während die Einwanderergeneration Grabplatten mit armenischen Inschriften hinterließ, tragen die der zweiten Generation zweisprachige Inschriften. Auf den Grabsteinen der dritten Generation fehlt das Armenische gänzlich. Doch andererseits konnten Abkömmlinge westarmenischer Flüchtlinge einzig in den wohlhabenden Industriestaaten Nordamerikas und Westeuropas international so bekannt werden, daß ihr Ruhm auf das gesamte Volk zurückstrahlt. Der Chansonnier Charles Aznavour (eigentl.: Asnawurjan, Frankreich, geb. 1923), der Schriftsteller William Saroyan (USA, 1908–1981), der Maler Arshile Gorky (eigentl. Wostanik Adojan, USA, 1905–1948), der Filmregisseur Atom Egoyan (Kanada) oder die von einem armenischen Vater und einer indianischen Mutter abstammende Filmschauspielerin Cher (USA) stehen für derartige Tellerwäscherkarrieren. Und zumindest im Bundesstaat Kalifornien, in dem die Hälfte der US-armenischen Gemeinschaft lebt, bilden Armenier mancherorts, wie in Glendale, Pasadena, Burbank, dem als Little Armenia bezeichneten Ortsteil East Hollywood, und sogar in Los Angeles City einen selbstbewußten, deutlich sichtbaren Bevölkerungsteil. Sie stellen Bürgermeister (Glendale) und Mitglieder der Regierung des Bundestaats Kalifornien, Polizisten, Ärzte und Ingenieure. Mit Geschäften, die Importwaren aus Armenien anbieten, und eigenen Fernsehsendern, Schulen und Kirchen verfügt das kalifornische Armeniertum über eine assimilationsresistente Infrastruktur.

Georgien und die Türkei nehmen eine Sonderstellung im *spjurkahajutjun* ein. In Georgien stellen Armenier nicht nur die stärkste ethnische Minderheit, sondern in dem 2589 Quadratkilometer großen Gebirgshorst Dschawacheti (arm. Dschawachk) im Dreiländereck zwischen Armenien, Georgien und der Türkei mit 95,9 Prozent bzw. schätzungsweise 100 000–160 000 Personen (2005) die absolute Mehrheit. Diese historisch sowohl mit Armenien als auch Georgien eng verbundene Region bildet das „dritte Armenien" bzw. Georgiens Sibirien. In der westlich angrenzenden historischen Region Meßcheti – verwaltungsmäßig die Einheit Samzche – liegt der Anteil der armenischen Bevölkerung bei einem Drittel. Durch das umstrittene Dekret Nr. 237 des damaligen georgischen Staatsrats entstanden 1994 größere Verwaltungseinheiten („Regionen"), wobei Dschawacheti seine administrative Eigenständigkeit einbüßte und gegen den Willen der armenischen Mehrheit mit den vier Bezirken von Samzche – Achalziche (1010 qkm, 54 822 Einw.; arm. Bezeichnung: Achalzcha), Aspindsa (825,3 qkm, 13 432 Einw.), Borschomi (1189 qkm, 38 973 Einw.) und Adigeni (799,5 qkm, 21 282 Einw.) – zur neuen Gebietskörperschaft Samzche-Dschawacheti zwangsvereinigt wurde. Samzche-Dschawacheti wird von einem von der Zentralregierung eingesetzten Präfekten (georg. *Rtsemunebuli*) regiert, dessen Amtssitz sich in Achalziche befindet. Infolge dieser Maßnahme bilden die Armenier in Samzche-Dschawacheti nur noch 40 Prozent einer Gesamtbevölkerung von etwas weniger als einer Viertelmillion Menschen. Es handelt sich um einen klassischen Fall von *Gerrymandering*, der manipulativen Änderung von Verwaltungsgrenzen und -zuständigkeiten, um eine deutliche Mehrheit politisch, gesellschaftlich und rechtlich zu minorisieren.

Genoß Dschawacheti zu sowjetischer Zeit einen bescheidenen Wohlstand, bildet es unter der Herrschaft des unabhängigen Georgien eine der ärmsten und wirtschaftlich wie kulturell rückständigsten Regionen des Landes. Es weist die höchste Arbeitslosenrate Georgiens und den niedrigsten Stand staatlicher Investitionen auf.

Besonders groß waren die Spannungen zwischen der armenischen Bevölkerung Dschawachetis und der georgischen Zentralregierung zur Zeit der chauvinistischen Herrschaft Swiad Gamsachurdias (1989–1992). Er versuchte offenbar, die Demographie der Region durch Ansiedlung von Swanen zu ändern, die von einer Flutkatastrophe betroffen waren. Gleichzeitig begünstigte Gamsachurdia den östlich an Dschawacheti angrenzenden und überwiegend von Aseris bewohnten Bezirk Marneuli. Die Armenier von Dschawacheti reagierten mit passivem Widerstand sowie der Weigerung, in der georgischen Armee zu dienen, und lehnten nacheinander drei von der Regierung Gamsachurdias eingesetzte Präfekten ab. Dschawacheti stand damals faktisch außerhalb der georgischen Jurisdiktion, denn es hatte nach selbstorganisierten Wahlen im Februar 1991 einen aus 24 Delegierten bestehenden *Provisorischen Rat der Volksvertreter* als Eigenregierung gebildet, dessen Exekutivorgan ein siebenköpfiges Präsidium – darunter ein Georgier – war.

Eduard Schewardnadse versprach als Präsident zunächst Linderung der wirtschaftlichen Not, nahm aber bald eine ähnlich kompromißlose Haltung gegen die Armenier Dschawachetis ein wie gegen die Separatisten in Adschara, Abchasien und in Südossetien. Um Druck auszuüben, benutzte er die direkt dem Präsidenten unterstellten paramilitärischen *Mchedrioni*-Einheiten. Auch Georgiens immer stärkere außenpolitische Anlehnung an die Türkei und Aserbeidschan trug zur Entfremdung zwischen der armenischen Bevölkerung und der georgischen Zentralregierung bei. Eine Beruhigung der Lage trat erst mit der Ernennung von Gigla Baramidze, dem bisherigen georgischen Botschafter in Jerewan (1995–1998), zum *Rtsemunebuli* ein. Wie anfällig diese Ruhe für Störungen ist, zeigten die Unruhen, die nach der Schließung mehrerer Geschäfte durch die Finanzpolizei in Achalkalaki im Oktober 2005 ausbrachen.

Armenische Irredentabewegungen, die sich auch in Dschawacheti während der Zerfallsphase der Sowjetherrschaft regten, wurden mit Rücksicht auf die außenpolitische Isolation und die gutnachbarschaftliche Beziehung zu Georgien von der Republik Armenien nicht ermutigt, doch handelte sich diese immerhin das Recht auf Unterstützung der Landsleute jenseits der armenisch-georgischen Staatsgrenze aus: Im Hinblick auf seine hohen Energieschulden bei Rußland sowie seine wachsende Abhängigkeit von Armenien als Ersatzlieferant von Strom duldete Georgien, daß das Nachbarland die Stromverbindung Aschotsk-Ninozminda-Achalkalaki modernisierte und Dschawacheti seither mit Strom beliefert. Die de facto-Kulturautonomie Dschawachetis geht auf eine gemeinsame Erklärung der damaligen Präsidenten Schewardnadse und Lewon Ter-Petrosjan zurück, die sich im Frühjahr 1997 in Dschawacheti trafen, wobei die georgische Seite die Rechte der Armenier auf Kulturautonomie zusicherte und Ter-Petrosjan betonte, daß Armenien keine „Destabilisierung" in Dschawacheti unterstützen werde. Jerewan liefert außerdem jährlich 45 000 Lehrbücher für die armenischen Schulen in Georgien. Mit Zustimmung des georgischen Erziehungsministeriums wird in den 70 armenischen Schulen Dschawachetis die Geschichte Armeniens unterrichtet, wenn auch zum Leidwesen der Bevölkerung nicht als Pflichtfach. Von der Möglichkeit, im Nachbarland zu studieren, ohne die sonst obligatorische Aufnahmeprüfung ablegen zu müssen, machen jährlich bis zu 65 Armenier aus Georgien Gebrauch, und das armenische Erziehungsministerium bildet Lehrer für die armenischen Schulen Georgiens aus. Die gehen freilich ungern nach Dschawacheti, da die Region isoliert, der Lebensstandard niedrig ist und erhebliche Rückstände bei Gehaltszahlungen bestehen.

Den Vorschlag des armenischen Außenministers, ein Konsulat in Achalkalaki zu eröffnen, lehnte Georgien ab.

Fachleute für Minderheitenfragen kritisieren freilich die einseitige Fixierung auf muttersprachlichen Unterricht als „Ethnizitätsfalle", die bereits heute die armenische Minderheit Georgiens ins berufliche und gesellschaftliche Abseits gedrängt habe. Denn nur Bewerber, die gut die Staatssprache Georgisch beherrschen, sind auf dem georgischen Arbeitsmarkt wettbewerbsfähig.

In den übrigen Gebieten Georgiens ist die Zahl der Armenier vor allem infolge der sozialen Perspektivlosigkeit seit den 1970er Jahren ständig gesunken, seit der Unabhängigkeit Georgiens sogar um 180 000: Erbrachte der letzte sowjetische Zensus 1989 eine Zahl von 437 273 Armeniern – damals acht Prozent der Bevölkerung –, so zählte man 2002 nur noch 248 929 Armenier. In dieser Summe nicht enthalten ist die armenische Bevölkerung in Abchasien, wo 1989 77 000 Armenier gezählt und 2002 50 000–70 000 vermutet wurden. Der Rückgang geht nicht nur auf Auswanderung, sondern auch auf Assimilation zurück: Für nur 5 Lari (15,75 EUR) erwirbt man neue Identitätspapiere mit einem georgisierten Familiennamen – zum Beispiel Wardanischwili statt Wardanjan – und bessere Berufs- und Karrierechancen. Armenische Schätzungen gehen aber von 300 000 bis zu einer halben Million (2005) in Georgien lebenden Armeniern aus, davon schätzungsweise 120 000 in der Hauptstadt Tbilissi (Gesamtbevölkerung: 1,2 Millionen). Dort bildeten Armenier Anfang des 19. Jahrhunderts mit Abstand die größte Bevölkerungsgruppe und stellten bis 1917 45 der insgesamt 47 Bürgermeister in der langen Geschichte der Stadt. Vor dem Hintergrund dieser Vergangenheit zeigt sich die soziale Marginalisierung der armenischen Gemeinschaft in der Gegenwart: Einst wohlhabend, gut ausgebildet und einflußreich, arbeiten heute viele als Taxifahrer, Straßen- und Kleinhändler. Nur sechs der 218 Parlamentsabgeordneten Georgiens sind Armenier.

Der unter der nationaldemokratischen Regierung des einstigen Dissidenten Swiad Gamsachurdia sich offen in den georgischen Medien artikulierende Rassismus („Georgien den Georgiern") ist von der Regierung unter dem Exkommunisten Eduard Schewardnadse aufgegeben worden. Zwar wurden die „unbekannten Täter", die am 15. Mai 1994 das armenische Theater Tbilissis bei einer Kindervorstellung sprengten, nie gefaßt, doch die georgische Regierung hat, zum Zeichen ihres guten Willens, den Wiederaufbau des traditionsreichen Gebäudes finanziert. Im März 2001 sicherte der Bürgermeister Tbilissis die Restauration des 1937 errichteten armenischen Friedhofs von Chodschiwank zu. Diese Grab- und Gedenkstätte für 28 bedeutende armenische Schriftsteller und Intellektuelle war in den 1990er Jahren stark verfallen. Ein Akt des Vandalismus im Jahr 2001 lenkte endlich die Aufmerksamkeit der Behörden auf das Problem und führte 2002 zu einer zu gleichen Teilen von Armenien wie Georgien finanzierten Restauration.

Mit der Wiedereinführung der Rechte der georgisch-orthodoxen Kirche im unabhängigen Georgien hörte allerdings die aktive oder passive Zerstörung von Sakralbauten anderer Denominationen keineswegs auf. Mehr als 300 architektonische bzw. kulturelle Zeugnisse armenischer Präsenz in Georgien wurden unter dem Vorwand ihrer Restauration oder Renovierung georgisiert, d.h. armenische Bau- und Stifterinschriften wurden ausgemeißelt, übertüncht oder anderweitig zerstört, Kreuz- und Grabsteine zerschlagen. Von den 30 in Tbilissi vorhandenen armenischen Kirchen dürfen nur zwei gottesdienstlich genutzt werden, im ganzen Land sind es gerade noch 15. Viele armenische Kirchen werden gegen den Willen der armenischen Gemeinschaft zweckentfremdet genutzt, zum Beispiel als Kindergarten, oder verfallen.

Die armenische Minderheit Abchasiens ist im 19. Jahrhundert aus der Gegend von Trapesunt aus dem Osmanischen Sultanat zugewandert und hat ihren ursprünglichen Dialekt, das Hamschen-Armenische (türk. Hemşin) bewahrt. Diese Sprachinsel unterscheidet sich deutlich von der sonstigen ostarmenischen Sprachgemeinschaft im übrigen Transkaukasus. Die kleine Gemeinschaft der Abchasien-Armenier hat unter den heftigen Kämpfen seit der Invasion georgischer Truppen im August 1992 erheblich gelitten. Willkür, Folter, Vergewaltigungen und Plünderungen durch die georgischen Streitkräfte trieben damals 1500 Armenier trotz ihrer ursprünglichen Absicht, neutral zu bleiben, auf die Seite der abchasischen Streitkräfte; 242 fielen im Kampf. Heute bilden die Armenier nach den Abchasen die zweitgrößte Ethnie in der de facto eigenständigen Region und stellen in zwei von sieben Verwaltungsbezirken die Bevölkerungsmehrheit, darunter in Gagra. Aber in dem rechtsfreien Land fühlen sich viele von ihnen als Bürger zweiter Klasse, weil sie so gut wie keine Aufstiegschancen in der Verwaltung und im Öffentlichen Dienst besitzen. Ebensowenig besitzen sie eine armenische Kirche.

Angesichts der Tatsache, daß neun Zehntel des historischen armenischen Siedlungsgebiets den Osten der Republik Türkei bilden, kann diese noch weniger als Georgien als Diaspora- oder „Gast"land angesehen werden. Durch Erlasse und Gesetze hat die Republik Türkei die Rückkehr der meisten Überlebenden des Völkermordes von 1915 in ihre Heimat verhindert. Traumatisiert, eingeschüchtert und benachteiligt, fühlt sich die verbliebene Minderheit an den Rand der türkischen Gesellschaft gedrängt; wie so oft, ist die Anzahl auch dieser armenischen Minderheit schwer zu bestimmen: Türkische Schätzungen schwanken zwischen 40 000 und 100 000 Personen, armenische zwischen 50 000 und 82 000. Darüber hinaus lebten nach der Aussage von Egemen Bağış, dem außenpolitischen Berater des türkischen Regierungschefs, im Jahr 2005 weitere 40 000 armenische Staatsbürger als Arbeitskräfte in der Türkei. Armenier bilden die mit Abstand „größte" unter den christlichen Minderheiten der Türkei.

Seit den 1970er Jahren richtet sich die staatliche Politik der Nadelstiche gezielt gegen die Kirche und ihre Schulen als wichtigste Träger armenischer Identität. Denn obwohl die armenischen Gemeinden ihre 16 Grund-, Mittel- und Oberschulen (2005; 1999: 19) ausschließlich selbst finanzieren, gängelt und kontrolliert das Erziehungsministerium ihre Tätigkeit

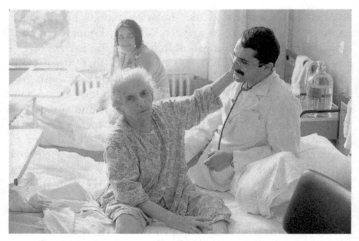

Abb. 11: Das armenische Krankenhaus im Istanbuler Stadtteil Yedikule, 1834 gegründet, wird zwar ausschließlich von armenisch-apostolischen Gläubigen unterhalten, steht jedoch Angehörigen aller Religionen und Konfessionen offen.

über seinen verlängerten Arm, die türkischen Konrektoren. Die systematische Aushöhlung armenischer Kultur- und Erziehungsarbeit in der zweiten Hälfte des 20. Jahrhunderts hat dazu geführt, daß der armenisch-apostolische Patriarch 1999 in einem Interview die „freiwillige Assimilation" als ernstes Problem für den Fortbestand seiner Gemeinschaft beklagte, denn zwischen 30 und 40 Prozent aller Eheschließungen sind binationale Ehen, davon wiederum 90 Prozent mit türkischen Partnern, während die Schülerzahl in den armenischen Privatschulen ständig sinkt. Sie lag 2005 bei insgesamt 3 219 SchülerInnen.

In Krisenzeiten drohte den nichtmuslimischen Minderheiten der Türkei wiederholt die Gefahr, als Sündenböcke stellvertretend für ihre Landsleute außerhalb der Türkei zu „büßen". Die Nachfahren der Völkermordopfer von 1915 erinnern sich mit Entsetzen an die sogenannte „Istanbuler Kristallnacht" vom 6./7. September 1955, als über 100 000 mit Hacken und Schaufeln ausgerüstete „Demonstranten", angeführt von Polizisten und Funktionären der *Demokratischen Partei*, mit dem Drohruf „Evvela mal, sonra can" („Erst das Gut, dann das Blut!") in Istanbul Geschäfte und Wohnungen von Griechen plünderten und verwüsteten, Friedhöfe schändeten, Frauen vergewaltigten und nebenbei auch über armenische Kirchen, Friedhöfe und Privateigentum herfielen. Während des Krieges in und um Arzach geriet die armenische Minderheit Istanbuls erneut in eine Geiselsituation: Vom April 1993 bis August 1994 wurden mindestens 20 Einrichtungen der armenisch-apostolischen Kirche angegriffen. Dazu gehörten die Schändungen aller armenischen Friedhöfe sowie Brandbomben auf Gotteshäuser. Am 24. und 25. Oktober 1994 erhielten in den Istanbuler Vierteln Bakırköy und Yeşilköy lebende Armenier Briefe, die mit der Drohung endeten: „Vergeßt nicht: die Türkei gehört allein den Türken. (...) Zwingt uns nicht, euch nach Jerewan zu schicken. Also haut vorher ab. Sonst wird es so kommen, wie unsere Ministerpräsidentin gesagt hat: Entweder ihr macht Schluß damit oder wir machen damit Schluß." Die Urheber der Drohbriefe stammten offensichtlich aus den „Idealistenvereinigungen" (Ülkü ocakları), einer Unter- bzw. Jugendorganisation der rechtsextremen *Partei der Nationalen Bewegung* (Milliyetçi Hareket Partisi, MHP). Armenisches Leben in der Türkei spielt sich seit Gründung der Republik weitgehend in Istanbul ab. In ihrer ursprünglichen Heimat können Armenier nur noch bestehen, wenn sie ihre Abstammung verheimlichen und sich sprachlich sowie religiös der kurdischen oder türkischen Mehrheit anpassen. Die Hälfte dieser etwa 40 000 Kryptoarmenier gehört zu den sogenannten Hemşinli, deren Hauptsiedlungsgebiet zwischen Trapesunt und Erzurum liegt. Weil ihre Vorfahren meist schon im 16. Jahrhundert den Islam annahmen, haben die Hemşinli besser als die christlichen Armenier ihre Muttersprache bewahren können.

Menschenrechtsverletzungen und fehlender Minderheitenschutz in der Türkei kamen erstmals im Juni 1996 auf der von den Vereinten Nationen organisierten zweiten Habitat-Konferenz öffentlich zur Sprache, wo sich eine Arbeitsgruppe mit diesen Fragen befaßte. Bildete schon dieser Umstand ein Novum, so überraschte darüber hinaus der Istanbuler Zweig des türkischen *Menschenrechtsvereins* (IHD) mit einer eigens für die Konferenz vorbereiteten, recht umfassenden und kritischen Dokumentation – der ersten, die türkische Oppositionelle und Menschenrechtler jemals den unpopulären Problemen ihrer nichttürkischen Mitbürger gewidmet hatten. Neu war auch die selbstkritische Haltung der Minderheitensprecher: Ein Vertreter der seit dem Frühjahr desselben Jahres in Istanbul überwiegend in türkischer Sprache erscheinenden armenischen Zeitung „Akos" meinte: „Die Lage der Armenier in der Türkei läßt sich als Paranoia beschreiben: Man steht am Abgrund, die Türken drängen einen beständig an den Rand. Um zu überleben, muß man aber Widerstand leisten." Ein Sprecher der jüdischen Minderheit klagte die Türkei scharf fortgesetzter Menschenrechtsverletzungen sowie des Rassismus an. Besonders deprimierend sei indessen, daß die Minderheitenangehörigen sich mehr oder weniger an diesen Zustand gewöhnt hätten.

Umfragen in der Türkei zufolge begrüßen 70 Prozent der Befragten einen Beitritt ihres Landes in die EU mit der Hoffnung auf eine Verbesserung ihrer sozialen und wirtschaftlichen Verhältnisse. Viele Minderheitenangehörige und selbst die zweitgrößte Nation der Türkei, die Kurden, erhoffen sich darüber hinaus von der Aufnahme der Türkei als EU-Vollmitglied ein Ende ihrer Benachteiligung. Der Abbau von diskriminierenden Bestimmungen verläuft allerdings langsam und widersprüchlich, teilweise sogar mit Rückschlägen, denn den beinharten Nationalisten in den meinungsbildenden Einrichtungen des Erziehungswesens und der Medien ebenso wie Angehörigen des Justizwesens erscheint es noch immer als Verrat an der türkischen Nation, den ungeliebten und beargwöhnten Minderheiten „Zugeständnisse" zu machen. So kam es weder zur Rückerstattung der 48 amtlich beschlagnahmten Immobilien „nicht-muslimischer Minderheiten" in Istanbul, die dank ihrer Lage heute auf dem Markt Höchstpreise erzielen, noch zur Wiedereröffnung der theologischen Seminare des armenisch-apostolischen sowie des Ökumenischen Patriarchats – beides unerläßliche Voraussetzungen für den Fortbestand der armenischen wie der griechisch-orthodoxen Religionsgemeinschaft auf türkischem Staatsgebiet.

Geworg Emin
Wir

1

Was aber waren wir
und unser Land?
Wir saßen krumm, doch sprachen aufrecht:
Ein Schiff, gestrandet auf trockenem Fels.
Wir waren ein Kelch, doch tränengefüllt.
Wir waren die Erde, doch versteinert vor Angst.
Wir waren Gestein, doch schreiend vor Schmerz,.
Eine machtvolle Seele, doch körperlos,
ein unikater Solitär ohne Plural.
Ein tapferer Heerführer ohne Soldaten,
ergeben dem Kult von Ruinen und Altem.

Doch was waren wir
und was unser Land,
daß wir selbst aufrecht sitzend
Krummes sprachen?
Reisende in der eigenen Heimat?
Gäste im eigenen Haus?
Ein Fluß, bloß mit einem Ufer unser?
Ein Berg, nur aus der Ferne sichtbar?
Ein volkloses Land,
ein landloses Volk?
Ein zerrissenes Amulett,
dessen Glieder sich nicht zum Volk reihen?

2

Wir sind halbtaub,
vernehmen zwar rasch jeden neuen Laut,
können ihm aber nicht genau folgen.
In unseren Ohren dröhnt noch
Armeniens wirre Geschichte,
auf der Suche, zum Wort zu werden.

Wir sind halb gelähmt.
Wohin wir den Fuß auch setzen,
ob in die Wüste Syriens,
auf einen Pariser Boulevard,
an das Ufer des Nils,
steckt unser zweites Bein noch
im Bergschnee des Ararat.
Wir bewegen uns nicht,
erreichen kein Ziel.
Ausweglos ziehen wir nur
die Route unserer Verbannung,
ständig den Massis umkreisend.

Wir sind halbblind.
Unsere Augen schwimmen in Tränen stets.
Wir sehen nur trübe,
unscharf.
Nur mit einer Hand bauten wir.
Mit der andern stets die Waffe haltend.
Denn ohne Unterlaß
tobten Kriege in unserem Land.

Wir sind halbstumm.
Wie oft schnitt man uns
die Zunge ab,
damit wir nicht unsere Gedanken sagen?
Uns nicht freuen,
nicht selbstbewußt sind
und unsere vielen Opfer nicht beklagen?

Wie König Ara verlieben wir uns.
Von Liebe betört,
verlassen wir unser Land
und fürchten uns zugleich
vor einer neuen Schamiram.*

Nur mit halbem Hirn
begreifen wir die Welt.
Die andere Hälfte ist getrübt
von Verdammnis,
von Schmerzen.
Wir sind Hälften,
halb sind wir nur.

Wären wir mehr als Hälften,
wären wir Armenier.
Und nicht bloß Türkei-Armenier,
Arabien-Armenier,
Frankreich-Armenier.

Hälften sind wir,
getrennt,
gespalten,
doppelhäuptig
wie unser Sinnbild, der heilige Berg.

3

Ja, wir sind klein,
klein.
Doch wie der Fels, der aus dem Gipfel drängt
und kräftig wie ein Feldstein ist.
Klein wie unsere Bergbäche,
die wilde Kraft gesammelt haben,
um fremde Ströme aufzufüllen,
die träge durch die Ebenen ziehen.

---

* Die assyrische Königin Semiramis. Im armenischen Mythos versucht sie vergeblich, König Ara zu verführen, und vernichtet ihn aus Rache.

Ja, wir sind klein.
Wer befahl euch,
uns so zu pressen,
daß wir zu Diamanten wurden?

Wer zwang euch,
uns wie Sterne zu verstreuen?
Wo ihr uns seht,
wird unser Licht erstrahlen.

Wir sind klein,
gleich unserem Land.
Dessen Grenze reicht
von Bjurakan* bis zum Mond,
von Lussawan bis Urartu.

Klein
wie das wundersame Uran,
das unverlöschbar
funkelt und strahlt,
jahrhundertelang.

* Bjurakan: International bedeutende Sternwarte am Aragaz
Lussawan: Früherer Name der Industriestadt Tscharenzawan

(Aus dem Armenischen von
Gerayer Koutcharian und Tessa Hofmann)

IV. Armenische Kultur:
Ein Überblick

Religion und Kirche

An der Spitze des armenischen Olymp stand ursprünglich wohl *Hajk*, der dann vom Göttervater zum Heros herabstieg und von der christlich geprägten Geschichtsschreibung als Stammvater des nach ihm benannten Volkes überliefert ist. Überreste ältester Glaubensinhalte, denen naturreligiöse und animistische Vorstellungen zugrunde lagen, haben im Quellen-, Baum- und Feuerkult überdauert. So verehrt man in Arzach bis auf den heutigen Tag heilige Bäume, und in der Verehrung der Schlangenart *lortuk* überlebte bis in das 20. Jahrhundert der Glaube an die Schlange als Totemtier der Armenier. Als Wahrerin geheimen Wissens ebenso wie der verborgenen Schätze erscheint das chthonische Kriechtier in den Volksmärchen als weisestes aller Wesen: Das Gehirn des Schlangenkönigs verleiht dem Märchenhelden Lochman ein von anderen Sterblichen unerreichtes medizinisches Wissen. Auf den besonders in Süd- und Nordostarmenien geknüpften *wischapagorgner* („Drachenteppichen") hüten stilisierte Paare von Schlangendrachen den Lebensbaum. Nicht einmal die armenische Kirche mochte auf dieses heidnische Motiv verzichten, und so sitzen auf vielen ihrer kunstvoll gearbeiteten Bischofsstäbe paarweise Schlangenköpfe.

Solche seit grauester Vorzeit wirksame bodenständige Glaubenselemente mischten sich mit den aus anderen Kulturen entlehnten Bestandteilen. Der bereits von Churritern und Hethitern, dann von den Urartäern verehrte drachentötende Wetter- und Sturmgott *Tejscheba* verschmolz mit *Wahagn*, der wiederum im Gewand des christlichen Heiligen und Märtyrers *Sargis* (Sergios) fortlebt und wie der gleichfalls drachentötende

Kriegerheilige *Geworg* (Georg) von allen christlichen Völkern des Kaukasus tief verehrt wird. Als feuerhaariger Astral- bzw. Sonnengott konkurrierte *Wahagn* aber auch mit dem beliebten indo-iranischen Sonnengott *Mihr*, und die anhaltende Verehrung der Sonne als himmlische Entsprechung des göttlichen Feuers klingt in der armenischen Grußformel *barew* (zusammengezogen aus „*bari arew*" – „gute Sonne") an sowie im Kreuzeskult. Denn das Kreuz bildet universell das wohl älteste Sonnensinnbild, das mit seiner Quer- und Längsachse zugleich das Irdische mit dem Himmlischen verbindet. Unter dem Einfluß der altiranischen Religion nahm *Mihr* immer mehr die Züge des *Mithras* an, während *Mihrs* Vater, der armenische Himmels- und Erdgott *Aramasd*, mit dem masdaistischen Schöpfergott *Ahuramasda* verschmolz. Die indo-iranische Fruchtbarkeitsgöttin *Anahit* (*an-ahita* – „die Makellose", „Unbefleckte"), der der Granatapfel als Fruchtbarkeitssymbol zugeordnet ist, vermochte die ihr in vielem verwandte Gemahlin des Gottes *Wahagn*, *Astrik* („Sternchen"), nicht zu verdrängen, unter hellenistischem Einfluß verschmolz *Anahit* mit der Göttin *Artemis*. Die mit dem Venusstern gleichgesetzte Liebesgöttin *Astrik* wurde besonders in Südarmenien stark verehrt, denn sie stammte ursprünglich aus dem benachbarten Mesopotamien, wo ihr die babylonische *Ischtar* und die syrische *Astarte* ähneln. *Astriks* Attribut, die Rose (arm. *ward*), verlieh dem Fest *wardawar* („Rosenbrand") den Namen, das das Christentum als „Christi Verklärung" übernahm. Zum Zeichen innerer und äußerer Reinigung besprengen sich Armenier an diesem Tag seit undenklichen Zeiten mit Rosen- oder einfachem Wasser.

Das Christentum besitzt im biblischen Land am Ararat tiefe Wurzeln. Ebenso wie die römisch-katholische Kirche führt sich die armenische auf die Missionstätigkeit von Aposteln aus dem Jüngerkreis Jesu zurück, nämlich auf Judas Thaddäus und Bartholomäus, die um das Jahr 66 bzw. 68 den Märtyrertod in Armenien erlitten. Darum nennt sie sich selbstbewußt „heilige rechtgläubige armenisch-apostolische Kirche" und beansprucht denselben Rang wie Rom, dessen apostolischer Sitz sich von

Petrus herleitet. Nach armenischer Überlieferung erhob König Trdat III. im Jahre 301 das Christentum zur Staatsreligion. Schon 374 löste sich die armenische Kirche vom kappadokischen Erzbistum und erreichte ihre rechtliche Unabhängigkeit.

Ein noch wichtigeres Datum für die Entwicklung zur unabhängigen Nationalkirche bildet das Schicksalsjahr 451, als sich Ostarmenien im erbitterten Glaubenskampf gegen den Iran befand. Das verhinderte auch die Teilnahme seiner Kleriker am vierten ökumenischen Kirchenkonzil zu Chalcedon, wo am 8. Oktober 451 der sogenannte Naturenstreit um die Verbindung der göttlichen und menschlichen Natur Jesu die Christenheit in drei Lager spaltete, nämlich in die schon auf dem vorhergegangenen Konzil von Ephesos (431) verurteilten Anhänger des antiochenischen Patriarchen Nestorios (381–451), nach dessen Lehre Jesus nicht göttlicher Natur war, weil die göttliche Vernunft (*logos*) nur in ihm gewohnt habe, zweitens in die Anhänger der sogenannten Einnaturenlehre (Monophysiten), für die Christus als menschgewordener Gottessohn eine einzige bzw. einige Natur besaß, sowie drittens die siegreichen Getreuen der orthodoxen byzantinischen Reichskirche, die als Lehrmeinung durchsetzten, daß in der Person Christi die göttliche und menschliche Natur „unvermischt" und „ohne gegenseitige Durchdringung" vereint gewesen waren. Als die Armenier sich gegen Ende des 5. Jahrhunderts mit den Konzilsakten auseinandersetzten, übernahmen sie auf zwei zu Dwin abgehaltenen nationalen Synoden (505/06, 554) den moderaten Monophysitismus, wie ihn Patriarch Severos von Antiochia (gest. 538) vertrat. Wenn sich auch immer wieder Verfechter des Einheitsgedankens zu einer Aussöhnung oder gar Union mit der Reichskirche bereitfanden, blieben die armenisch-byzantinischen Kirchenbeziehungen gespannt: Beide Seiten verfluchten einander als Schismatiker.

Im Unterschied zu den westlichen Kirchen hat die armenische Kirche auf Missionsarbeit verzichtet. Die einzige Ausnahme bestand während der ersten zwei Jahrhunderte, als Armenien das Christentum bei seinen Nachbarn verbreitete, den Ostgeorgiern (Iberern) sowie den zur nordkaukasischen

Sprachgruppe zählenden Albanern im Norden und im Zentrum des späteren Aserbeidschan; beide Länder sollten einen *cordon sanitaire* gegen die aggressive Missionspolitik Irans bilden. Die armenisch-apostolische Kirche hat sich zudem weder, wie die (west)römische Kirche, zur Gegenmacht des Staates aufzuwerfen versucht, noch bildete sich in Armenien ein Cäsaropapismus wie in Byzanz heraus. Zwar fühlte sich die armenische Kirche bis in die Gegenwart der jeweiligen Staatsmacht verpflichtet, in erster Linie jedoch dem armenischen Volk. Als Integrationsinstitution ersetzte sie ihm über die Jahrhunderte die fehlende oder geschwächte Staatsmacht und sorgt für den geistlichen wie kulturellen Zusammenhalt der weltweit verstreuten Diaspora.

Die Gliederung der armenischen Kirche entsprang nicht nur eigenen Entscheidungen, sondern auch Eingriffen der Mameluken und Osmanen, die Patriarchate stifteten, um die in ihrem Machtbereich lebenden Armenier besser kontrollieren zu können. Dadurch entstanden 1311 das Patriarchat zu Jerusalem sowie 1461 das Patriarchat zu Konstantinopel. Als 1441 eine Synode die Rückverlegung des Katholikats aus der inzwischen von den Mameluken eroberten kilikischen Hauptstadt Sis in das ostarmenische Etschmiadsin beschloß, verweigerte der damalige Amtsinhaber den Umzug. Das bewirkte die bis heute anhaltende „Doppelköpfigkeit" der armenischen Kirche mit dem „Hohen Haus von Kilikien" und dem derzeitigen Amtsinhaber Katholikos Aram I., dessen Sitz sich seit 1929 in Antelias bei Beirut befindet, sowie dem Katholikat von Etschmiadsin mit dem Heiligen Stuhl am Ursprungsort des armenischen Christentums. Dort residiert seit 1999 Garegin II. (geb. Ktritsch Nersisjan, 1951), vormals Bischof in der Diözese Ararat. Der Kalte Krieg und der Ost-West-Konflikt verschärften die kirchliche Spaltung, wobei die Anhänger von Antelias eine antisowjetische Position einnahmen. Dieser Kampf fand seinen Abschluß im April 1995 mit der Wahl des bisherigen „kilikischen" Kirchenoberhaupts Garegin II. zum „Katholikos aller Armenier", der sich mit seinem Amtsvorgänger Wasgen I. seit 1963 um die Aussöhnung der beiden Teilkirchen bemüht hatte.

Abb. 12: Katholikos aller Armenier: Garegin II. amtiert seit 1999 in Etschmiadsin.

Dem „Hohen Haus von Kilikien" unterstehen weiterhin die nahöstlichen Diözesen Beirut, Aleppo, Damaskus und Nicosia, die Bistümer des Iran sowie Teile der Diözese Athen. Die in Deutschland lebenden Armenier gehören kirchenrechtlich zu Etschmiadsin.

Außerdem bestanden bis in das 19. Jahrhundert zwei historische Katholikate: Die Jurisdiktion des sogenannten „albanischen Katholikats", das Grigoris, der Neffe des armenischen

„Erleuchters", schon im Jahre 306 in Amaras begründete, erstreckte sich außer auf Arzach (Karabach) zeitweilig auch auf Sjunik. Die seit dem Mittelalter in der armenischen Adelsfamilie der Dschalaljan erbliche Würde des Katholikos wurde 1815 vom russisch-orthodoxen Heiligen Synod zum Amt eines Metropoliten herabgestuft. Das auf der Wan-See-Insel Achtamar bestehende Katholikat von Waspurakan wurde 1113 vom Bischof Dawit Artsruni aus Protest dagegen ausgerufen, daß ein Minderjähriger zum Katholikos ernannt worden war. Es handelte sich wie bei dem „albanischen" Katholikat um ein Erbamt, das erst die Artsruni und seit dem 17. Jahrhundert die Sefedjan ausübten. Als regionales Katholikat mit schwindendem Einflußbereich bestand es noch bis 1895. Nach dem damaligen Armenierpogrom verwaiste das Amt, seine beiden Bistümer wurden vom Konstantinopler Patriarchat verwaltet. 1916 hob die türkische Regierung das Katholikat von Waspurakan offiziell auf.

Der frühen Bedrohung des armenischen Christentums durch den Masdaismus und den Islam folgten ab dem 11. Jahrhundert westkirchliche Missionsversuche. Vor allem in Kilikien kam es durch den engen Kontakt mit den benachbarten Kreuzfahrerstaaten und die intensiven Handelsbeziehungen zu Italien zu Versuchen, die armenische Nationalkirche mit der römisch-katholischen zu vereinen. Doch solche Unionen waren erst ab 1742 von Dauer, als der kilikisch-armenische Katholikos Abraham Ardsiwjan ein armenisch-uniertes Patriarchat begründete, dessen Sitz sich seit 1928 in dem Beiruter Stadtteil Aschrafije befindet. Seiner Jurisdiktion unterstehen außer der Beiruter Patriarchatsdiözese drei Erzbistümer (Konstantinopel, Bagdad, Aleppo), drei Bistümer (Alexandria in Ägypten, Isfahan im Iran und Kamischlije in Syrien) sowie drei Exarchate in Frankreich – mit insgesamt 90000 Gläubigen –, in Nord- und in Südamerika. 1992 wurde in Armenien die katholische Kirche wieder offiziell als Religionsgemeinschaft zugelassen, mit offiziellem Ordinariatssitz und einem Priesterseminar (seit 1994) in Gjumri. Ihre etwa 200000 Angehörigen in Armenien und Dschawachk (Dschawacheti, Georgien) werden von acht Geistlichen (jeweils vier für Armenien und Georgien) sowie von 26 armenischen Nonnen unterschiedlicher Orden betreut. Der Anteil der Katholiken an der armenischen Weltbevölkerung wird auf etwa zehn Prozent geschätzt. Eine besondere Rolle im armenischen Geistes- und Kulturleben spielt der den Regeln des hl. Benedikt folgende unierte Orden der Mechitaristen. 1700 in Italien von Mchitar Sebastazi (Mchitar von Sebaste, 1676–1749) gegründet, trägt er die offizielle Bezeichnung *Congregatio Monachorum Antonianorum Benedictinorum Armenorum*. Änderungen des Ordensstatuts führten zur Abspaltung einer zweiten, seit 1775 in Wien ansässigen Kongregation, die Lyzeen in Istanbul und Beirut unterhält und seit 1887 die namhafte philologische Zeitschrift *Handes Amsorya* herausgibt.

Vor allem deutsche und amerikanische Bibelgesellschaften wetteiferten seit 1831 darum, der armenischen Nationalkirche Gläubige abspenstig zu machen. Erfolgreich waren sie dabei besonders in jenen Gebieten Westarmeniens, wo sich Reste der „Ketzer"bewegungen der Paulikianer und *Arewordik* bis in das 19. Jahrhundert gehalten hatten. Vermutlich gehören drei bis fünf Prozent der armenischen Weltbevölkerung evangelischen Gemeinschaften an. Außer im Libanon liegt ihre Zahl am höchsten bei den in den USA lebenden Armeniern, wo wiederum die meisten armenischen Protestanten Presbyterianer sind. Die überwältigende Mehrheit der Armenier ist indessen ihrer altehrwürdigen Nationalkirche treu geblieben. Das Bekenntnis zu ihr verschmolz weitestgehend mit dem zum armenischen Volkstum. In dieser identitätsstiftenden Funktion ist das armenisch-apostolische Christentum dem jüdischen Glauben vergleichbar, in seiner Eigenschaft als Staatsersatz und nationaler Integrationsinstitution mit der Rolle, die der Katholizismus bei den jahrhundertelang staatenlosen Iren und Polen gespielt hat.

Gegenwärtig machen westliche Minderheiten- und Freikirchen der armenischen Nationalkirche die größte Konkurrenz, da sie auf deren offensive Missionsarbeit wenig vorbereitet ist. Der armenische Gesetzgeber hat in dem 1991 verabschiedeten sowie 1995 novellierten Religionsgesetz zwar die Trennung von Kirche und Staat wie zu Sowjetzeiten beibehalten, zugleich aber der armenisch-apostolischen Kirche, der über 90 Prozent der Bevölkerung angehören, einen „Sonderstatus" als Nationalkirche verliehen. Diese Sonderstellung wurde durch ein von der armenischen Regierung und der armenischen Kirche unterzeichnetes *Memorandum des Verstehens* (17. 3. 2000) noch ausgeweitet. Die rechtliche Grundlage für die Glaubensfreiheit und Religionsausübung in Armenien bilden die Verfassung von 1995 sowie das Religionsgesetz von 1991. Es verbietet „Proselytenmacherei", ohne diese näher zu definieren, und schreibt vor, daß sich alle religiösen Gemeinschaften und Organisationen mit Ausnahme der Armenisch-Apostolischen Kirche beim *Ministerium für Nationale Minderheiten und Religionsangelegenheiten* registrieren müssen. Dabei wird geprüft, ob die sich bewerbende Organisation „frei von Gewinnstreben" bzw. rein spiritueller Natur ist, ob ihre Doktrin auf „historisch anerkannten heiligen Schriften" wie der Bibel, dem Koran oder anderen Offenbarungstexten beruht und ob sie mindestens 200 erwachsene Mitglieder besitzt.

Bis Ende 2004 wurden nach diesen Kriterien 55 religiöse Organisationen anerkannt, darunter auch die Zeugen Jehovas, denen die Registrierung lange verwehrt worden war. Dieser erfolgreich missionierenden Glaubensgemeinschaft gehörten in Armenien 2004 7500 Mitglieder an. Bis zur Einführung eines Wehrersatzdienstes (2004) gerieten ihre jungen männlichen Angehörigen regelmäßig mit der in Armenien allgemein bestehenden Wehrpflicht in Konflikt und wurden wegen Wehrdienstverweigerung oder Fahnenflucht strafrechtlich verfolgt. Eine Benachteiligung derjenigen, die auf einem Ersatzdienst ohne Waffe beharren, besteht aber auch weiterhin, denn sie müssen 36 Monate statt der zweijährigen allgemeinen Wehrpflicht Ersatzdienst leisten.

Sprache und Schrift

Nächst der Kirche eint vor allem die Sprache das weltweite Armeniertum. Armenisch gehört zum östlichen (Satem-)Zweig der großen indoeuropäischen Sprachgruppe, innerhalb derer es aber ähnlich isoliert dasteht wie Albanisch oder Griechisch. Sein reicher Lautbestand wirkt infolge der vielen aus dem Urartäischen übernommenen Bestandteile unvertraut und fremd.

Im Jahre 405 schuf Mesrop Maschtoz ein Nationalalphabet von 36 Buchstaben, dem man im Mittelalter noch die – selten benutzten – Buchstaben „o" und „f" hinzufügte. In diesem perfekten, graphisch sehr ansprechenden Vollalphabet war jedem Laut ein Buchstabe zugeordnet, weshalb sich Armenisch trotz aller Veränderungen und auch ohne nähere Kenntnis der Sprache bis heute problemlos lesen und korrekt aussprechen läßt. In der Geschichte der Orthographiesysteme bilden die Mesropjanischen Buchstaben eine in ihrer philologischen Scharfsichtigkeit genial zu nennende Leistung, von deren Vollkommenheit die Rechtschreibung aller übrigen europäischen Sprachen weit entfernt ist. Die armenische Kirche hat den Schöpfer des Nationalalphabets heiliggesprochen, die Gläubigen ehren ihn noch immer mit dem ehrenvollen Beinamen „großer Lehrer".

Und doch stellte das armenische Nationalalphabet nur die Voraussetzung für ein höheres Ziel dar, nämlich die Übersetzung der Bibel, die wiederum dem geistigen Kampf diente, den die parthischstämmige Oberschicht Armeniens gegen die Assimilationspolitik der persischen Sassaniden führte. Nationalalphabet und Bibelübersetzung förderten letztlich die Entstehung und Stärkung eines christlichen Nationalbewußtseins, das das unmittelbar bevorstehende Ende der Arschakidenherrschaft in Ostarmenien überdauern sollte. Bei der Lösung dieser gewaltigen Aufgabe mußte sich Mesrop kühn über die in den frühen Kirchen bestehenden Bindungen an die „kanonischen" Sprachen Hebräisch, Aramäisch bzw. Altsyrisch, Griechisch und Latein hinwegsetzen. Von seinen Schülern unterstützt, übertrug er bis 433 die gesamte Bibel ins Armenische – elf Jahrhunderte, bevor Martin Luther 1530 mit seiner Bibelübersetzung ins Deutsche für Westeuropa die entscheidende Befreiung von der universalen Kirchensprache Latein vollzog. Während der Herrschaft der mazedonischen (armenischen) Dynastie (9.–11. Jahrhundert) über Byzanz lieferte Mesrops Werk das Vorbild für die Missionierung der Slawen, die der armenischstämmige byzantinische Heerführer und Cäsar Bardas dem gelehrten Patriarchen und Diplomaten Photios (858–886), ebenfalls ein Armenier, empfahl. Photios beauftragte damit die Brüder Konstantinos (später Kyrill genannt) und Methodios. Die Stilisierung ihres glagolitischen Alphabets zeigt deutliche Einflüsse der armenischen und koptischen Schrift.

Um die Bibel breiten Kreisen zu erschließen, mußte sie in eine sowohl allgemein verständliche als auch normative Sprache übersetzt werden. Der von Mesrop und seinen Schülern benutzten Literatursprache (*grabar*) lag die höfische Kanzleisprache der damaligen Hauptstadt Wararschapat in Ostarmenien zugrunde. Im 11. Jahrhundert wurde *grabar* durch die Kanzlei- und Umgangssprache am kilikisch-armenischen Hof („Mittelarmenisch") verdrängt. Zugleich spaltete sich, nach einer weiteren Lautverschiebung, Armenisch in einen westlichen sowie einen konservativeren östlichen Zweig, der die ursprünglichen Lautverhältnisse bewahrt hat. Ostarmenisch wird außer im heutigen Armenien in der östlichen Diaspora (Georgien, Rußland, Iran) gesprochen, während Westarmenisch in der Diaspora des Nahen Ostens fortlebt, vor allem im Libanon und Syrien sowie teilweise in den USA und Frankreich.

Zur Zeit des armenischen Reiches von Kilikien (11.–14. Jahrhundert) stieg Armenisch zur Verkehrssprache der Levante auf. Später haben jedoch Fremdherrschaft und Unterdrückung nicht nur die Umgangssprache zeitweilig mit einer Flut von Lehnwörtern aus dem Persischen, Türkischen und Russischen überfrachtet, sondern zum völligen Sprachverlust geführt. Etwa 30 Prozent der Einwohner der Republik Armenien beherrschen kein oder nur so wenig Armenisch, daß sie keine armenischsprachige Zeitung lesen können. In Arzach, wo Sowjetaserbeidschan die Pflege armenischer Sprache und Kultur stark behinderte, flüchteten sich insbesondere die Intellektuellen in die sowjetische Staats- und Verkehrssprache Russisch, um der zwangsweisen sprachlichen Assimilation an das Aserbeidschanische zu entgehen. Das Ergebnis war eine starke Russifizierung, zumindest aber Zweisprachigkeit der dortigen Armenier, die jetzt durch gezielte sprachpolitische Maßnahmen rückgängig gemacht werden soll. Kritiker solcher „Re-Armenisierungsversuche" warnen vor kultureller Provinzialisierung sowie Isolation von größeren Kulturkreisen. Kulturpolitische Repressionen führten auch zum Sprachverlust unter den bis Anfang 1990 in Aserbeidschan lebenden Armeniern sowie der armenischen Restminderheit in der Türkei, deren Intellektuelle sich allerdings intensiv bemühen, dieser Entwicklung gegenzusteuern.

Anderthalb Jahrtausende armenischer Literatur

Die Christianisierung Armeniens wurde dank Mesrops Alphabet zu einem starken Kulturimpuls. Binnen kurzem lieferten seine jüngeren Mitarbeiter nicht nur Übersetzungen zahlreicher klassischer Texte sowie der Kirchenväter, sondern traten auch als eigenständige Verfasser neuer Hymnen und Psalmen oder als Autoren weltlicher, vor allem historiographischer Prosa hervor. Wie alle christlichen Kulturen des Mittelalters prägte Armenien der Gegensatz zwischen der „akademischen", an hellenistischen, später byzantinischen Vorbildern ausgerichteten Kultur des Klerus und Hofes sowie der bodenständigeren Volkskultur.

Die griechisch-hellenistische Kultur hatte bereits in vorchristlicher Zeit die armenische Hofkultur stark beeinflußt. Nach der Christianisierung orientierte sich insbesondere die Geistlichkeit an Ostrom (Byzanz), trotz aller (kirchen)politischen Zwiste. Die zwischen 572 und 610 wirkende „hellenophile Schule" übersetzte zahlreiche theologische und philosophische Abhandlungen aus dem Griechischen. Die dabei verwendeten Lehnübersetzungen machten Armenisch von Fremdwörtern aus den klassischen Reservoirsprachen Griechisch und Latein unabhängig. Viele im Original verlorene Werke der klassischen und frühchristlichen Weltliteratur sind der Nachwelt dank des Fleißes der hellenophilen Gelehrten zumindest in ihren armenischen Fassungen erhalten, die wegen der Werktreue der Übersetzer als besonders zuverlässig gelten.

Die Geschichtsschreibung bildet den originellsten Beitrag der „akademischen" Literatur. Sie vereinte, wiederum nach griechischem Vorbild, die nüchtern aufzählende Chronik mit der kommentierend-schildernden historischen Prosa. Das „Siebengestirn" der altarmenischen Literatur des „Goldenen Zeitalters" im 5. Jahrhundert bestand fast nur aus Historiographen, die der Überlieferung zufolge fast alle Schüler des Mesrop Maschtoz gewesen waren: Agathangelos, Korjun, Jerische, Mowses Chorenazi, Pawstos Bjusand und Lasar Parbezi. Jesnik Korbazi, der Verfasser des kirchengeschichtlich höchst aufschlußreichen Traktats „Wider die Irrlehren" (445–448), bildet die einzige Ausnahme. Trotz ihres Vergangenheitsbezuges kreist die historiographische Prosa um die Gegenwart und ihre Probleme. Ihr Ziel ist die Stärkung sowohl der geistlichen wie auch der patriotischen Moral, die untrennbar miteinander verbunden werden. Geschehnisse aus der Vergangenheit sollten die Kernaussagen armenischer Geschichtsphilosophie veranschaulichen. Danach äußert sich christliche Glaubenstreue als Treue zur eigenen, christlichen Nation. Eintracht ist tugendsam, Zwietracht und nationaler Hader werden als höchst verwerflich gebrandmarkt. Die Mythen und Sagen der vorchristlichen Epik gingen unter dem Ansturm des jungen Christentums weitgehend verloren. Die Geschichtsschreiber des 5. bis 10. Jahrhunderts, vor allem aber Mowses Chorenazi, Pawstos Bjusand sowie Grigor Magistros Pahlawuni (990–1058) bewahrten nur solche Bruchstücke, die sich in den Dienst der christlich-patriotischen Erziehung stellen ließen wie etwa die Sage vom Stammvater *Hajk*, der sich gegen den babylonischen

Tyrannen *Bel* auflehnt und sein Volk in die Freiheit, nach Armenien führt.

Die eigentlichen Träger der weitgehend mündlich überlieferten Epik waren jedoch die *wipassanner* und *gussanner*, berufsmäßige Rhapsoden und Barden beiderlei Geschlechts, die durch die Lande zogen und auf Festen des Adels oder einfachen Volkes Epen und Heldengesänge zur Begleitung von Zimbeln sowie der Saitenzupfinstrumente Pandura und Badirma vortrugen. Das bekannteste Werk aus dieser Tradition, „*Sasna Tsrer*" („Die Recken von Sassun", auch: „David von Sassun"), spiegelt den Kampf gegen die Araber in der zerklüfteten „Festung Sassun" wider. Es handelt sich um einen Heldengesang des 7. bis 13. Jahrhunderts aus den süd- sowie südostarmenischen Gebieten Sassun, Chut, Taron und Waspurakan, der bis 1873 nur mündlich überliefert wurde, aber als äußerst lebendiges Kunstwerk über die Jahrhunderte zum Nationalepos Armeniens weiterentwickelt wurde. Zahlreiche Motive entstammen sogar vorarabischen, teilweise bis in die urartäische Glaubenswelt zurückreichenden Überlieferungen, die sich mit den historischen Erfahrungen späterer Epochen ergänzen. In vier Gesängen und über vier Generationen schildert „Sassunzi Dawit" die Entstehung, den Aufstieg und den Untergang des Heldengeschlechts von Sassun, wobei die Heroen jeder Generation sich erneut im Kampf um die Freiheit bewähren müssen, der das Leitmotiv des gewaltigen, 1 100 Verse umfassenden Werks darstellt. Die körperlichen Riesenkräfte der Sassuner Helden, die sie befähigen, einem feindlichen Heer allein entgegenzutreten, bilden nur den äußeren Ausdruck moralischer Redlichkeit, absoluter Gerechtigkeitsliebe und Uneigennützigkeit. Wer sein Handeln auf diese Grundsätze stützt, so die Moral des Epos, widersteht dem stärksten Gegner, wer sie schuldhaft verletzt, verfällt der Nemesis.

Im 13. Jahrhundert lösten die *aschurner* die Barden und Rhapsoden früherer Jahrhunderte ab. Man kann sie als orientalische Verwandte der europäischen Minnesänger auffassen, denn auch ihre Lieder drehten sich überwiegend um Frauenlob und die – meist unerfüllte – Liebe. Formal standen die *aschur-*

ner unter dem Einfluß der arabischen und persischen Dichtkunst, deren Strophik, Rhythmik und Reimformen in der armenischen Poesie weit über die *Aschurner*-Lyrik hinaus Verbreitung fanden. Der Einfluß war so stark, daß sich manche der mehr als 400 namentlich überlieferten armenischen Minnesänger nicht nur persische oder türkische Künstlernamen zulegten, sondern gleich in den Sprachen ihrer Nachbarvölker sangen und dichteten und somit zum supranationalen Charakter dieses Genres beitrugen. Die *aschurner* begleiteten sich beim Vortrag eigener, fremder oder überlieferter Lieder auf der mandolinenartigen Sas oder der gitarrenartigen Tar, am häufigsten aber auf der Kamantscha, einer dreisaitigen Geige. Ein später und zugleich der bekannteste armenische Vertreter dieser gesamtorientalischen Spielart des Troubadours ist Sajat Nowa (1712/1722–1795), der am georgischen Königshof von Tbilissi wirkte.

Mitte des 10. Jahrhunderts, als der ästhetische Genuß allmählich zum literarischen Selbstzweck wurde, begann sich die weltliche Dichtung der geistlichen anzunähern und mit ihr zu verschmelzen. Literatur sollte nun nicht mehr nur erbauen oder belehren, sondern durfte auch erfreuen und unterhalten. Wegweisend für diese Konvergenz wurde Grigor Narekazis Hauptwerk *Matjan worbergrutjan* („Handschrift der Klagelieder", 1002). Obwohl es in seinen 95 Hymnen um Buße und Einkehr geht, besingt Narekazi als erster geistlicher Dichter auch körperliche Schönheit und Anziehung und benutzt stellenweise Endreime, die bis dahin der geistlichen Dichtung Armeniens fremd waren. Die von Narekazi eingeleiteten Neuerungen fanden ihren vollkommensten Ausdruck im 12. und 13. Jahrhundert. Die in Kilikien amtierenden Katholikoi Nerses IV. Schnorhali Pahlawuni („der Gnadenvolle", 1100–1173) sowie sein Neffe und Amtsnachfolger Grigor Tra (ca. 1133–1193) machten in ihren Werken ausgiebig und souverän von unterschiedlichsten Reimformen Gebrauch, wie sie auch in Europa verbreitet waren. Inhaltlich aber bestimmte die schon im 5. Jahrhundert von Mowses Chorenazi in Prosaform verwendete Klage (lamentatio), für die es immer neue Anlässe gab, die Dichtung. Flucht und Vertreibung riefen die besonders vom 14. bis 16. Jahrhundert weitverbreitete *panducht*-Lyrik hervor, eine eigenständige volkstümliche Dichtung. In einfachen Naturvergleichen beschwören diese den „Verbannten" in den Mund gelegten Lieder die Schönheit der verlorenen, zerstörten Bergheimat, nach der sich der *rarib* verzehrt, wie der aus seiner Heimat Vertriebene mit einem arabischen Wort genannt wurde. Die immer wieder zu ihrem Nest zurückkehrende, in Armenien stark verehrte Schwalbe sowie der majestätische Zugvogel Kranich gelten in der bis heute populären Symbolik der *panducht*-Lieder als Inbegriff der Heimatverbundenheit. Zu ihrer Versform wurde der nur in Armenien auftretende *hajren* (verballhornt von „hajeren" – „auf armenische Weise"), ein Vier- oder Achtzeiler, der der *panducht*-Lyrik einen volksliedartigen Charakter von großer Eindringlichkeit und Schlichtheit verleiht, die sie deutlich von der üppigen Metaphorik der orientalischen *Aschurner*-Dichtung unterscheidet.

Die Beliebtheit des *panducht*-Themas spiegelte auch die wachsende Bedeutung der Diaspora wider, deren Verhältnis zur Heimat sich mit dem Beginn der Neuzeit umkehrte: Während Armenien nach Jahrhunderten ständiger Kriege und Verwüstungen zunehmend in Elend und Rückständigkeit versank, standen die Diasporagemeinden unter dem direkten Einfluß der modernsten Ideen und fortschrittlichsten technischen Neuerungen. In rascher Folge entstanden zwischen der zweiten Hälfte des 16. und dem Anfang des 19. Jahrhunderts in den Auslandsgemeinden Asiens und Europas Druckereien, was wiederum zur Demokratisierung und Modernisierung der Literatur beitrug. Die Presse wurde zum Medium der nationalen Erweckung und Sprachreform, in deren Ergebnis die lebendige Volkssprache die zur Kanzelsprache erstarrte altarmenische Literatursprache *grabar* ablöste. 1858 erschien mit Chatschatur Abowjans Zeitroman *Werk Hajastani* („Die Leiden Armeniens", 1809–1848) der erste namhafte Beitrag in neuostarmenischer Sprache. Er handelt vom Anschluß Ostarmeniens an das Russische Reich, den Abowjan als Befreiung vom persischen Joch feierte.

Wie alle Literaturen des Orients wurde auch die armenische bis weit ins 19. Jahrhundert von der Lyrik dominiert. Die seit Mitte des 19. Jahrhunderts nach dem Vorbild der europäischen Romantik und des kritischen Realismus verfaßten Romane zeigen in vielen erzähltechnischen Unbeholfenheiten deutlich den Entwicklungsrückstand der Prosa. Ein Großteil der im 19. Jahrhundert beliebten historischen, Zeit- und Sittenromane stellt romantische Programmliteratur im Dienst der nationalen Erweckung dar, so etwa die Romane Raffis (Hakob Melik-Hakobjan, 1835–1888) und Murazans (1854–1908). Das Dorf wurde zum zweiten großen Thema der neuarmenischen Literatur, denn die Bauernschaft bildete im überwiegend agrarischen Armenien die wichtigste soziale Schicht und galt deshalb als Trägerin der nationalen Tugenden und politischer Hoffnungen. Unter dem Einfluß der sozialrevolutionären russischen Volkstümlerbewegung und -literatur entstand ab den 1870er Jahren das *gjuragrutjun*, eine „Dorfliteratur", in der sozialutopisches, romantisches Wunschdenken bald in einen unlösbaren Konflikt mit dem Wahrheitsgebot des kritischen Realismus geriet.

In der Lyrik wirkte die romantische Tradition fort, nun wirkungsvoll ergänzt durch Einflüsse des französischen und russischen Symbolismus. Die in ganz Europa verbreitete Katastrophenstimmung der Jahrhundertwende steigerte sich in Armenien vor allem nach den Massakern der Jahre 1894–1896. Ihre eigenen düsteren Visionen gleichsam bestätigend, fiel ein Großteil der westarmenischen Intellektuellen, unter ihnen die herausragenden Dichter Daniel Waruschan (Tschpugkarjan, 1884–1915) und Siamanto (Atom Jartschanjan, 1878–1915), der Massenverhaftung und -vernichtung am 24. April 1915 in Konstantinopel zum Opfer. Beide Dichter hatten der „künstlerischen Generation" angehört, die die damals bei vielen kleineren Völkern Europas weit verbreitete idealistische Überzeugung teilte, wonach die geistige Größe einer Nation unabhängig von deren politischer Stärke bestehe. Trotz der wirtschaftlichen und politischen Ohnmacht des Landes, so die Hoffnung der „künstlerischen Generation", werde das „geistige Armenien" erblühen.

Mit der endgültigen und vollständigen Sowjetisierung Ostarmeniens im Sommer 1921 schienen dafür endlich die materiellen Voraussetzungen geschaffen. Tbilissi und Konstantinopel, die beiden bisherigen geistigen Zentren, hatten außerhalb des armenischen Siedlungsraums gelegen. Die Mehrheit der in Konstantinopel lebenden Intellektuellen war 1915 ermordet worden. Aus Tbilissi wiederum siedelten viele armenische Intellektuelle Anfang der 1920er Jahre in die sowjetarmenische Hauptstadt Jerewan um, unter ihnen der damals bereits schwerkranke Howhannes Tumanjan (1864–1923), auch er ein Angehöriger der „künstlerischen Generation", den man ehrfurchtsvoll den „Dichter aller Armenier" nannte. Seine Stellung innerhalb der neuarmenischen Literatur wurde oft mit der Puschkins für die russische verglichen.

Im Kulturleben Sowjetarmeniens herrschte zunächst eine erwartungsvolle Aufbruchstimmung. Nach Weltkrieg, Völkermord, Revolution und Bürgerkrieg wähnten sich die Überlebenden dieser Katastrophen am Beginn einer Zeitenwende. Doch die brutal durchgeführte Zwangskollektivierung der Landwirtschaft sowie die Industrialisierung unter Stalin setzten ab 1928 diesen Illusionen ein Ende. An die Stelle einer relativ liberalen Kulturpolitik, wie sie während der ersten Hälfte der 1920er Jahre geherrscht hatte, trat zunehmend repressiver Dirigismus. In den Jahren 1936 bis 1939 wurden so viele armenische Autoren, Künstler und Intellektuelle verbannt oder ermordet, daß diese Periode als „Nachlese" der türkischen Ausrottung der armenischen Elite zwanzig Jahre zuvor empfunden wurde. Zu Stalins prominentesten armenischen Opfern gehörten der herausragende Dichter Jerische Tscharenz (Soromonjan, 1897–1937) und der Schriftsteller Axel Bakunz (Alexander Tewosjan, 1899–1937), deren Stellung in der modernen armenischen Literatur treffend mit derjenigen Majakowskijs und Tschechows für die russische Dichtung verglichen wurde. Beide Autoren hatten sich von glühenden Internationalisten zu besonneneren Nationalkommunisten entwickelt, nachdem ihnen im Verlauf der Jahre die Bedeutung des nationalen Kulturerbes immer bewußter geworden war. Ähnlich wie der ihm geistig eng verwandte Russe Wladimir Majakowskij hatte Tscharenz nach einer symbolistischen Frühphase eine kulturrevolutionär-futuristische Periode durchlaufen, bevor er sich ab Mitte der 1920er Jahre nationalgeschichtlichen Themen und konventionelleren Schreibweisen zuwandte. Sein Freund Axel Bakunz steht vordergründig in der Tradition des volkstümlerischen *gjuragrutjun* des späten 19. Jahrhunderts. Doch sein eigentliches „Vergehen" lag vermutlich darin, daß er mit zwei Erzählzyklen dem aufrührerischen Sangesur ein literarisches Denkmal gesetzt hatte. Diese Erzählungen über das archaische Leben in einer entlegenen Region und die enge Abhängigkeit ihrer Einwohner von einer ebenso erhabenen wie auch bedrohlich wirkenden Natur stehen dem Naturalismus Henrik Ibsens näher als der spätromantischen Volkstümlerromantik. Noch innovativer sind Bakunz' formale Leistungen, denn als erster armenischer Prosaautor beweist er eine souveräne Beherrschung moderner Erzähltechniken und Kompositionsverfahren.

Auch in der Nachkriegsprosa Sowjetarmeniens blieb die Dorfprosa ein zentrales Thema. Ihr namhaftester Vertreter, Hrant Matewosjan (1939–2002), setzte die von Bakunz eingeführten Innovationen erfolgreich fort. Innerer Monolog und Bewußtseinsstrom, Figuren- und Multiperspektive gehörten fortan zum festen Repertoire der modernen armenischen Prosa. Die verklärende Sicht auf das Dorf als Hort nationaler Tugenden ist längst einer besorgten Gesellschafts- und Sittenkritik gewichen. Beginnend mit Matewosjan wiesen die modernen Dorfautoren immer kritischer darauf hin, daß Korruption, Amtsmißbrauch und Umweltzerstörung auch vor den schönsten Bergdörfern nicht haltmachen.

Schwieriger und uneinheitlicher verlief die Entwicklung der historischen Erzählprosa. Bis zum Zweiten Weltkrieg als reaktionär unterdrückt, wurde sie umgekehrt ab 1941 als Erziehungsinstrument zur Stärkung des „Sowjetpatriotismus" und der Wehrbereitschaft geradezu gefördert. Aus demselben Grund gestattete man die Neuauflage patriotischer Klassiker wie Raffi. Auch der in der armenischen Literatur seit dem frühen Mittelalter propagierte Leitgedanke vom starken Zentralstaat und von nationaler Eintracht paßte so gut in das Konzept der offiziellen Literaturpolitik, daß während und nach dem Zweiten Weltkrieg eine Fülle meist mehrbändiger historischer Romane erscheinen durfte, am bekanntesten und beispielgebendsten die Trilogie Derenik Demirtschjans (*Wardanank*, 1943–1946) und Stepan Sorjans (*Pap tagawor* – „König Pap", 1944, *Hajoz berde* – „Die Armenierfestung", 1960, *Warasdat*, 1967). Das wichtigste und qualvollste Thema der jüngsten armenischen Geschichte, der Völkermord von 1915, wurde indessen ausgeklammert, erst von der stalinistischen Zensur, dann von vielen Autoren in vorauseilendem Gehorsam.

Einen Durchbruch bewirkte die Jugendrevolte, die, inspiriert vom Vorbild der jungen zornigen Männer in der amerikanischen Beatnik-Literatur aus den späten 1950er Jahren, Anfang der 1960er Jahre in der gesamten Sowjetliteratur ausbrach und in dem Lyriker Jewgenij Jewtuschenko ihren im Ausland bekanntesten Wortführer fand. Die jungen Literaturrebellen der Sowjetunion setzten dem hohlen Pathos der Produktions- und Kriegsromane den Durchschnittsmenschen mit seinen Alltagsproblemen sowie eine ungeschminkte Darstellung der Wirklichkeit entgegen und polemisierten gegen Heuchelei, Karrierismus, Spießertum und Bürokratie. Daraus ging eine bemerkenswerte „Bürgerliteratur" hervor, deren bedeutendster armenischer Vertreter Parujr Sewak (1924–1971) wurde. Das tabubrechende Poem *Der nie verklingende Glockenturm* (1959), sein später sogar mit einem sowjetarmenischen Staatspreis ausgezeichnetes Hauptwerk, schildert am Schicksal des Komponisten Komitas als erster Literaturbeitrag Armeniens den Völkermord.

Die lange „Stagnationsära" unter Breschnjew (1964–1982) lähmte auch die Literatur. Der politische Aufbruch 1988, in Armenien markiert durch die Arzachbewegung, belebte vor allem die Publizistik, denn in Umbruchzeiten sind stets nichtfiktionale, „operative" Gattungen wie Essays, Kommentare und Artikel besonders gefragt. Das Ende der Sowjetherrschaft und die Selbstauflösung der UdSSR bescherten Armenien zwar bis dahin ungewohnte Presse- und Meinungsfreiheiten, stürzten zugleich aber zahlreiche Schriftsteller und Künstler in große materielle Nöte, da die jetzt privaten Berufsverbände keine Festgehälter mehr auszahlen konnten. Die unabhängige Republik besitzt nicht die Mittel, ihre arbeitslosen Intellektuellen halbwegs angemessen zu unterstützen. Im Unterschied zu Malern, Komponisten oder Interpreten fällt es Schriftstellern schwer, ins Ausland auszuweichen, wo sie ihren Beruf oder ihre Berufung aufgeben müßten. Ihr Medium, die Sprache, bindet sie an Armenien. Dort aber haben Papiermangel, Energiekrisen sowie der Zusammenbruch des gesamtsowjetischen Verlags-, Vertriebs- und Abonnentennetzes die Veröffentlichungsmöglichkeiten drastisch eingeschränkt. Literarische Neuerscheinungen sind fast nur noch mit Hilfe privater oder auslandsarmenischer Mäzene möglich, staatliche Druckbeihilfen wie in der Sowjetzeit fehlen. Unter diesen abschreckenden Verhältnissen drohte der literarische Nachwuchs in den 1990er Jahren auszusterben: Über 300 Mitglieder besaß der Schriftstellerverband damals, aber von den 26 im Jahr 1995 neu aufgenommenen Autoren war keiner jünger als 35 Jahre. Inzwischen bemüht sich der von UNICEF geförderte Verein *Tsolker* in Zusammenarbeit mit dem von Lewon Ananjan geführten Schriftstellerverband verstärkt um den literarischen Nachwuchs, dem auch das monatlich erscheinende Organ *Serund* offen steht. Die Schriftsteller Arzachs, deren von Wardan Hakobjan geleiteter Verband 42 Mitglieder besitzt und zwei Zeitschriften herausgibt, können dagegen ihre Werke problemlos in einem eigenen kleinen Verlag veröffentlichen.

Die Buchmalerei

Die Ausschmückung von Handschriften entsprang der in Armenien stark ausgeprägten Buchverehrung. Vor allem religiöse Texte behandelte man wie verehrte Personen. Gerieten sie etwa „in Gefangenschaft", d. h. fielen sie plündernden Feinden in die Hände, versuchte man, sie unter Aufbietung enormer

Summen freizukaufen. Bei einer solchen Wertschätzung von Büchern nimmt deren aufwendige Ausschmückung sowie ihr Schutz durch Einbände und juwelenverzierte Gold- oder Silberbeschläge nicht wunder.

Abschriften und Buchmalereien entstanden zunächst in Einsiedlerklausen, ab dem 13. Jahrhundert zunehmend in den Skriptorien (*gratun*) großer Stiftsklöster wie Hachpat, Gladsor, Tatew oder Ani. Wie bei der Literatur läßt sich ein deutlicher Gegensatz zwischen der volkstümlichen und der „akademischen" Stilrichtung erkennen. Die sogenannte „kleine Buchmalerei" ist in ihrer Linienführung und Farbwahl expressiv und schlicht, ihre Farbpalette begrenzt, doch effektiv eingesetzt, die Figurendarstellung flächig. Diese Malerei stand unter dem Einfluß sowohl der bodenständigen, regional differenzierten Volkskunst als auch der orientalischen Miniaturmalerei. Besonders die Illuminationen der südostarmenischen Provinz Waspurakan tragen deutliche Einflüsse persischer Miniaturen aus der Mongolenzeit: Bei den Figuren mandelförmige Augen, S-förmige Brauen und rote Wangen. Die „akademische" Buchmalerei setzte eine Arbeitsteilung zwischen Kopisten, Kalligraphen, Illuminatoren und Handwerkern voraus. Ihre Auftraggeber entstammten dem Hochadel. Als Prestigemalerei orientierte sie sich am Westen, in erster Linie an Byzanz. Schon der Kleriker Wrtanes Kertor (um 550–617), der die Positionen der armenischen Kirche im byzantinischen Bilderstreit formulierte, wies darauf hin, daß die „aus dem Land der Griechen stammende" Buchmalerei einen Kulturimport darstelle. Den spirituellen Unterschied zur byzantinischen Bilderverehrung sah er im wesentlichen darin, daß für armenische Gläubige das fromme Bild nur ein „Erinnerungszeichen" bilde und kein Abbild des Urbildes, in dem Christus oder ein Heiliger wesenhaft gegenwärtig sind. Ikonen sowie einen Ikonenkult hat es folglich in Armenien nie gegeben.

Daneben orientierte man sich aber auch an der syrischen und koptischen Malerei. Ihre Einflüsse zeigen sich schon in den frühesten erhaltenen Beispielen armenischer Buchmalerei, den vier Sujetszenen aus dem Leben Marias bzw. Jesu, die dem

Etschmiadsin-Evangeliar beigeheftet sind und wohl aus dem 6. Jahrhundert stammen. Einen weiteren Orientalismus bilden die seit jenem Jahrhundert in monophysitisch-orientalischen Handschriften auftretenden Kreuzseiten sowie die teppichartig ausfransenden Bordüren der Bildränder.

Den intensiven, bis nach China reichenden Handelsbeziehungen verdankte die armenische Kultur Kilikiens vielfältige, insbesondere byzantinische, italienische und fränkische Anregungen, die sie zu einer eigenständigen Aussage verschmolz. Der Reichtum schlug sich in einer reichhaltigen Farbpalette sowie der ausgiebigen Verwendung so kostbarer Materialien wie Lapislazuli und Blattgold nieder. In der von dem Illuminator Kirakos im 13. Jahrhundert in der vormals byzantinischen Festung Hromkla (arm. Hromgla; türk. Rum Kale) begründeten Schule erreichte die kilikisch-armenische Buchmalerei ihre höchste Vollendung. Von Toros Roslin, ihrem namhaftesten Vertreter und einem Schüler des Kirakos, sind sieben signierte Handschriften erhalten, deren Illuminationen sich durch vielfältige Farbnuancen und einen effektvollen, die Plastizität der Figuren unterstreichenden Farbeinsatz auszeichnen.

Bis in das 11. Jahrhundert beschränkte sich die Buchmalerei auf das wichtigste Buch der christlichen Religion, die vier Evangelien (Tetraevangelium). Erst im Hochmittelalter und vor allem in Kilikien wurden dann auch Bibeln, Stundenbücher, Predigt- und Odensammlungen und sogar Bücher weltlichen Inhalts mit Illuminationen geschmückt. Für die Ausschmückung der Evangelien gab es feste, sich nur allmählich wandelnde Gestaltungsregeln. Die in Armenien übliche Anordnung der Illuminationen begann stets mit drei Seiten, die das Schreiben des Bischofs Eusebios von Cäsarea (Palästina, ca. 260–340) an Carpianus von Ägypten wiedergeben, der ihn beauftragt hatte, eine tabellarische Konkordanz gleichlautender Aussagen in den vier Evangelien zusammenzustellen. In diesem Brief erläutert Eusebios seine Vorgehensweise. Seine Konkordanz, die erste der Christenheit, folgt auf den zehn nächsten Seiten mit den sogenannten Kanontafeln, die, frühchristlicher Tradition entsprechend, arkadenförmig mit den *choranner* (wörtl. „Pavillon", „Kirche", „Altar", „Apsis", „Kuppelhalle") umrahmt wurden. Sie tragen einen halbrunden, später spitzgiebligen oder balkenartigen Abschluß, in dem sich entweder Medaillons mit Bildnissen des Eusebios und Carpianus sowie der Propheten befinden oder reicher floral-geometrischer Schmuck, seltener szenische Darstellungen. Die *choranner* bilden thematisch eine Weiterentwicklung des rotundenartigen Tempels mit acht oder vier Marmorsäulen, der am Ende der Konkordanz auftaucht. In der westeuropäischen Malerei ist dieses Tempelmotiv selten und wird als „Lebensbrunnen" oder Baptisterium gedeutet, während die Ostkirchen es als Todes- oder Jenseitssymbol auffaßten, das an die Jerusalemer Grabeskirche und den Opfertod Christi erinnern sollte, den die orientalischen Christen als „Quelle des wahren Lebens" auffassen. Dieser komplexen Symbolik entsprechend, erscheinen neben oder über dem Tempietto bzw. den Arkaden der *choranner* halbphantastische Gärten mit Vögeln, Sirenen und Pflanzen als Hinweise auf das Paradies und das ewige Leben. An die Kanontafeln schließen sich Miniaturen mit Sujetszenen an: Die Abbildung des Tempietto, das Isaaksopfer, die Gottesmutter mit dem Kind, Evangelistenporträts sowie Episoden aus dem Leben Jesu (anfangs nur Verkündigung an Maria, Geburt, Taufe, Kreuzesabnahme und Himmelfahrt, ab dem 12. Jahrhundert bis zu elf Szenen).

Über Jahrhunderte stellte man nach orientalischem Brauch die Sujetszenen blockartig dem jeweiligen Evangelium voran und übernahm erst in Kilikien die byzantinische Sitte, das Bild illustrierend dem Text beizuordnen. Besonders prachtvoll wurden die Titelblätter der vier Evangelien mit einer Kopfleiste, Initialen sowie Marginalien gestaltet. Pflanzen, Tiere, die Farbwahl und selbst der geometrische Schmuck waren keineswegs der Phantasie der Künstler überlassen, sondern standen im Dienst verschlüsselter Aussagen, die besonders in entlegenen und darum künstlerisch originellen Regionen wie Sjunik und vor allem Arzach beliebt waren. In dieser deutlich von der Volkskunst inspirierten Malerei erscheinen die Jünger Jesu etwa

Abb. 13: Kanontafel *(choran)* aus dem Evangeliar des Smbat *gundstabl*, Kilikien, 1270er Jahre. Das Kuppeldach des ursprünglichen Tempelmotivs wird im Bogen über den Säulen erkennbar.

als zwölf Perlhühner auf dem Dach eines Tempels oder, als besonders lakonische Chiffre, nur mit ihren Köpfen um eine Scheibe gereiht, die den Tisch des heiligen Abendmahls symbolisiert. Aus dem 8. bis 15. Jahrhundert sind Malbücher überliefert, in denen vor allem die symbolhaltige Gestaltung der Kanontafeln festgelegt wurde.

Zehntausende Handschriften sind bei Plünderungen, Brandschatzungen und Erdbeben für immer verlorengegangen, davon allein 20 000 Handschriften und Frühdrucke 1915 bei Brandschatzungen von Kirchen und Klosterbibliotheken während des Völkermordes. Von den noch etwa 25 000 erhaltenen Fragmenten (seit dem 6. Jahrhundert) und Folianten (seit dem 9. Jahrhundert) befindet sich die mit 10 700 Folianten sowie 2 500 Fragmenten größte und wertvollste Sammlung im Jerewaner Handschriftenarchiv Matenadaran, das auf die 1920 verstaatlichte Klosterbibliothek von Etschmiadsin und damit auf das 5. Jahrhundert zurückgeht. Obwohl der Matenadaran nicht über die Mittel verfügt, um auf internationalen Kunstauktionen mithalten zu können, haben sich seine einzigartigen Bestände dank des Sammelfleißes und der Spendenbereitschaft von Auslandsarmeniern stetig vergrößert.

Die Baukunst

Armenien besitzt uralte Bautraditionen. Aber mit Ausnahme des Tempels von Garni, einem im Jahre 66 n. Chr. dem Sonnengott *Mihr* geweihten ionischen Peripteros, hat kein vorchristlicher Sakralbau die Christianisierung des Landes überlebt.

Die ersten Kirchen wurden, wie auch bei den benachbarten christlichen Kulturen Kleinasiens und des Mittelmeerraums, als längsgerichtete Saalbauten oder dreischiffige Basiliken ausgeführt. Doch schon im 5. Jahrhundert hatte sich der zentrale Kreuzkuppelbau durchgesetzt, bei dem sich die Kuppel über dem Schnittpunkt eines Kreuzes erhebt, das in ein Quadrat oder Rechteck eingeschrieben ist. Jahrhunderte bevor die Romanik in Europa den Vierungsturm einführte, war diese Bauform in Armenien gebräuchlich, denn der Zentralkuppelbau konnte dort auf uralte Traditionen zurückgreifen. So wurden archäologisch schon für die Bronzezeit Wohnhäuser mit einem aus Holzbohlen oder Steinen gefügten, auf zwei oder einer Holzstütze ruhenden Scheingewölbe (arm. *glchatun*) nachgewiesen, dessen zentrale Öffnung (*jerdik*) sich als Rauchabzug und Lichtöffnung über der Herdstelle befindet. Im 19. Jahrhundert fanden europäische Reisende diesen archaischen Haustyp noch immer in armenischen Gebirgsdörfern. Als weiteres Vorbild für die sakrale Kreuzkuppelbauweise erscheinen die auch in Armenien weit verbreiteten masdaistischen Feuertempel, bei denen es sich um überkuppelte Zentralbauten handelte.

Die christlich-armenische Sakralarchitektur verarbeitete äußerst vielfältige Anregungen. Dennoch besitzen armenische Kirchen einen unverwechselbaren, eigenständigen Charakter, der sich besonders in ihrem Schattenriß zeigt. Man hat ihr Aussehen oft als streng, kristallin, mathematisch-logisch und weitgehend funktional beschrieben. Den höchsten Punkt bildet stets die Spitze der Kuppelhaube, die im Unterschied zu den sphärisch gewölbten byzantinischen Bauten kegelförmig gestaltet ist und auf einem polygonalen Tambour ruht. Während bei größeren byzantinischen Kreuzkuppelbauten ein Kranz kleinerer Kuppeln die Hauptkuppel umschließt, werden die tonnenüberwölbten Seitenarme armenischer Kirchen von Satteldächern bedeckt. Auch der Fassadengestaltung liegen ganz unterschiedliche Auffassungen zugrunde. Byzantinische und oft auch georgische Kirchenfassaden werden von halbrund oder polygonal hervortretenden Apsiden aufgelockert. Armenische Fassaden besitzen dagegen, ebenso wie syrische Kirchen, eine strikt eingehaltene Mauerflucht und wirken deshalb viel geschlossener. Diese Kompaktheit und klare hierarchische Gliederung stehen oft im reizvollen Kontrast zu einer komplizierten Innenraumgestaltung: Seit Ende des 6. Jahrhunderts wurden in den Winkeln zwischen den Kreuzarmen Nischen errichtet, die bei den entwickelteren Bauformen zu weiteren Eckräumen überleiten, von denen die beiden östlichen neben dem Altar als Pastophorien (Sakristei bzw. Voraltar zur Vorbereitung des Meßopfers) dienen. Der nach frühchristlichen Grundsätzen stets bühnenartig erhöhte Altarbereich (Bema und Exedra) wird nicht, wie in Kirchen byzantinischer Provenienz, den Blicken der Gläubigen durch eine Ikonenwand entzogen. Die großräumigen Kirchenvorhallen (arm. *gawitner* oder *schamatunner*) bilden Ergänzungen des 10. bis 13. Jahr-

Abb. 14: Das Kloster Gandsassar, heute Pfarrkirche des Dorfes Wank, bildete jahrhundertelang das spirituelle Zentrum Arzachs.

hunderts und dienten als Gerichts-, Versammlungs- und Begräbnisstätten halbweltlichen Zwecken. Erst Ende des 13. Jahrhunderts übernahm man die über Georgien vermittelte byzantinische Sitte, den Kirchen freistehende Glockentürme hinzuzufügen, achtete aber weiterhin darauf, daß diese nicht die Hauptkuppel überragten.

Nach der Befreiung von der Araberherrschaft setzte gegen Ende des 9. Jahrhunderts eine Renaissance der Bautätigkeit ein, wobei in den beiden Territorialkönigreichen von Schirak (Ani) und Waspurakan unterschiedliche Akzente gesetzt wurden. Da die Bagratidenherrscher dem Handel weniger Beschränkungen auferlegten als die meisten anderen zeitgenössischen Staaten, bildete Ani nach Konstantinopel die wichtigste Station im Ost-West-Handel, wo Angehörige fremder Völker und Religionen stets willkommen waren und eigene Gotteshäuser besaßen, darunter eine Moschee. Wie die meisten Städte Vorderasiens bestand Ani aus einer Zitadelle, dem *schahastan* genannten, von starken Mauern geschützten Handelszentrum sowie der Vorstadt. Als reiche Handelsmetropole und repräsentative Residenz war es eine „Stadt der vierzig Tore, hundert Paläste und tausend Kirchen", wie sie der Historiker Kirakos Gandsakezi im 13. Jahrhundert nannte. Ihr lag eine durchdachte Planung zugrunde, die zwei scheinbar unvereinbaren Zielen Rechnung trug, nämlich den Bedürfnissen einer weltoffenen Handels- und Handwerkerstadt, in der man Karawanen empfing, entlud und beherbergte, sowie den Sicherheitsansprüchen einer Residenz. So entstanden unterirdische Verkehrswege und eine zweigeschossige Brücke, auf der gleichzeitig Fußgänger und Wagen in den *schahastan* gelangten, ferner Geschäfte, Werkhallen und Bäder. Sechzehn teilweise überkuppelte Taubenhäuser zeugen davon, daß Anis Handelsherren Brieftauben zur schnellen Nachrichtenübermittlung einsetzten.

Die Planung und der Ausbau der Stadt lagen wesentlich in den Händen Trdats (geb. um 940, Todesdatum unbekannt), des bedeutendsten Baumeisters am Bagratidenhof. Von ihm stammen nachweislich nicht nur drei Kathedralen in Ani und Argina sowie die Kirche des hl. Grigor Lussaworitsch zu Ani, sondern er beaufsichtigte auch den Bau der berühmten, mit Türmen bewehrten Doppelwallmauer (977–981) des Königs Smbat II., die den *schahastan* schützte, sowie den Bau des doppelgeschossigen Nordteils der Zitadelle. Trdats Ruhm als Baumeister war so groß, daß er mit der Instandsetzung der bei einem Erdbeben beschädigten Kuppel der Hagia Sophia in Konstantinopel beauftragt wurde (989–992). Als Erbauer armenischer Kathedralen und Kirchen griff Trdat einerseits auf klassische Bauformen aus vorarabischer Zeit zurück, führte aber andererseits neue Verfahren ein, die in ihrem Höhenstreben den sakralen Monumentalbauten der Bagratidenhauptstadt einen fast „gotischen" Charakter verliehen.

Manche Innovationen Trdats entsprangen einem Umstand, den sämtliche armenischen Baumeister berücksichtigen mußten, nämlich die häufigen und oft sehr heftigen Erdbeben. Der Abwehr von Erdbebenschäden diente unter anderem die Weiterentwicklung des von den Römern übernommenen Gußmauerwerks, bei dem ein Kern aus „armenischem Zement", einer Mischung aus Tuffschutt, Bimsstein und rohen Eiern, beidseitig mit Hausteinen aus Tuff verschalt wurde, einem leichten, vulkanischen Gestein, das in Armenien in vielfältigen Farbnuancen gebrochen wird, vor allem aber in Rosatönen auftritt. Ebenso sollten in die Erde versenkte Fundamente, prismatische Nischen an den Außenfassaden sowie die charakteristischen Kegelhauben vor Erdbebenschäden schützen. Die Kegelhauben wurden von den Seldschuken und späteren Turkvölkern für ihre Minarette übernommen. Trdat hat dieses im Verlauf von Jahrhunderten bewährte Verfahren unter anderem durch die Einführung der schirmartigen Faltkegelhaube erweitert, die ab dem 11. Jahrhundert besonders in Schirak und Arzach viele Kirchen krönte.

Das zweite Zentrum mittelalterlicher armenischer Baukunst befand sich auf der Wan-See-Insel Achtamar. Hier ließ sich König Gagik I. Artsruni 915–921 von dem Baumeister Manwel, einem Mönch, neben seinem Palast eine aufwendig mit Fresken und Steinreliefs geschmückte Hofkirche errichten. Als königlicher Prestigebau bildet die Heilig-Kreuz-Kirche (arm. Surb Chatsch) mit ihrem ungewöhnlich reichen Reliefschmuck freilich eine Ausnahme. Nach syrischem Vorbild wurde nämlich sonst in der armenischen Sakralarchitektur Bauschmuck nur sparsam eingesetzt und, mit Ausnahme von Stifterbildnissen, meist als ornamentales Flachrelief ausgeführt, das sich anfangs auf Friese, Türen und Fenster beschränkte und erst seit der Wende vom 9. zum 10. Jahrhundert auch die Tamboure und Fassaden einbezog. Letztere wurden bei der Heilig-Kreuz-Kirche durch geometrische Ornamentbänder in ein Hauptfeld gegliedert, das im wesentlichen Glaubenswunder aus dem Alten Testament zeigt: Das Isaaksopfer, die Opferung des Jonas an ein Seeungeheuer, Daniel in der Löwengrube, die Drei Jünglinge im Feuerofen, den Kampf Davids gegen Goliath, ferner Adam und Eva, den Stifter Gagik I. mit dem halbplastischen Modell der Kirche und seine Vorfahren Sahak und Hamasasp Artsruni, die 786 durch die Araber den Märtyrertod erlitten hatten. Technische wie stilistische Eigentümlichkeiten des Bauschmucks entspringen orientalischen Einflüssen, so etwa das sonst für die armenische Bauskulptur ungewöhnliche Hochrelief der parthischen Kunst, der sassanidischen die

Jagd- und Tierkampfszenen sowie Fabelwesen. Die fettleibigplumpen Körper der Reliefs und Fresken erinnern an die arabische Malerei aus der Zeit der Abbassiden- und Omajjadenkalifen, und die inhaltliche Betonung des Alten Testaments als gemeinsamer Glaubensgrundlage von Juden, Christen und Muslimen könnte darauf hindeuten, daß Manwel an der Ausführung des Bauschmucks auch muslimische Handwerker beteiligte. Das Baumaterial freilich stammte aus der von Gagik eroberten arabischen Festung Kotom am Südostufer des Wan-Sees.

Hervorgerufen durch den in Armenien besonders lebendigen Kreuzeskult, erlangte die Steinmetzkunst ihren originellsten und vollendetsten Ausdruck in den Kreuzsteinen (*chatschkar*, Mz. *chatschkarner*). Sie finden sich überall dort, wo Armenier gelebt haben, am häufigsten in und um Kirchen und Klöster, aber auch als Gemarkungs- und Grabsteine oder in Felswände eingemeißelt. Freistehende Kreuzsteine wurden wie Kirchbauten auf der Ost-West-Achse errichtet, mit dem Kreuz nach Westen weisend, der Himmelsrichtung des Sonnenunterganges und Todes. Man stiftete Kreuzsteine aus Dank oder zur Fürbitte, zum Gedenken an eine Person oder ein geschichtliches Ereignis wie etwa eine gewonnene Schlacht. Datierte *chatschkarner* sind seit dem späten neunten Jahrhundert belegt, und zwar zuerst in Südostarmenien. Als ihre Vorläufer erscheinen Stelen bzw. Steinkreuze mit kurzen Seitenarmen. Die Kreuzsteinkunst erreichte ihren Höhepunkt im 13. Jahrhundert und überlebte bis in das sechzehnte, am originellsten in Nachitschewan.

Kreuzsteine tragen meist ein (lateinisches) Passions-Kreuz, seltener ein griechisches (gleichachsiges). Die geschweiften und gekerbten Achsenenden erinnern an Malteserkreuze, besitzen aber im Unterschied zu diesen einen ausgesprochen pflanzenhaften Charakter. Überdies entspringen dem Kreuzesfuß, bisweilen auch dem Kreuzeskopf, Knospen und Akanthuswedel, die oft stark stilisiert als parallele Rillen dargestellt werden. Damit wird an das orientalische Lebensbaummotiv angeknüpft, das im 5. Jahrhundert als „blühendes Kreuz" (*crux florida*) in

Abb. 15: Kreuzstein im Kloster Surb Nschan (Hachpat).

die christliche Kunst einging. Es betont nicht die Passion des Menschen Jesus, sondern den göttlichen Triumph Christi über den Tod. Seitlich des Kreuzkopfes oder an den Seitenarmen auftretende Weintrauben weisen das Kreuz als Weinstock aus, ein im Rebenland Armenien weit verbreitetes frühchristliches Eucharistie-Sinnbild. Die Kreuze erheben sich auf rosettenförmigen, die Kosmoskugel symbolisierenden Scheiben oder auf einem stufenförmigen, pyramidalen Unterbau, der an den Golgathahügel erinnert. Diese Darstellungsform tauchte erstmals zur Zeit des byzantinischen Kaisers Heraklios (610–641) in der ostkirchlichen Kunst auf und war besonders bei monophysitischen Kirchen beliebt. Im Verlauf der Jahrhunderte immer aufwendiger gestalteter Schmuck aus geometrischen und pflanzlichen Motiven umgibt die Kreuze im Mittelfeld sowie an den Seitenrändern. Die Vielfalt der Muster ist ebenso groß wie die Zahl der Kreuzsteine, denn jeder *chatschkar* bildet ein einzigartiges, unwiederholtes Kunstwerk und Glaubenszeugnis. Szenische Darstellungen wie die Kreuzesabnahme, die Auferstehung oder die Deesis (Christus zwischen Maria und Johannes dem Täufer thronend) treten erstmals 1273 auf einem Kreuzstein des Heilig-Kreuz-Klosters von Hachpat auf. Diese wohl unter westkirchlichem Einfluß entstandene, *amenaprkitsch* („Allerlöser") genannte Sonderform genoß gerade wegen ihrer Seltenheit besondere Verehrung. Im armenischen Volksglauben kam und kommt den Kreuzsteinen ein ähnlich hoher Stellenwert zu wie den Ikonen bei orthodoxen Gläubigen. Denn Kreuzsteine galten als wundertätig, und man unternahm Wallfahrten zu ihnen, um Schutz vor Krankheiten, Unwetter oder Mißernten zu erflehen.

Zeugnisse armenischer Bautätigkeit findet man keineswegs nur in der Republik Armenien, wo allein etwa 5000 Baudenkmäler unterschiedlichster Zeitalter zu bewundern sind. Wenn auch heute nicht mehr gottesdienstlich genutzt, bezeugen Kirchen in Indien, Indonesien, Hongkong, Singapur und vielen anderen Staaten die weltweite Verbreitung des armenischen Volkes. Die aus dem 10. Jahrhundert stammende und damit älteste erhaltene armenische Kirche Europas steht übrigens auf Kreta. Natürlicher Verfall setzte den ungenutzten Bauten ebenso zu wie mutwillige Zerstörung. Dies gilt insbesondere für sakrale Baudenkmäler in jenen historischen armenischen Siedlungsgebieten, die sich unter türkischer und aserbeidschanischer Herrschaft befinden. Obwohl oft von kunsthistorisch unschätzbarem Wert, wurden sie nicht allein der Zerstörung durch Wind, Wetter und Erdbeben ausgesetzt oder in Moscheen, Scheunen, Lagerhallen oder bestenfalls Museen umgewandelt, sondern schlimmstenfalls auch zerstört.

Nach Angaben des armenisch-apostolischen Patriarchats zu Konstantinopel bestanden vor dem Ersten Weltkrieg im osmanischen Teil Armeniens 2200 Klöster und Kirchen, von denen mindestens 2150 während des Völkermordes geplündert und niedergebrannt wurden, darunter herausragende Beispiele der frühchristlichen Architektur aus dem 7. Jahrhundert. Die UNESCO gab 1974 bekannt, daß seither 464 der 913 armenischen Bauten zerstört wurden, die nach dem Genozid noch auf dem türkischen Staatsgebiet gestanden hatten, 252 wurden in Ruinen verwandelt, und 197 benötigten dringend eine Rekonstruktion.

Behörden der Republik Türkei haben bis in die 1980er Jahre den in der Türkei vertretenen armenischen Kirchen (armenisch-apostolisch, armenisch-uniert, evangelische Armenier) den Erhalt ihrer gottesdienstlich genutzten Kirchen und Kapellen in vielfacher Weise erschwert oder sogar unmöglich gemacht. Jede Restauration, Erneuerung oder gar der Um- und Ausbau von Kirchen, die einen bestimmten Kostenrahmen überschreiten, unterliegt der Genehmigung durch das *Vakıflar Genel Müdürlüğü* (Generaldirektorium für fromme Stiftungen) und seit einigen Jahren auch durch das Außenministerium, obwohl die Kosten ausschließlich von den armenischen Kirchen aufgebracht werden müssen. In der Vergangenheit wurden Renovierungsgenehmigungen oft unter dem Vorwand des Baudenkmalschutzes verweigert. Dringende Reparaturarbeiten verzögerten sich auf diese Weise jahrelang oder wurden verhindert. Der Neubau von Kirchen war ausgeschlossen, während andererseits die Zahl der Moscheen in der offiziell laizistischen Türkei ständig zunahm; sie lag um 2001 bei 70 000. Sakrale Baudenkmäler bzw. Kirchen ohne eigene Gemeinde durften nicht auf Kosten des armenisch-apostolischen Patriarchats erhalten werden.

Solche nicht mehr gottesdienstlich genutzten Sakralbauten wurden seit Gründung der Republik Türkei zerstört oder zweckentfremdet als Viehställe, Lagerräume, als Gefängnisse oder sogar Toiletten genutzt. In glücklicheren Fällen baute man armenische Gotteshäuser zu Moscheen um. Dazu gehörte die armenische Kathedrale von Şanlıurfa (ehemals Urfa), in der Ende 1895 dreitausend Armenier lebendig verbrannten. Ausgerechnet diese Kathedrale hatte seit der Vernichtung der armenischen Bevölkerung Urfas im Oktober 1915 der örtlichen

Feuerwehr als Spritzenhaus gedient, bevor sie 1993 zur Moschee umgewandelt wurde.

Wie das Beispiel der seit 1995 in Ani durchgeführten „Restauration" zeigt, wird die armenische Herkunft von Baudenkmälern durchgehend verschwiegen. Stattdessen werden sie zu byzantinischen oder türkischen Denkmälern erklärt oder nur mit dem Namen der Dynastie verbunden, unter deren Herrschaft sie errichtet wurden (Bagratiden in Schirak, Artsruni in Waspurakan), ohne daß die ethnische Zugehörigkeit dieser Adelsfamilien irgendwo erwähnt wird. In einigen Fällen stellte man armenische Baudenkmäler als „Beispiele seldschukischer Architektur" unter Denkmalschutz.

Die Türkei hat verschiedene internationale Abkommen zum Schutz von Baudenkmälern bzw. zum Schutz des Kulturerbes von Minderheiten unterzeichnet, ohne freilich ein einziges armenisches Baudenkmal auf ihrem Staatsgebiet als schützenswertes Weltkulturerbe bei der UNESCO registrieren zu lassen. Am 30. Mai 2000 trat die Ratifizierung der *Revidierten Europäischen Konvention zum Schutz des Archäologischen Erbes* in Kraft, die die Türkei am 30. November 1999 unterzeichnet hatte. Diese Vertragsunterzeichnung markiert möglicherweise eine Wende zum Besseren, denn im selben Jahr 1999 entschloß sich die türkische Regierung zur Restauration der Heilig-Kreuz-Kirche von Achtamar. Es dauerte aber noch bis 2005, bis der türkische Regierungschef Erdoğan und der Provinzgouverneur von Wan die Restauration absegneten, an der auch italienische und erstmals armenische Fachleute beteiligt werden sollen, was eine unerläßliche Voraussetzung darstellt, um nationalistisch motivierte Verschlimmbesserungen wie in Ani oder schlicht Inkompetenz zu verhindern.

Wie zwiespältig das Verhältnis der Türkei auch 90 Jahre nach dem Völkermord gegenüber der armenischen Minderheit und ihrem Kulturerbe ist, zeigte im Oktober 2005 der Abriß einer armenischen Kirche im Dorf Argn des Kreises Kulp (bei Diyarbakir), die bereits nach 1923 als Steinbruch für Wohnbauten mißbraucht, aber später als Halbruine von den zuständigen Behörden unter Denkmalschutz gestellt worden war.

Trotzdem rissen Einwohner von Argn unter Führung eines örtlichen Bauunternehmers das Gotteshaus und den angrenzenden armenischen Friedhof nieder, um eine Moschee an ihrer Stelle zu errichten. Andere Dorfbewohner beschweren sich über den Kulturfrevel bei den Provinzbehörden.

Ein besonders krasses Beispiel von Ethnozid stellt die Zerstörung des 1200 Jahre alten armenischen Friedhofs von Dschura (andere Schreibweise: Dschugha; pers. Dschulfa) in Nachitschewan dar, von wo im November 1998 800 Kreuzsteine mit der Eisenbahn abtransportiert oder an Ort und Stelle zerstört wurden. Zwar bewirkte der Protest der UNESCO einen vorübergehenden Stopp, doch vom November 2002 bis März 2003 fand nicht nur die weitgehende Zerstörung der noch vorhandenen Gräber statt, sondern auch der in dem Gebiet noch vorhandenen armenischen Klöster und Kirchen. Mitte Dezember 2005 zerstörten an die zweihundert Angehörige der aserbeidschanischen Streitkräfte die restlichen Gräber. Sie vernichteten damit nicht nur die größte Sammlung armenischer Kreuz- und Grabsteine, die es je gab, sondern auch die in ihren Inschriften enthaltenen reichen Quellen zur Regionalgeschichte des 5. bis frühen 17. Jahrhunderts.

„Man kommt nicht umhin", schrieb rückblickend die Organisation *Research on Armenian Architecture*, die über die Jahre hilflos das Vernichtungswerk dokumentierte, „eine direkte Parallele zwischen der fundamentalistisch motivierten Zerstörung der Buddhastatuen durch die Taliban in Afghanistan zu ziehen, was zu weltweitem Protest geführt hat. In diesem Fall haben wir es mit der systematischen Auslöschung religiös benutzter Denkmäler einer fremden Kultur zu tun, deren historische Spuren mit einem Unterschied entfernt werden: Die Zerstörung in Nachitschewan betrifft die europäische Kulturgeschichte.

Aserbeidschan hat 1993 ein Abkommen mit der UNESCO über die Bewahrung des Weltkultur- und Naturerbes geschlossen und besitzt eine Vertretung bei der parlamentarischen Versammlung des Europarates. Entsprechend hat sich Aserbeidschan den Zielen dieser Einrichtung verpflichtet und sollte für diese Akte zur Verantwortung gezogen werden."

Anhang

Grunddaten der armenischen Geschichte

15.–13. Jh. v. Chr.	Erste überlieferte Erwähnung einer Staatenbildung im Armenischen Hochland: *Hajassa* im Dreieck der heutigen Städte Erzincan, Trapesunt und Erzurum, daher die Eigenbezeichnung *haj* (Armenier) bzw. *hajastan* (Armenien).
Mitte 9. Jh.–640 v. Chr.	Königreich Urartu (Eigenbezeichnung: *Biainili*) mit Residenz am Wan-See.
570–2. Jh. v. Chr.	Armenische Dynastie der Jerwandiden herrscht als Statthalter der Meder und Perser über Armenien.
Um 190 v. Chr.	Armenische Königsdynastie der Artaschiden.
95–55 v. Chr.	Herrschaft von Tigran II. (der Große) Artaschjan, um das Jahr 70 v. Chr. erlangt Armenien die größte Ausdehnung seiner Geschichte, unter Einschluß Kilikiens und Nordsyriens.
53 n. Chr. – 428	Königsdynastie der ursprünglich parthischen Arschakiden (Arschakuni).
301	Grigor Lussaworitsch („der Erleuchter") bekehrt König Trdat III. (den Großen), der das Christentum zur Staatsreligion erhebt. Armenien gilt als ältester christlicher Staat.
387	Erste persisch-oströmisch/byzantinische Teilung Armeniens.
405	Mesrop Maschtoz entwirft das Nationalalphabet. Es erlaubt die Übersetzung der Bibel (433) und bildet die Grundlage für das reiche Schrifttum im Mittelalter. Das 5. Jahrhundert gilt als „Goldenes Zeitalter" der altarmenischen Literatur.
26. 5. 451	Armenisch-persische Glaubensschlacht bei Awarajr, Märtyrertod des Feldherrn Wardan Mamikonjan.
451	Erste Spaltung der christlichen Kirche auf dem Konzil von Chalcedon; die Schlacht bei Awarajr verhindert Teilnahme der Armenier am Konzil. Auf späteren Synoden (Dwin 505/06 und 554) verwirft die armenische Kirche die Konzilsbeschlüsse und gehört mit Syrern, Kopten und Abessiniern zu den sogenannten vorchalcedonensischen („altorientalischen") Kirchen.
591	Zweite byzantinisch-persische Teilung Armeniens.
Herbst 640	Arabische Invasion in Armenien, das bis 885 von arabischen Statthaltern regiert wird.

885–1045	Armenische Dynastie der Bagratiden (Bagratuni) in Nordostarmenien: Königreich Schirak mit der Hauptstadt Ani.
908–1021	Armenische Dynastie der Artsruni in Südwestarmenien: Königreich Waspurakan mit der Residenz auf der Insel Achtamar (Wan-See).
19. 8. 1071	Sieg der Seldschuken über die Byzantiner bei Manaskert (Manzikert). Armenien gerät erstmals unter türkische Herrschaft. Massenflucht nach Kleinarmenien und Kilikien. Entstehung armenischer Exilgemeinden.
1080	Ruben (aus dem Geschlecht der Bagratiden) gründet in Oberkilikien eine Baronie. Im Schutz der benachbarten Kreuzfahrerstaaten regieren er und seine Nachfolger Kilikien als Barone, seit der Krönung Lewons I. Rubenjan (6. 11. 1198) als Könige. Durch Einheirat lösen 1226 die Hetumiden (Hetumjan) die Rubeniden ab.
Um 1200–1236	Im Schutz des georgischen Großreiches wirtschaftliche und kulturelle Renaissance in Nordostarmenien.
1236	Mongolen erobern Armenien.
1342–1375	Durch Einheirat übernehmen die französischen Lussinjan (Lusignan) aus Zypern den armenisch-kilikischen Königsthron.
1375	Die ägyptischen Mameluken erobern die kilikisch-armenische Hauptstadt Sis.
1386, 1387, 1390er Jahre	Timur Lenk („Tamerlan") verwüstet Armenien.
1410–1502	Herrschaft der turkmenischen Kara und Ak Koyunlu über Armenien.
29. 5. 1453	Der osmanische Sultan Mehmet II. Fatih (der Eroberer) nimmt die byzantinische Hauptstadt Konstantinopel ein.
1472	Der Großteil Armeniens gerät unter persische Herrschaft.
1487	Osmanen erobern Kilikien.
23. 8. 1514	Persisch-türkische Schlacht bei Tschaldiran (Çaldıran): Osmanen erlangen die Hälfte Armeniens, Sultan Selim I. läßt kurdische Nomaden in den Neueroberungen ansiedeln.
1555	Vertrag von Amassia: Erste persisch-türkische Teilung Armeniens.
1639	Vertrag von Diyarbakir: Zweite Teilung Armeniens zwischen dem Osmanischen Sultanat und dem Iran, dem nur die ostarmenischen Chanate Jerewan und Nachitschewan bleiben.
Oktober 1827	Rußland erobert Ostarmenien.
1839–1876	*Tanzimat*-(Reform-)Periode: Bei verschiedenen Anlässen verkünden osmanische Sultane die rechtliche Gleichstellung der Christen, ohne das *millet*-System aufzuheben.

13. 7. 1878	Mit dem Berliner Friedensvertrag regeln die sechs europäischen Großmächte die Folgen des russisch-türkischen Krieges (24. 4. 1877–31. 3. 1878): Rußland behält (bis 1917) die armenischen Bezirke Kars und Ardahan. Artikel 61 des Vertrages verpflichtet das Osmanische Sultanat zu Reformen in seinen „armenischen Provinzen", wodurch Westarmenien zum internationalen Streitobjekt wird.
1881–1890	Gründung armenischer Befreiungsorganisationen und Parteien.
1894–1896	Staatlich gelenkte Armenierpogrome mit 300 000 Opfern unter dem despotischen Sultan Abdul Hamid (Abdülhamit) II. (1876–1908).
April 1909	Armenierpogrom in Kilikien (30 000 Opfer).
Ende März 1915 bis Februar 1917	Unter Kriegsbedingungen organisiert die (jung)türkische Regierungspartei *Ittihat ve terakki Cemiyeti* (Komitee für Einheit und Fortschritt) Massaker und die Deportation der armenischen Bevölkerung des Osmanischen Sultanats. Knapp zwei Drittel (1,5 von 2,5 Millionen nach amtlicher deutscher Schätzung) fallen der systematischen Vernichtung zum Opfer.
28. 5. 1918	In Ostarmenien erklärt sich das ehemals russische Gouvernement Jerewan zur unabhängigen Republik Armenien.
10. 8. 1920	Der Friedensvertrag von Sèvres sichert der Republik Armenien große Teile Westarmeniens. Bevor er verwirklicht werden kann, greift die türkische Nationalistenregierung unter Mustafa Kemal am 23. September 1920 die Republik Armenien an.
2. 12. 1920	Unter dem Eindruck militärischer Niederlagen gegen die Türkei und des drohenden politischen Bankrotts überträgt die armenische Regierung die Staatsgewalt einem prosowjetischen militärischen Revolutionskomitee. Unterbrochen durch Aufstandsversuche der verfolgten Anhänger der Vorgängerregierung und der unzufriedenen Bevölkerung Sangesurs, beginnt die bis zum Sommer 1921 abgeschlossene Sowjetisierung Armeniens.
16. 3. 1921	Vertrag von Moskau: Sowjetrußland verzichtet über die Köpfe der Armenier hinweg auf Westarmenien und unterstellt das historische armenische Gebiet Nachitschewan (sowjet)aserbeidschanischem „Protektorat".
5. 7. 1921	Das Kaukasische Büro (Kawbjuro) des Zentralkomitees der Kommunistischen Partei Rußlands beschließt, das armenische Gebiet Arzach (Karabach) unter (sowjet)aserbeidschanische Verwaltung zu stellen.
24. 7. 1923	Türkisch-alliierter Friedensvertrag von Lausanne: Die westlichen Siegermächte des Ersten Weltkriegs verzichten still-

	schweigend auf eine armenische „Heimstatt" in Westarmenien oder Kilikien. Armenier in der Türkei werden nur noch als religiöse Minderheit, nicht aber als Volksgruppe geduldet.
1936–1939	Stalinistische „Säuberungen": Massenhafte Festnahmen, Willkürurteile, Verbannung und Ermordung armenischer Intellektueller.
1973–1985	Anschläge armenischer Untergrundorganisationen, hauptsächlich auf türkische Einrichtungen und Diplomaten aus Protest gegen das internationale „Verbrechen des Schweigens".
1983–1987	Unter dem Eindruck armenischer Anschläge verurteilen internationale Gremien (Weltkirchenrat, UN-Menschenrechtskommission, Europäisches Parlament) den türkischen Genozid von 1915.
20. 2. 1988	Der Gebietssowjet des Autonomen Gebiets Berg-Karabach beschließt die Angliederung an (Sowjet-)Armenien. Beginn von Massenbewegungen für größere nationale Selbstbestimmung.
1988 und 1990	Armenierpogrome in den aserbeidschanischen Städten Sumgait, Kirowabad (Gandscha) und Baku. Fast sämtliche Armenier (350 000) fliehen aus Aserbeidschan, ebenso die aserbeidschanische Minderheit aus Armenien (ca. 200 000).
7. 12. 1988	Das heftigste Erdbeben der Neuzeit vernichtet Nordarmenien. Nach offiziellen Angaben 23 000 Todesopfer, nach inoffiziellen Schätzungen 50 000–80 000.
4. 9. 1989	Beginn der aserbeidschanischen Blockade- und Embargomaßnahmen gegen Armenien, seit 1992 von der Türkei unterstützt. Sie führen zum Zusammenbruch der Wirtschaft und zu einer anhaltenden Sozialkrise, über eine Million Menschen verläßt im Zeitraum 1990–1996 Armenien.
4. 8. 1990	Lewon Ter-Petrosjan (*HHSch*) wird in freien Wahlen zum ersten nichtkommunistischen Parlamentspräsidenten seit 1920 gewählt (Wahl zum Staatspräsidenten am 16. 10. 1991 mit etwa 83 Prozent der abgegebenen Stimmen).
6. 4.–6. 6. 1991	„Operation Ring": OMON-Angehörige Aserbeidschans vertreiben mit sowjetischen Streitkräften bis zu 10 000 Armenier aus 25 Dörfern; Ansiedlung von Aserbeidschanern, schwerste Menschenrechtsverletzungen (Verschleppungen, Folter, extralegale Tötungen von Armeniern).
2. 9. 1991	Als Reaktion auf den Austritt Aserbeidschans aus der UdSSR erklärt sich Arzach mit dem nördlich angrenzenden Bezirk Schahumjan zur unabhängigen Republik.
21. 9. 1991	92 Prozent der Wähler stimmen bei einem Volksentscheid für Armeniens Austritt aus der UdSSR.

10. 12. 1991	98,2 Prozent der Wähler stimmen für die Unabhängigkeit Berg-Karabachs von Aserbeidschan.
Dezember 1991 bis Mitte Mai 1994	Aserbeidschan versucht, Karabach zurückzuerobern. Im Verlauf des Krieges gelingt es den Arzacher Einheiten, mit Ausnahme des Nordens sämtliche angrenzenden Bezirke einzunehmen und strategisch optimale Positionen zu erlangen.
erste Hälfte 1992	Unter Blockadebedingungen Privatisierung der Landwirtschaft in der Republik Armenien.
seit 1992	Die Suche der OSZE (vormals KSZE) nach einer dauerhaften Friedensregelung im Arzach-Konflikt scheitert bislang an den sich wechselseitig ausschließenden Standpunkten der Konfliktparteien.
1994–1995	Innenpolitische Krise in der Republik Armenien. Vom Dezember 1994 bis Herbst 1995 Festnahmen von Mitgliedern und Sympathisanten der Oppositionspartei *Daschnakzutjun*, am 28. 12. 1994 per Präsidentenerlaß Verbot der Partei und ihrer Medien, Beeinträchtigungen der Pressefreiheit.
22. 9. 1996	Umstrittene Wiederwahl Ter-Petrosjans zum Präsidenten. Tumulte dienen als Vorwand für Repressionen gegen Oppositionsparteien und deren Abgeordnete. Etwa 200 Personen werden vorübergehend festgenommen.
3. 2. 1998	Erzwungener Rücktritt Ter-Petrosjans und Ernennung des bisherigen Regierungschefs Robert Kotscharjan zum Amtierenden Staatspräsidenten; aus vorgezogenen Neuwahlen geht Kotscharjan nach zwei Wahlrunden am 16. sowie 30. 3. 1998 als Sieger hervor. Er läßt umgehend die von seinem Vorgänger verbotene Partei *Daschnakzutjun* wieder zu, die ihn seither politisch unterstützt.
27. 10. 1999	Bei einer parlamentarischen Fragestunde erschießen der politische Journalist Nairi Hunanjan sowie vier mit ihm verwandte oder befreundete Mittäter im Plenarsaal der Armenischen Nationalversammlung den erst am 11. 6. 1999 ernannten Regierungschef und vormaligen Verteidigungsminister Wasgen Sargsjan, den Parlamentspräsidenten Karen Demirtschjan sowie dessen Stellvertreter, den Energieminister sowie den Minister für operative Fragen und drei weitere Opfer; die Attentäter nehmen zahlreiche Abgeordnete als Geiseln, geben jedoch am 28. 10. auf. Die in der Geschichte der Republik Armenien bisher größte politisch motivierte Straftat löst eine bereits längere Zeit schwelende, mehrmonatige Krise zwischen dem Staatspräsidenten und dem damaligen Sicherheitsminister Serge Sargsjan einerseits, auf der anderen Seite dem Verteidigungsministerium aus. Dabei gelingt es Kotscharjan, sich durchzusetzen.

Januar 2001	Armenien und Aserbeidschan werden Mitglieder des Europarates.
2003	Aufnahme in die Welthandelsorganisation (WTO).
März 2003	Bei von der politischen Opposition sowie der OSZE kritisierten Wahlen (5. und 20. 3. 2003) wird Kotscharjan erneut zum Staatspräsident gewählt. Die gegen ihn gerichtete Protestbewegung findet bei Demonstrationen und Kundgebungen im April 2004 ihren Höhepunkt, als die Opposition erfolglos versucht, nach georgischem Vorbild das Staatsoberhaupt bei einer „Rosenrevolution" zu stürzen.
16. 6. 2005	Mit seinem Beschluß „Erinnerung und Gedenken an die Vertreibungen und Massaker der Armenier von 1915 – Deutschland muß zur Versöhnung zwischen Armeniern und Türken beitragen" (BT-Drucksache 15/5689) erkennt der deutsche Gesetzgeber implizit den Völkermord an den armenischen Bürgern des Osmanischen Reiches an und bekennt sich zur Mitverantwortung Deutschlands.

Zum Nach- und Weiterlesen

Geschichte und Gegenwart

Afanasyan, Serge: L'Arménie, l'Azerbaidjian et la Géorgie de l'indépendance à l'instauration du pouvoir soviétique 1917–1923. Paris 1981

Akçam, Taner: Armenien und der Völkermord: Die Istanbuler Prozesse und die türkische Nationalbewegung. Hamburg 1996 (2004)

Alexander, Edward: A Crime of Vengeance: An Armenian Struggle for Justice. New York, Toronto (u. a.) 1991

Armenia at the Crossroads: Democracy and Nationhood in the Post-Soviet Era. Hg. von Gerard Libaridian. o.O. 1991

Armenien: Kleines Volk mit großem Erbe. Hg. von Wilm Sanders. Hamburg: Katholische Akademie 1989

Armjanskij vopros: Ėnciklopedija (Die Armenische Frage: Enzyklopädie, russ.). Hg. von K. S. Chudawerdjan. Erevan 1991

Asenbauer, Haig E.: Zum Selbstbestimmungsrecht des armenischen Volkes von Berg-Karabach. Wien 1993

Balakian, Peter: Die Hunde vom Ararat: Eine armenische Kindheit in Amerika. Wien 2000

- ders.: The Burning Tigris: The Armenian Genocide. London 2004

Baum, Wolfgang: Die Türkei und ihre christlichen Minderheiten: Geschichte – Völkermord – Gegenwart; ein Beitrag zur EU-Erweiterungs-Debatte. Wien-Klagenfurt 2005

Bernstein, Eduard, Umfrid, Otto: Armenien, die Türkei und die Pflichten Europas. Mit Beiträgen von Georg Gradnauer, Gunnar Heinsohn, Otto

Luchterhandt, Steffen Reiche u. Helmut Donat. Hg. Von Helmut Donat. Bremen 2005
Bloxham, Donald: The Great Game of Genocide: Imperialism, Nationalism, and the Destruction of the Ottoman Armenians. Oxford 2005
Brentjes, Burchard: Drei Jahrtausende Armenien. Wien, München 1984
Captanian, Pailadzo: 1915: Der Völkermord an den Armeniern, eine Zeugin berichtet. Übers., Bearb., Vorwort von Meliné Pehlivanian. Leipzig 1993
Chaliand, Gérard, Ternon, Yves: The Armenians: From Genocide to Resistance. London 1983
Chorbajian, Levon, Donabédian, Patrick, Mutafian, Claude: The Caucasian Knot: the History and Geo-Politics of Nagorno-Karabagh. London, New Jersey 1994
Cox, Caroline, Eibner, John: Ethnische Säuberung und Krieg in Nagorni Karabach. Mit e. Vorw. von Elena Bonner Sacharow. Neuaufl. Binz 1995 (Bezug: CSI-Deutschland, August-Ruf-Str. 11, 78224 Singen)
Dadrian, Vahakn N.: Children as victims of genocide: The Armenian case. „Journal of Genocide Research", 5 (3), September 2003, S. 421–437
– ders.: The History of the Armenian Genocide: Ethnic Conflict from the Balkans to Anatolia to the Caucasus. Providence, Oxford 1995
– ders.: German Responsibility in the Armenian Genocide: A Review of the Historical Evidence of German Complicity. Watertown, Mass. 1996
– ders.: The Role of Turkish Physicians in the World War I Genocide of the Ottoman Armenians. In: „Holocaust and Genocide Studies", Vol. 1, No. 2, 1986, S. 169–192
Davis, Leslie A.: The Slaughterhouse Province: An American Diplomat's Report on the Armenian Genocide, 1915–1917. Ed. by Susan K. Blair. New Rochelle, New York 1989
Donabédian, Patrick, Mutafian, Claude: Artsakh: Histoire du Karabagh. Paris 1989
Gesellschaft für bedrohte Völker (Hg.): Das Verbrechen des Schweigens: Die Verhandlungen des türkischen Völkermordes an den Armeniern vor dem Ständigen Tribunal der Völker (Paris, 13.–16. 4. 1984). Göttingen 1985
– dies., Tessa Hofmann (Hg.): Der Völkermord an den Armeniern vor Gericht: Der Prozeß Talaat Pascha, Gerichtsprotokolle mit Augenzeugenberichten und Regierungsbefehlen zur Vernichtung der Armenier 1915–1918. (Berlin 1921) Göttingen, Wien 1985
Graber, G.S.: Caravans to Oblivion: the Armenian Genocide, 1915. New York, Chichester (u. a.) 1996
Les Grandes Puissances, l'Empire Ottoman et les arméniens dans les archives françaises (1914–1919): Recueil de documents. Hg. von Arthur Beylerian. Paris 1983 (Publications de la Sorbonne. Série Documents. 34)
Gust, Wolfgang: Der Völkermord an den Armeniern: Die Tragödie des ältesten Christenvolkes der Welt. München 1993
– ders. (Hg.): Der Völkermord an den Armeniern 1915/16: Dokumente aus dem Politischen Archiv des Auswärtigen Amts. Springe 2005

Hanioğlu, M. Şükrü: Preparation for a Revolution: The Young Turks, 1902–1908. Oxford 2001
– ders.: The Young Turks in Opposition. Oxford 1995
Hilsenrath, Edgar: Das Märchen vom letzten Gedanken: Roman. München, Zürich 1989
Hofmann, Tessa (Hg.): Armenier und Armenien – Heimat und Exil. Reinbek bei Hamburg 1994 (rororo-Sachbuch 9554)
– dies.: Armenier in Berlin – Berlin und Armenien. Berlin: Landesbeauftragter für Integration und Migration, 2005
– dies. (Hg.): Verfolgung, Vertreibung und Vernichtung der Christen im Osmanischen Reich 1912–1922. Mit e. Geleitw. von Bischof Dr. Wolfgang Huber. Münster 2004 (Studien zur Orientalischen Kirchengeschichte 32)
– dies., Koutcharian, Gerayer (Hg.): Armenien: Völkermord, Vertreibung, Exil, 1979–1987, neun Jahre Menschenrechtsarbeit, neun Jahre Berichterstattung über einen verleugneten Völkermord. Göttingen, Wien 1987
Hosfeld, Rolf: Operation Nemesis: Die Türkei, Deutschland und der Völkermord an den Armeniern. Köln 2005
Hovannisian, Richard G.: Armenia on the Road to Independence, 1918. Berkeley/Los Angeles 1971
– ders.: The Republic of Armenia. Berkeley/Los Angeles 1971–1996: Vol. 1 (The First Year: 1918–1919), Vol. 2 (From Versailles to London: 1919–1920), Vol. 3 (From London to Sèvres: February–August 1920), Vol. 4 (Between Crescent and Sickle: Partition and Sovietization)
Kieser, Hans-Lukas (Hg.): Die Armenische Frage und die Schweiz (1896–1923) – La Question Arménienne et la Suisse (1896–1923). Zürich 1999
– ders., Der verpasste Friede: Mission, Ethnie und Staat in den Ostprovinzen der Türkei, 1839–1938. Zürich 2000
ders., Schaller, Dominick J. (Hg.): Der Völkermord an den Armeniern und die Shoah – The Armenian Genocide and the Shoah. Zürich 2002
Koutcharian, Gerayer: Der Siedlungsraum der Armenier unter dem Einfluß der historisch-politischen Ereignisse seit dem Berliner Kongreß 1878. Eine politisch-geographische Analyse und Dokumentation. Berlin 1989
Künzler, Jakob: Im Lande des Blutes und der Tränen: Erlebnisse in Mesopotamien während des Weltkrieges (1914–1918). Hrsg. u. eingel. von Hans-Lukas Kieser. Zürich 1999
Lang, David Marshall: Armenia: Cradle of Civilization. London 1968
– ders.: The Armenians: A People in Exile. London/Boston (u. a.) 1981
Lepsius, Johannes: Armenien und Europa. 4. u. 5. Aufl. Westend, Berlin 1897
– ders. (Hg.): Deutschland und Armenien 1914–1918: Sammlung diplomatischer Aktenstücke. Reprint der Ausgabe Potsdam 1919. Bremen 1986
– ders.: Bericht über die Lage des armenischen Volkes in der Türkei. Potsdam 1916 (weitere Auflagen unter dem Titel „Der Todesgang des armenischen Volkes in der Türkei während des Weltkrieges")

Limper, Bernhard: Die Mongolen und die christlichen Völker des Kaukasus: eine Untersuchung zur politischen Geschichte Kaukasiens im 13. und beginnenden 14. Jahrhundert. Diss., Köln 1978

Mangelson, Jochen: Ophelias lange Reise nach Berlin: Eine Familiensaga. Bremen 2001

Manutscharjan, Aschot: Armeniens Selbstbehauptung zwischen Türkei, Rußland und Iran. Ebenhausen/Isartal 1994 (SWP-S403)

Melkonian, Markar: My Brother's Road: An American's Fateful Journey to Armenia. Tauris 2004

Mihr, Anja; Mkrtichyan, Arthur; Mahler, Claudia; Poivanen, Reetba (Hg.): Armenia: A Human Rights Perspektive for Peace and Democracy: Human Rights, Human Rights Education and Minorities. Potsdam 2005

Miller, Donald E., Touryan Miller, Lorna: Survivors: An Oral History of the Armenian Genocide. Berkeley, Los Angeles, London 1993

Mouradian, Claire: L'Arménie. Deuxième édition corrigée. Paris 1996

– dies.: Sowjetarmenien nach dem Tode Stalins. Köln 1985 (Berichte des Bundesinstituts für Ostwissenschaftliche und Internationale Studien. 1985, 11)

Nalbandian, Louise: The Armenian Revolutionary Movement: The Development of Armenian Political Parties through the Nineteenth Century. Berkeley/Los Angeles 1963 (Diss., Stanford 1959)

Panzer gegen Perestrojka: Dokumentation zum Konflikt in und um „Arzach" („Karabach"). Einleitung von Tessa Hofmann. Bremen 1989

Pasdermadjian, H.: Histoire de l'Arménie. 2. Aufl., Paris 1962

Pomiankowski, Joseph: Der Zusammenbruch des Osmanischen Reiches: Erinnerungen an die Türkei aus der Zeit des Weltkrieges. Wien 1928 (1969; 2004)

Das Reich Urartu: Ein altorientalischer Staat im 1. Jahrtausend v. Chr. Hg. von Volker Haas. (Xenia. Konstanzer Althistorische Vorträge. 17) Konstanz 1986

Sarkisyanz, Emmanuel: Geschichte der orientalischen Völker Rußlands. München 1961

– ders.: A Modern History of Transcaucasian Armenia: Social, Cultural and Political. Nagpur/Leiden 1975

Ternon, Yves: Tabu Armenien: Geschichte eines Völkermordes. Berlin 1988

The Treatment of the Armenians in the Ottoman Empire 1915–16: Documents presented by Viscount Grey of Falladon, Secretary of State Foreign Affairs. London 1916 (2. Aufl. Beirut 1979)

Vierbücher, Heinrich: Was die Kaiserliche Regierung den deutschen Untertanen verschwiegen hat: Armenien 1915, die Abschlachtung eines Kulturvolkes durch die Türken. Reprint der Ausgabe 1930, Bremen 1987 (weitere Ausgaben: 2004, 2006)

Voss, Huberta von (Hg.): Porträt einer Hoffnung: Die Armenier; 40 Lebensbilder aus aller Welt. Berlin 2004

Waal, Thomas de: Black Garden: Armenia and Azerbaijan through Peace and War. New York 2004
Walker, Christopher: Armenia: The Survival of a Nation. Rev. Second Ed. New York 1990
– ders. (Hg.): Armenia and Karabagh: The Struggle for Unity. London 1991
Wartke, Ralf-Bernhard: Urartu, das Reich am Ararat. Mainz am Rhein 1993 (Kulturgeschichte der antiken Welt 59)
Werfel, Franz: Die vierzig Tage des Musa Dagh (1933). Frankfurt am Main 1985
Zürrer, Werner: Kaukasien 1918–1921: Der Kampf der Großmächte um die Landbrücke zwischen Schwarzem und Kaspischem Meer. Düsseldorf 1978
ders.: Die Nahostpolitik Frankreichs und Rußlands 1891–1898. Wiesbaden 1970

Kultur, Kunst, Religion, Sprache

Abeghian, Manuk: Der armenische Volksglaube. Diss., Leipzig 1899
Alpago-Novello, Adriano (u. a.): Die Armenier: Brücke zwischen Abendland und Orient. Stuttgart, Zürich 1986
Armenien: Wiederentdeckung einer alten Kulturlandschaft. Museum Bochum, 14. 1. bis 17. 4. 1995. Bochum 1995
Armenische Buchmalerei des 13. und 14. Jahrhunderts: Aus der Matenadaransammlung Jerewan. Leningrad 1984
Armenische Kunst: Die faszinierende Sammlung des armenischen Patriarchats in Jerusalem. Hg. von Bezalel Narkiss. Stuttgart, Zürich 1980
Documenti di architettura armena (Documents of Armenian Architecture). Hg. von Milan Polytechnic University, Department of Architecture, Humanities Institute, Armenian SSR, Academy of Sciences, Milano. Bd. 1–20, 1974–1989
Döllinger, Ignaz: Geschichte der gnostisch-manichäischen Sekten im frühen Mittelalter. München 1890
Dum-Tragut, Jasmine, Renhart, Erich (Hg.): Hayastan: … „bayc menk haverz enk mer lerneri pes"/Armenien: „… aber unvergänglich sind wir wie unsere Berge". Wien 1996
Durnowo, Lydia A.: Armenische Miniaturen. Köln 1960
Eichler, Seyyare: Götter, Genien und Mischwesen in der urartäischen Kunst. Berlin 1984 (Archäologische Mitteilungen aus Iran. Erg.-Bd. 12)
Eggenstein-Harutunian, Margret: Einführung in die armenische Schrift. Hamburg 2000
dies.: Lehrbuch der armenischen Sprache. Hamburg 1993
Gamber, Klaus, Nyssen, Wilhelm: Verweilen im Licht: Kult und Bild der Kirche Armeniens. Köln 1986
Gantzhorn, Volkmar: Der christlich-orientalische Teppich: Eine Darstellung der ikonographisch-ikonologischen Entwicklung von den Anfängen bis zum 18. Jahrhundert. Köln 1990 (Zugl. Diss., Tübingen)

Haas, Volker: Hethitische Berggötter und hurritische Steindämonen: Riten, Kulte und Mythen, eine Einführung in die altkleinasiatischen religiösen Vorstellungen. Mainz 1982

Hakobjan, Hraward: Arzach-Utiki manrankartschutjune 13–14 dd. (Die Miniaturmalerei in Arzach-Utik im 13. bis 14. Jahrhundert, arm.). Jerewan 1989 (engl. Zusammenfassung)

Heiser, Lothar: Das Glaubenszeugnis der armenischen Kirche. Trier 1983

Hofmann, Tessa, Wolfensberger, Andreas: Armenien – Stein um Stein. Bremen 2001 (2005). Zahlr. Fotos

– dies.: Die Armenier: Schicksal, Kultur, Geschichte. Nürnberg 1993

„die horen". 1980. Heft 119, S. 133–186, 1990, Heft 160 (Essays und Übersetzungen zur armenischen Literatur)

Ishkol-Kerovpian, K.: Mythologie der vorchristlichen Armenier. In: Wörterbuch der Mythologie. Hg. von H. W. Haussig. Bd. IV, 1. Teil, 11. Lieferung: Kaukasische Völker. Stuttgart 1973

Izmajlova, T.A.: Armjanskaja miniatjura XI veka (Die armenische Miniaturmalerei im 11. Jahrhundert, russ.) Moskva 1979

Kazarjan, V.O., Manukjan, S.S.: Matenadaran. T. 1: Armjanskaja rukopisnaja kniga VI–XIV vekov (Der Matenadaran. Bd. 1: Das handgeschriebene armenische Buch im 6. bis 14. Jh., russ.) Moskva 1991

Kévorkian, Raymond H. (Hg.): Arménie entre Orient et Occident: Trois mille ans de civilisation. Paris: Bibliothèque nationale de France 1996

Die Kirche Armeniens: Eine Volkskirche zwischen Ost und West. Hg. von Friedrich Heyer. Stuttgart 1978 (Die Kirchen der Welt 28)

Nersessian, Vrej: The Tondrakian Movement: Religious Movements in the Armenian Church from the 4th to the 10th Centur. London 1987, Monterey 1988

Ormanian, Malachia: The Church of Armenia: Her History, Doctrine, Rule, Discipline, Liturgy, Literature and Existing Condition. 2. Aufl. London 1955 (1. Aufl. London 1910)

Thierry, Jean-Michel, Donabédian, Patrick: Armenische Kunst. Freiburg, Basel, Wien 1988 (Ars Antiqua – große Epochen der Weltkultur, Serie IV, Bd. 1)

Belletristik, Dichtung

Gruber, Marianne; Müller, Manfred (Hg.): Verschlossen mit silbernem Schlüssel. München 2001

Hofmann, Tessa: Die neuarmenische Literatur. In: Kritisches Lexikon zur fremdsprachigen Gegenwartsliteratur: Literaturen der Welt, Literaturen Asiens. 39. Nlg. München 1996, S. 1–17

„die horen". 1980, Heft 119, S. 133–186, 1990, Heft 160 (Essays und Übersetzungen zur armenischen Literatur)

Latchinian, Adelheid (Hg.): Sehnsucht ohne Ende: Armenische Erzählungen. Berlin 2005

Markosjan-Kasper, Gohar: Penelope, die Listenreiche. Roman. Berlin 2002
Tumanjan, Hovhannes: Armenische Märchen. Hrsg. von Henrik Igitjan. Übers. aus d. Armenischen von Gerayer Koutcharian und Tessa Hofmann. Jerewan: Nationales Ästhetikzetrum, 2002

Reiseberichte und -führer

Arlen, Michael J.: Passage to Ararat. London 1976
Aufbruch nach Armenien: Reise- und Forschungsberichte aus dem Lande Urartu-Armenien. Hg. von Editha Wolf-Crome. Berlin 1985
Bitow, Andrej: Armenische Lektionen: Eine Reise in ein kleines Land. Frankfurt am Main 1989 (Neuübers. 2002)
Bock, Ulrich: Georgien und Armenien: Zwei christliche Kulturlandschaften im Süden der Sowjetunion. Köln 1988
Denscher, Barara: Im Schatten des Ararat: Armenische Kontraste. Wien 2004
Dum-Iragut, Jasmine: Armenien entdecken: 3000 zwischen Ost und West. 3. Aufl. Berlin 2006
Friesen, Ute; Würmli, Marcus: Kulturschock Kaukasus, Bielefeld 2004
Hofmann, Tessa: Armenien-Georgien: Zwischen Ararat und Kaukasus. Leer/Ostfriesland 1990
Kaspar, Elke, Kaspar, Hans-Dieter: Urartu – ein Weltreich der Antike, ein Reisehandbuch. Hausen 1986
Lynch, H.F.B.: Armenia: Travels and Studies. Vol. 1.2. London 1901 (Reprint Beirut 1965)
Mandelstam, Ossip: Die Reise nach Armenien. Übers. aus dem Russ. u. Nachw. von Ralph Dütli. Frankfurt am Main 1983
Marsden, Philipp: The Crossing Place: A Journey among the Armenians. London 1993
Nansen, Fridtjof: Betrogenes Volk: Eine Studienreise durch Georgien und Armenien als Oberkommissar des Völkerbundes. Leipzig 1928
Parrot, Friedrich W.: Reise zum Ararat. Unternommen in Begleitung der Herren W. Feodorow, M.B. von Adlerskron, J. Hahn und K. Schiemann. Berlin 1834 (Neuausgabe: Leipzig 1985)
Renz, Alfred: Kaukasus: Georgien, Aserbeidschan, Armenien. München 1985 (2. Aufl. 1987)
ders.: Land um den Ararat: Osttürkei – Armenien. 2. Aufl. München 1985
Walker, Christopher (Ed.): Visions of Ararat. Writings on Armenia. Tauris 2005
Wegner, Armin T.: Fünf Finger über Dir: Aufzeichnungen einer Reise durch Rußland, den Kaukasus und Persien 1927/28. Wuppertal 1979

Armenien und Armenier im Internet

Diaspora

Armenian Assembly of America (AAA): http://www.aaainc.org
Zoryan Institute (USA): Armenologische Gegenwartsforschung (Armenien, Diaspora, Genozid, Türkisch-Armenischer Dialog):
http://www.zoryan.org/

Armenien

Nationalversammlung (Parlament) der Republik Armenien (arm., russisch und englisch): http://www.parliament.am/news.php?cat_id=5&lang=eng
Regierung der Republik Armenien (arm., russisch und englisch):
http://www.gov.am/enversion/index.html
Novan Tapan („Arche Noah", unabhängige Nachrichtenagentur; arm., engl., russ.): http://www.nt.am/eng/
Azg („Nation"; Tagesnachrichten einer zentristischen *Demokratisch-Liberalen Partei* nahe stehenden Zeitung; arm., russ., engl., türk.):
http://www.azg.am/?lang=EN&num=2006012801
Das Handschriftarchiv und -museum (Jerewan) *Matenadaran* bietet auf seiner Homepage Einblick in die armenischen Buchmalereien;
http://www.matenadaran.am/
„Virtual Ani"; Ausgezeichnete Webseite zum virtueller Besuch der historischen armenischen Hauptstadt und anderer regionaler Baudenkmäler mit zahlreichen historischen und aktuellen Fotografien (engl. und türk.):
http://www.virtualani.freeserve.co.uk/

Minderheiten in Armenien

„Atour" Assyrian Association of Armenia: http://www.atour.am/
The Federation of Jewish Communities in the CIS:
http://www.fjc.ru/default.asp
Jews of Armenia: http://www.harnth.com/JewsArmenia.html
Jesiden: Hintergrundartikel und Interviews:
http://www.oneworld.am/journalism/yezidi/index/html

Menschenrechte in Armenien

Hompage des *Human Rights Defender of the Republic of Armenia* (Ombudsman): http://www.ombuds.am/main/en/
Human Rights in Armenia: Regular updatable Resource (Informationen, Nachrichten und Hintergründe von unabhängigen Menschenrechtsorganisationen in Armenien: engl., arm.): http://www.hra.am/eng/
OSCE Office in Yerevan (Fortlaufende Berichterstattung über Menschenrechtslage, Bekämpfung von Frauenhandel und Korruption u. ä.):
http://www.osce.org/yerevan/13210.html

European Country of Origin Information Network (vor allem auf Flüchtlingshilfe und -beratung abzielende fortlaufende Information über die allgemeine und Menschenrechtslage in den Herkunftsländer von Flüchtlingen und Asylbewerbern): http://www.ecoi.net/
US State Department Country Reports on Human Rights Practices (Jährlich Ende Februar veröffentlichte Länderberichte des US-Außenministeriums zur Menschenrechtslage):
http://www.state.gov/g/drl/rls/hrrpt/2004/41668.htm

Über den Völkermord

Arbeitsgruppe Anerkennung – Gegen Genozid, für Völkerverständigung e.V.: http://www.aga-online.org
International Affirmation of the Armenian Genocide: Webseite des *Armenian National Institute* (New York):
http://www.armenian-genocide.org/affirmation/affirmlinks.htm

Abbildungsnachweis

Abb. 1: „Globus", 1876, Urheber: Informations- und Dokumentationszentrum Armenien, Berlin
Abb. 2: Gerayer Koutcharian, Berlin
Abb. 3: Armen Haghnazarian, Aachen
Abb. 4: „The Graphic", 7.12. 1895, Urheber: Informations- und Dokumentationszentrum Armenien, Berlin
Abb. 5: Wolfgang Kunz, Berlin
Abb. 6: Barton: The Story of Near East Relief, 1930. Urheber: Informations- und Dokumentationszentrum Armenien, Berlin
Abb. 7: Gerayer Koutcharian, Berlin
Abb. 8: Gerayer Koutcharian, Berlin
Abb. 9: Gerayer Koutcharian, Berlin
Abb. 10: Gerayer Koutcharian, Berlin
Abb. 11: Wolfgang Kunz, Berlin
Abb. 12: Gerayer Koutcharian, Berlin
Abb. 13: Matenadaran, Cod. 7644
Abb. 14: Tessa Hofmann
Abb. 15: Tessa Hofmann

Verlag und Autorin danken der Leitung des Handschriftenmuseums und -archivs Matenadaran (Jerewan) für die freundliche Genehmigung zum Abdruck der Abbildung 13.
Der Verlag dankt dem Informations- und Dokumentationszentrum Armenien (Berlin), mit dessen freundlicher Genehmigung wir die Abbildungen 1, 4 und 6 hier abdrucken.

Glossar

amira (arab.), Stadtoberhaupt im Reich der Bagratiden, später Titel armenischer Notabeln in der osmanischen Oberschicht

asatamartik(ner) (arm.), „Freiheitskämpfer", Partisan bzw. Angehöriger einer irregulären Guerillaeinheit

arewordik (arm.), „Sonnenkind(er)": Angehörige einer im 11. und 12. Jh. verbreiteten armenischen Häretikerbewegung, die vorchristliche mit masdaistischen Elementen vereinte

Autokephalie, kirchenrechtliche Unabhängigkeit östlicher (orthodoxer) Volkskirchen

choran(ner) (arm.), „Pavillon", „Kirche", „Altar", „Apsis", „Kuppelhalle", in der armenischen Buchmalerei arkadenförmige Umrahmung der Kanontafeln

Daschnakzutjun (arm.), „Föderation", Kurzform der 1890 gegründeten sozialrevolutionären armenischen Partei *Haj Herapochakan Daschnakzutjun*

Dram (arm.), „Geld", Einheit der 1993 eingeführten armenischen Währung

fedaji(ner), fidaji(ner) (arab.), im 19. und frühen 20. Jahrhundert übliche Bezeichnung für armenische Freischärler (s. auch *asatamartik*)

ferman (pers.-türk.), im Namen des Sultans vom Großwesir ausgestellter Erlaß

gundstabl (arm.-altfranz.), „Konnetabel", im kilikisch-armenischen Reich üblicher Hoftitel

gussan(ner) (arm.), Barde, Berufssänger

hajastanzi(ner) (arm.), in Armenien geborener oder aus Armenien stammender Armenier

HHSch (arm.), Abkürzung für *Hajoz Hamasgajin Scharschum* (Gesamtnationale Bewegung der Armenier), seit 1990 Regierungspartei

Ittihat ve Terakki Cemiyeti (türk.), „Komitee für Einheit und Fortschritt", kurz „Unionisten", seit 1908 im Parlament dominierende, von Januar 1913 bis Ende Oktober 1918 alleinregierende jungtürkische Partei

Katholikos (griech.), das gewählte Oberhaupt einer autokephalen Kirche

Masdaismus, altpersischer, stark missionarischer Götterglaube, nach dem Religionsstifter Zarathustra (600–520 v. Chr.?) auch Zoroastrismus genannt, in reformierter Gestalt (Neo-Masdaismus oder Awesta-Lehre) Staatsreligion unter den Sassaniden (226–651)

Mars (altpers.-arm. „Provinz"), oberste territoriale Verwaltungseinheit im heutigen Armenien

marspan (altpers.), Statthalter zur Zeit des Sassanidenreiches, heute ein vom armenischen Präsidenten ernannter Vorsteher einer Provinz

Massis (arm.), der Große Ararat

Melik, (von arab. malik – „Fürst"), Titel der den Safawiden unterstellten, halbautonomen armenischen Territorialherrscher in Arzach und Sjunik

millet (arab.-türk.), „Glaubensnation": Konfessionell definierte, nichtmuslimische Religionsgruppen im Osmanischen Sultanat (Juden, Griechen, Armenisch-Apostolische, Katholiken, Protestanten, Syrisch-Orthodoxe)

muhacir (türk.), „(Glaubens)flüchtling", Sammelbegriff für muslimische Einwanderer in das Osmanische Sultanat

nacharar(ner) (arm.), Gaufürst zur Zeit der Arschakiden, später Sammelbegriff für den armenischen Geschlechter- und Hochadel; heute Bezeichnung für „Minister"

namestnik (russ.), Statthalter im russischen Zarenreich

paschalik (paşalık, türk.), Amtsbezirk eines osmanischen Generals (Pascha)

Revkom (russ.), Abkürzung für „Revolutionäres Komitee"

sandschak (sancak, türk.), wörtl. „Heerbanner", osmanischer Verwaltungsbezirk

sartonk (arm.), (nationale) Erweckung

sparapet (arm.), Oberbefehlshaber, in der Arschakidenzeit ein Erbamt

spjurk (arm.), Diaspora

spjurkahaj(er), spjurkahajutjun (arm.), Auslandsarmenier(tum)

Stratege, Heerführer, unter Seleukiden, Arschakiden und Byzantinern auch Statthalter

wipassan(ner) (arm.), Rhapsode

wostikan(ner) (arm.), vom Kalifen über Armenien eingesetzter Statthalter, heute in der Bedeutung von „Polizist"

Register

Abbas I. (der Große, iran. Schah) 55f., 190
Abbassiden (Dynastie der Kalifen von Bagdad (750–1258) 52, 238
Abchasen 72
Abchasien 150, 183, 188, 193, 197, 199, 201
Abdul Asis (türk. Abdül Aziz, osman. Sultan) 80
Abdul Hamid II (türk. Abdülhamit, osman. Sultan) 81, 87f., 90–93, 105, 247
  Hamidiye-Kavallerie 87
Abdul Medschid (türk. Abdülmecit, osman. Sultan) 80

Abgar Jewdokazi (auch: Abgar Tochatezi – Abgar von Tokat, gest. um 1572, arm. Buchdrucker) 62
Abowjan (Stadt in Armenien) 188
Abowjan, Chatschatur (arm. Schriftsteller) 223
Achalkalaki (arm. Achalkarak) 70, 75, 198f.
Achalziche (arm. Achalzcha) 70, 196
Achämeniden (altpers. Herrschergeschlecht) 23f., 26
Achtamar 43, 214, 237, 242, 246
Adana 52, 60, 94

Adrianopel
 Friedensvertrag von Adrianopel
 72, 80
Afghanen 64
Afghanistan 55, 171, 243
Agajew, Achmed (aserb. Ideologe
 des Türkismus) 93
Agathangelos (altarm. Historio-
 graph) 220
Agdam 173
Ağri Daği s. Ararat
Ägypten 29, 52, 86, 137, 214, 230,
 246
Aharonjan, Awetis (Schriftsteller u.
 Publizist, Verhandlungsführer
 der Republik Armenien auf
 Pariser Friedenskonferenz u.
 in Sèvres) 122
Ahmed (Ahmet) Riza (jung-
 türkischer Führer, 1908–1918
 Parlamentsvorsitzender, 1918
 Leiter der Senatskommission) 91
Ahmet Cemal (Achmed Dschemal)
 s. Cemal
Ajas (Lajazzo) 50, 52
Ajjubiden (von Saladin begründete
 Dynastie in Ägypten u. Syrien,
 1169–1250) 49
Ajrarat (altarm. Provinz) 25, 44
Akkon (Akko) 28
Akn (türk. Egin) 90
Aknuni, E. (Malumjan, Chatscha-
 tur, 1865–1915, Publizist, Jour-
 nalist u. Aktivist der *Daschnak-
 zutjun*) 91
Alaschkert 72, 83, 128
Alawerdjan, Larissa
 (arm. Menschenrechtlerin) 165
Albaner (Balkan) 93
Albaner (Kaukasus) s. Albanien
Albanien 44
albanisches Katholikat 214
Aleksej Michajlowitsch (1629–
 1776, russ. Zar) 63
Aleppo 52, 60, 100, 105, 143, 213 f.

Alexander der Große
 (Alexander III., König,
 Mazedonien) 12, 27
Alexander II. (russ. Zar) 71, 76, 82
Alexandrette 48
Alexandria 86, 214
Alexandropol (russ.) 76, 119,
 124–127 s. auch Kumajri (arm.)
 türkische Massaker 1920 124 f.
 Vertrag von Alexandropol 126
Alijew, Hejdar Ali (geb. 1923,
 aserb. Präsident (1993–2003) 173
Allahwerdi (iran. General) 54
Alte Kirche des Orients (auch
 Assyrische Kirche, vulgo
 Nestorianer) 57
Amanosgebirge 11, 102
Amaras 214
Amassia 246
 Friedensvertrag von Amassia 53,
 246
Ammianus Marcellinus (röm.
 Historiograph) 48
Amsterdam 55, 67
Ananjan, Lewon (arm. Schrift-
 steller; Vorsitzender des
 Schriftstellerverbandes) 228
Anatolien 96, 99, 108, 115, 123
Andranik (Osanjan, General u.
 Befehlshaber arm. Freiwilligen-
 einheiten) 90, 95
Ani 42 ff., 46, 68, 229, 235, 242, 246
Ankara 108, 123
Antelias (Beirut) 212
Antiochia 28, 48, 51 f., 211
Antiochos III. Seleukios
 (der Große, König, Syrien) 27
Antonius (Marcus Antonius, röm.
 Legat u. Triumvir) 29
Aparan 137
Araber 12, 36 ff., 40, 42, 45, 58, 86,
 93, 221, 235, 237, 245
Arabisches Kalifat 36, 42
Aragaz 8, 15, 208
Aralsee 167

Aram I. (Katholikos des Hohen
Hauses von Kilikien) 212
Aramu (urartäischer Herrscher) 16,
24
Ararat 4, 8f., 12, 20, 25, 131, 143,
206, 210
Araratebene 8, 11, 17, 21, 25,
37, 120, 126, 132, 139, 177, 186,
188
Arax 9, 54, 173
Ardabil 53
Ardahan 71, 76, 123, 131, 247
Ardini 18
Ardsiwjan, Abraham
(Katholikos des Hohen Hauses
von Kilikien, Begründer des
armenisch-unierten Patriarchats)
214
Ardsnik 10
Aresch 130
Arewordik („Sonnenkinder") 41,
215, 257
Argentinien 113
Argina 236
Argischtihinili (arm. Armawir) 26
s. auch Armawir
Argn (bei Diyarbakir) 242–243
Aristakes Lastiwertzi (geistl. arm.
Historiker, 11. Jh.) 45
Armawir 26 f.
Armenakan Kasmakerputjun
(„Armenische Organisation")
85 f.
Armenische Revolutionäre
Föderation s. *Daschnakzutjun*
Armenische Volkspartei s. *Haj
Schorowrdakan* Kussakzutjun
Arschakiden (arm. Herrscher-
dynastie) 30–34, 36, 217, 245
Arschakuni 26 s. auch Arschakiden
Arsni 188
Artaschat 27, 29 f., 32, 188 f.
Artasches I. 27
Artasches II. Artaschuni (arm.
König) 29

Artaschiden (arm. Herrscher-
dynastie) 30 f., 245
Artaschir (Begründer der Sassani-
dendynastie) 35
Artaschuni s. Artaschiden
Artawan Artsruni (Führer eines
antibyzantinischen Aufstandes)
38
Artawasd I. Artaschuni (arm.
König) 27
Artawasd II. Artaschuni (arm.
König) 29
Artsruni (arm. Adelsfamilie u.
Herrscherdynastie) 38, 42 f., 51,
214, 246
Arwank s. Albanien (Kaukasus)
Arzach (altarm. Provinz) 51, 56, 62,
64 ff., 71, 75, 132 f., 137, 139–145,
148 f., 151 f., 163, 168–180, 183,
185, 203, 248
Asas (auch Azaz) 100
Asat (Dorf im Bezirk Chanlar)
169
Asatakan Kussakzutjun
(„Liberale Partei", Vorgängerin
der *Ramkawar Asatakan
Kussakzutjun*) 86
Aschot I. Bagratuni (arm. König,
Schirak) 42
Aschot I. Kuropalates
(Ahnherr der georgischen
Bagrationi) 45
Aschot II. Bagratuni („Jerkat" –
„der Eiserne", arm. König,
Schirak) 42
Aschot III. Bagratuni (arm. König,
Schirak) 42 f.
Aschtarak 137
Aserbeidschan 11, 28, 119, 124 f.,
127–130, 132 f., 137, 139–142,
144–147, 149, 156 f., 160, 169–
175, 178, 183–186, 193, 197, 212,
219, 243, 248 f.
Aserbeidschaner 74, 76, 78 f.,
93, 119 f., 122 f., 127, 130,

132, 141, 145, 149, 168, 171 ff.,
177, 185 f., 193
Aseris 129
Assyrer 8, 16 ff., 20 ff.
aramäischsprachige Minderheit
188
Semiramis (Königin) 21, 25, 207
Assyrien 17 ff., 25
Astrachan 63 f., 67
Chanat von Astrachan 63
Athen 213
Australien 178
Awarajr 35, 245
Awetisjan, Armen (Vorsitzender
der rechtsradikalen „Arier-
Partei") 189
Aznavour (Asnawurjan), Charles
195

Babylon 10, 24, 210, 220
Bagdad 52, 100, 214
Bağış Egemen (türk. außen-
politischer Berater) 201
Bagramjan, Mowses (Vertreter der
arm. nationalen Erweckung) 69
Bagrat III. Bagrationi (georg.
König) 45
Bagratiden 42–46, 48 f., 235 f., 242,
246
Bagrationi (in Georgien herrschen-
der Zweig der Bagratiden) 45
Bagratjan, Hrant (arm. Politiker;
Ministerpräsident) 149
Bagratuni (arm. Adelsfamilie u.
Königsdynastie) 31, 38, 189, 246
s. auch Bagratiden
Bagrewand 38
Bahaeddin Şakir (1913 Sekretär des
Komitees „Einheit und Fort-
schritt", Leiter der Teschkilat-i
Mahsussa, Mitglied des „Exeku-
tivkomitees der Drei") 96, 110
Baku 64, 66 f., 70, 78, 93, 122, 129,
140, 142, 169 f., 248
Armeniermassaker 1918 120 f.

Bakunz, Axel (Tewosjan, Alexan-
der, arm. Schriftsteller) 225 f.
Balk s. Rapan
Balkan 90, 96, 137, 190
Balkankrieg 93
Balkanslawen 40, 82
Baramidze, Gigla (georg. Bot-
schafter in Armenien) 198
Bardas (auch Wardas; byzant.
Cäsar) 218
Bartholomäus (Apostel) 210
Basileios I. (oström. Kaiser) 40, 42
Bassen 44
Batumi 119, 122
Gebiet von Batumi 71
Bayazid (türk.) *Siehe* Pajasat (arm.)
Bebutow, Fürst Wassilij Ossipo-
witsch (arm. Behbutjan, Barser,
1791–1858, Infanteriegeneral) 71
Belarus 160
Belgien 151, 153
Benz, Wolfgang (Historiker) 114
Berdadsor (Unterbezirk des
Bezirks Schuschi mit drei
Dörfern, Republik Berg-
Karabach) 170
Berdsor (aserb. Latschin, Kreis-
stadt des Bezirkes Kaschatar der
Republik Berg-Karabach) 171
s. auch Latschin
Berg-Karabach 76, 122, 124, 129,
131 ff., 135, 144, 159, 167, 169,
176, 178–182, 191, 248 f. s. auch
Arzach
Beria, Lawrentij Pawlowitsch
(1899–1953; sowjetischer Ge-
heimdienstchef (1934–1953) 135
Berlin 79, 98, 109 f., 114, 136
Islamischer Friedhof 110
Berliner Kongreß 82, 84
Berliner Vertrag 72, 76, 247
Biainili 24, 245 s. auch Urartu
Bischkek 173
Bitlis 62, 83, 88, 99, 105
Blejan, Aschot (arm. Politiker) 149

Bogumil (Begründer einer in Bosnien u. Bulgarien verbreiteten Sekte) 40
Bogumilen 40
Borschomi 196
Bosnien 40, 106
Breschnjew, Leonid Iljitsch (1906–1982; sowjetisches Staatsoberhaupt 1960–1982) 153, 227
Budapest 173 f.
Budjonnyj, Semjon Michajlowitsch (1883–1973; sowjetischer Kavalleriebefehlshaber) 123
Bulgarien 73, 80, 82, 87, 166
Byzantiner 34, 36 f., 39–46, 48 ff., 190, 211, 218 f., 229 ff., 234, 239, 242, 245 f.
Byzanz 34, 36 f., 40–43, 53, 56, 212, 218 f., 229

Çankırı 98
Captanian, Pailadzo (arm. Zeitzeugin) 94
Carpianus von Ägypten 230 f.
Cäsarea (Kleinasien) 11
Çelik, Hüseyin (türkischer Erziehungsminister) 116
Cemal (Ahmet Cemal Paşa; jungtürkischer Triumvir, 1914–18 Kriegsflottenminister; Befehlshaber der 4. Osmanischen Armee, Syrien) 94
Cemal Azmi (1875–1922; 1915/16 Gouverneur von Trapesunt) 110
Çetin, Fethiye (türk. Autorin) 115
Cevdet Bey s. Dschewdet Bey
Chalcedon (Chalkedon)
Konzil von Chalcedon 36, 211, 245
vorchalcedonensische Kirchen 57, 245
Chandschjan, Arassi (1901–1936, seit 1930 Erster Sekretär des ZK der KP Armeniens) 134 f.

Chanlar (ursprüngl. Helenendorf; Ort u. Bezirk) 133, 169
Chansadjan, Sero (arm. Schriftsteller) 141
Charberd (türk. Harput) 56
Chatisjan, Alexander (1876–1945, August 1919–Dezember 1920 Ministerpräsident Armeniens; Delegationsleiter bei Verhandlungen mit der Türkei 126
Chatschen 51
Cher (amerik.-arm. Filmschauspielerin) 195
China 50, 66, 230
Chlat (türk. Ahlat) 45
Chodschalu 172 f.
Chorchoruni (arm. Adelsgeschlecht) 31
Choren I. (Muradbekjan; arm. Katholikos) 135
Chorwirap (Kloster) 4
Chrimjan, Mkrtitsch 82, 84 s. auch Mkrtitsch I. Wanezi
Churriter 15 f., 18 f., 209
Churritisch (Sprache) 24
Chut 221
Çiçek, Cemil (türk. Justizminister) 116
Clemens V. (Papst aus südfranz. Adel) 51
Clémenceau, Georges (1906–1909 franz. Ministerpräsident) 86
Cölestin III. (röm. Papst) 49
Constantin der Große (Flavius Valerius Constantinus, erster christlicher Kaiser Roms) 32
Corbulo (Domitius Cn. Corbulo, röm. Feldherr) 30

Dagestan 142
Dagestaner 72
Dair-ez-Zor (Der-es-Sor) 100 f.
Damaskus 52, 213
Dardanellen 122
Darios I. (pers. König) 23 f.

Darios II. (pers. König) 24
Daschkessan 133
Daschnaken 90f., 94, 110, 120, 126, 128, 135, 163
Daschnakzutjun (Haj Herapochakan Daschnakzutjun – „Armenisch Revolutionäre Föderation") 78, 86f., 91, 95, 98, 125f., 128, 143, 162f., 168, 191, 249
Dawit Artsruni (arm. Bischof; Begründer des Katholikats von Waspurakan) 214
Dawit Bek (arm. Heerführer) 65
Dawit IV. (*Aqmaschenebeli* – „Wiederhersteller"; georg. König) 46
Dawit V *ulu* („der Feiste", 1249–1269 ostgeorg. Herrscher, mongolischer Statthalter) 47
Demirtschjan, Derenik (arm. Schriftsteller) 164, 227
Demirtschjan, Karen (arm. Parlamentspräsident) 249
Demokratisch-Liberale Partei 162
Derbent 64, 66
  iranisches Chanat 70
  russisches Gouvernement 76
Der-es-Sor 100f.
Deutsche 48, 73, 102, 105f., 111, 120
Deutscher Orden 49
Deutschland 62, 83, 88, 94, 103ff., 109f., 113f., 119, 136, 153, 157, 174, 187, 213, 250
Dilidschan 74, 188
Dimitrow (Dorf in Armenien) 188
Diocletian (Gaius Valerius Aurelius Diocletianus, röm. Kaiser) 32
Diyarbakir 48, 56, 73, 98, 105f., 243
  Vertrag von Diyarbakir 246
Dnjepr 64
Dolgorukij, Fürst Wassilij Wladimirowitsch (1667–1746, Generalfeldmarschall) 65

Dorpat (Tartu/Estland) 9
Dro (Kanajan, Drastamat, Befehlshaber arm. Freiwilligeneinheiten der russ. Armee u. in der Republik Armenien; Kriegsminister im November 1920) 95, 126, 128, 163
Dschalaljan (arm. Adelsfamilie, Arzach) 214
Dschawachk (georg. Dschawacheti, altarm. Provinz) 71, 196ff., 214
Dschebrail 173
Dschemal Asmi s. Cemal Azmi
Dschemal Pascha s. Cemal (Ahmet Cemal)
Dschewdet Bey (Tahir Cevdet; 1915 Gouverneur der Provinz Wan) 101
Dschingis Chan 47
Dschura 243
Dubai 159
Duchoborzen („Geistkämpfer"; russ. „altgläubige" Sekte) 188
Düsseldorf 62
Dwin 36f., 43, 45, 47
  Synoden von Dwin 39, 211, 245

Edessa 48 s. auch Urfa
Egoyan, Atom (kanad.-arm. Filmregisseur) 195
Ekbatana 28
Emin, Geworg (Muradjan, Karlen; geb. 1919, arm. Lyriker) 205
Emin, Howsep (Vertreter der arm. nationalen Erweckung) 69
England 62, 78, 83f., 87
Enver Pascha (Mitglied des ZK des Komitees für Einheit und Fortschritt, Jungtürkischer Triumvir, 1913–19 Kriegsminister) 93, 95, 101, 109
Ephesos 211
Erdoğan, Recep Tayyip (türk. Ministerpräsident) 242

Erekle II. (Heraklios; König von Kachetien ab 1744, von Kartlien u. Kachetien 1762–1798) 70
Erzincan 16, 119, 245
Erzurum 16, 45, 56, 60, 69,71 f., 82, 89, 95, 105, 124, 203, 245
osmanische Provinz 97
Etschmiadsin 67 f., 70, 77, 120, 135 f., 212 f., 218, 230, 233
Euphrat 17, 39
Eusebios von Cäsarea (Pamphili, Kirchenhistoriker u. Bischof, Palästina) 230 f.

Filaret (Philaret; arm. Vasall der Byzantiner) 48
Fisuli 173
Florenz 62
France, Anatole (1844–1924, franz. Schriftsteller) 86
Frankreich 52, 57, 62, 73, 79, 83, 88, 90, 109, 111, 113, 122, 126, 146, 160, 174, 178, 183, 193, 195, 214, 218, 224
Friedrich I. (Barbarossa, um 1125–1190, dt. Kaiser) 49

Gagik I. Artsruni (arm. König, Waspurakan) 42 f., 237 f.
Gagik II. Bagratuni (arm. König, Schirak) 44, 48
Gagra 201
Gamsachurdia, Swiad (1939–1993; georg. Präsident von 1989–1992) 197, 200
Gandsak (aserbeidschanisch Gandscha; zur Sowjetzeit Kirowabad) 51, 65
Gandsassar (Kloster) 235
Gandscha 51 s. Gandsak
iranisches Chanat 70
Garegin I. (Sargsjan, Nschan; geb 1932; 1977–1995 als Katholikos des Hohen Hauses von Kilikien Garegin II.) 135, 212 f.

Garegin II. (geb. Ktritsch Nersisjan, 1951; Katholikos seit 1999) 212–213
Garni 14, 233
Genf 79, 85
Genua 50
Georgien 44 f., 64 f., 70, 122, 133, 135, 137, 139, 144, 147, 150, 153, 160, 165 f., 170, 188 f., 193, 196–201, 214 f., 218, 234
Georgisch (Sprache) 24, 199
Georgier 45, 51, 71, 74 f., 97, 119, 128, 193
Geram-Gebirge 14 f.
Gerasunt (türk. Giresun) 73, 122
Getaschen (Dorf im Bezirk Chanlar) 169
Geworg (Georg, Heiliger) 210
Geworg Tschawusch (Rasarjan, arm. Partisanenführer) 90
Giresun s. Kerasunt
Gjumri 119, 153, 214
Gjuregjan, Tiran (arm. Erzbischof, Rußland) 193
Gladsor (Kloster) 229
Glendale (Kalifornien) 196
Gökçen, Sabiha (arm. Adoptivtocher Mustafa Kemals) 116
Göktscha 130
Golestan (Golstan, Gülistan; arm. Wardut; Bezirk Schahumjan) Vertrag von Golestan 70
Golizyn, Fürst Grigorij Sergejewitsch (1883–1904 „Hauptchef des zivilen Ressorts im Kaukasus" (Generalgouverneur);Sonderbevollmächtigter Alexanders III.) 76 ff., 85
Gorbatschow, Michail Sergejewitsch (geb. 1931; 1985 Generalsekretär der KPdSU, 1988–1991 Staatsoberhaupt der UdSSR) 139
Goris 178
Gorky, Arshile (Adojan, Wostanik; Kunstmaler) 195

Griechen 40, 48, 56f., 60f., 76, 88, 96, 118, 122f., 188f., 219f., 229
Griechenland 27, 34, 80, 113
Grigor Lussaworitsch (Gregor der Erleuchter, Bekehrer Armeniens) 32, 236, 245
Grigor Magistros Pahlawuni (arm. Gelehrter u. Schriftsteller) 220
Grigor Narekazi (Gregor von Narek; arm. Geistlicher u. Schriftsteller) 222
Grigor Pahlawuni *sparapet* (Schirak) 44
Grigor IV. Tra („der Jüngling", arm. Katholikos) 222
Grigoris (Apostel des kaukasischen Albanien) 213
Grosnyj 192
Großbritannien 94, 107ff., 122, 126, 153, 177 s. auch England
GUS 147, 153, 173
Gutenberg, Johannes (um 1397–1468, dt. Erfinder des Buchdrucks) 66

Hachpat (Kloster) 229, 239f.
Hadschn 53
Haj Herapochakan Daschnakzutjun Siehe Daschnakzutjun
Haj Schorowrdakan Kussakzutjun (Armenische Volkspartei) 86
Hajassa 15f., 245
Hajoz Hamasgajin Scharschum s. *HHSch*
Hakob IV. Dschurajezi (Hakob von Dschura; 1655–1690 arm. Katholikos) 62, 68
Hakobjan, Wardan (Vorsitzender des Schriftstellerverbandes von Arzach) 228
Hamadan 54
Hamasasp 95, 128
Hamasasp Artsruni 237
Hamschen (türk. Hemşin) 200

Hannibal (Feldherr Karthagos) 27
Harun-al-Raschid (Kalif der Abbassidendynastie, Bagdad) 37
Hassan-Dschalaljan, Jessaji (arm. Katholikos, Arzach) 64
Hecker (russ. Gekker), Anatolij Iljitsch (1888–1938; 1919–1921 Befehlshaber der 11. u. 13. Roten Armee) 130
Heinrich VI. (1190–1197 dt. Kaiser) 49
Hekataios (griech. Logograph aus Millet) 23
Heraklios I. (oström. Kaiser) 239
Herzen (russ. Gerzen), Alexander Iwanowitsch (1812–1879; russ. Schriftsteller u. Publizist) 85
Hethiter 15f., 209
Hetum („der Historiograph", auch Hajton) 51
Hetum I. (arm. König, Kilikien) 51
Hetumiden s. Hetumjan
Hetumjan (arm. Adels- und Königsdynastie, Kilikien) 51f., 246
HHSch („Gesamtnationale Bewegung der Armenier") 143, 149f., 160f.
Hitler, Adolf 105
Hntschak 85ff., 89, 98
Hntschakan Kussakzutjun („Partei Hntschak") s. Hntschak
Hntschaken s. *Hntschakjanner*
Hntschakjanner (Mitglieder des *Hntschak*) 86
Hoff (norweg. Major, 1914 Generalinspektor für Westarmenien) 84
Hongkong 240
Hrasdan 166
Hromkla 50, 230
Hunanjan, Nairi (Journalist und Attentäter) 164
Hunnen 34f.

Ibsen, Henrik (1828–1906; norweg. Schriftsteller) 226
Idealistenvereinigungen (türk. Ülkü ocaklari) 146, 203
IHD (Insan Haklari Derneği-Menschenrechtsverein der Türkei) 204
Indien 50, 55, 66, 69, 240
Indonesien 208
Inguschetien 194
Innozenz XII. (röm. Papst) 60
International Crisis Group 156, 175
Intili 100
Irak 95, 169
Iran 26, 30, 32, 35, 47, 51, 53 ff., 59, 63–66, 72 ff., 93, 132 f., 137, 146, 148, 153, 166, 170, 173, 178, 188, 194 f., 211–214, 218, 246
Iranisches Hochland 11, 17
Islamische Republik Iran 144, 195
Ischpuini (urartäischer Herrscher) 16, 19
Isfahan 54 f., 63, 195, 214
Islahiye 100
Israel 12, 151, 189
Israel Ori (arm. Politiker) 62 ff.
Istanbul 61, 69, 108, 110, 115 f., 202 ff., 215 s. auch Konstantinopel
Italien 41, 62, 67, 79 f., 82 f., 88, 113, 214, 230
Ittihat ve Terakki Cemiyeti („Komitee für Einheit und Fortschritt"; kurz „Unionisten") 91, 94 ff., 108, 247
Iwan IV. (Wassiljewitsch „Grosnyj" – „der Schreckliche", 1530–1584, russ. Zar) 63
Izmir s. Smyrna

Jaurès, Jean (1859–1914; franz. Sozialist, Parlamentsabgeordneter) 86
Jekaterina II. s. Katharina II.
Jelisawetpol s. auch Gandsak russisches Gouvernement 76, 78
Jerewan 8 f., 13, 14 f., 47, 54, 56, 65, 74, 120 f., 125 f., 128, 130 f., 134, 137, 139, 141, 145 f., 154 f., 161, 166, 168, 185, 188 f., 198, 225, 233
iranische Festung Jerewan 70
iranisches Chanat Jerewan 70, 74 f., 246
russisches Gouvernement Jerewan 76 ff., 83, 247
Völkermordmahnmal 137 f.
Jerische (Elisäus, altarm. Historiograph) 35, 220
Jerkanjan, Aram (arm. Rächer an Jungtürken) 110
Jerkrapah („Landesschützer"); Veteranenverein u. mitgliederstärkste gesellschaftliche Vereinigung Armeniens 150, 164
Jerusalem 51, 67, 212, 231
Jerwand I. (arm. Herrscher) 26
Jerwandaschat 26, 32
Jerwandiden (arm. Jerwanduni; Herrscherdynastie) 26 f., 245
Jesdigerd II. (pers. Schah) 34 f.
Jesiden 186 ff.
Jesnik Korbazi (Jesnik von Kolb; altarm. Autor) 220
Jewtuschenko, Jewgenij Alexandrowitsch (geb. 1933; russ. Lyriker) 227
Johann Wilhelm (1658–1716; Kurfürst, Herzog von Jülich u. Berg) 62
Judas Thaddeus (Apostel) 210
Juden 48, 57–60, 105, 110 ff., 189 f.
Justinian I. (oström. Kaiser) 36

Kadscharen (iran. Herrscherdynastie) 55
Kajan 46
Kalkutta 55, 67 f.
Kamischlije 214

Kamo (Dorf im Bezirk Chanlar) 169
Kamsarakan (arm. Adelsfamilie) 37
Kanada 113
Kappadokien 28, 32, 44
Karabach 11, 70, 75, 141, 145, 150, 160, 168, 170, 174f., 179, 182, 214, 247, 249 s. auch Arzach
Karabekir Bey, Kiazim (Generalmajor, Befehlshaber der Ostarmee der türkischen Nationalregierung unter Mustafa Kemal) 123f.
Karajew, Assad (Mitglied des aserb. *Revkom* in Karabach, 1923 Sonderbevollmächtigter Sowjetaserbeidschans in Karabach) 129
Karaklis (Karakilisse, zur Sowjetzeit Kirowakan, seit 1991 Wanadsor) 120 s. auch Wanadsor
Karakol Cemiyeti (türk. Geheimorganisation) 109
Karin (arm.) 45 s. auch Erzurum (türk.)
Kars 43, 45ff., 56, 71, 73, 76, 119, 123f., 131, 133, 150, 247
  Gebiet von Kars 71, 76, 128
  Massaker 1920 124
  osmanisches Generalgouvernement 55
  Vertrag von Kars 131, 148
Kartlien (Zentralprovinz Georgiens) 45
Kasachstan 174, 194
Kaschatach (arm., Kreis der Republik Berg-Karabach) 180ff. s. auch Latschin (aserb.-türk.)
Kasan
  Chanat von Kasan 63
Kaspisches Meer 9, 28, 46, 53, 56, 64
Katharina II. 70, 73

Katma 100
Kaukasus 70, 72f., 85, 123, 194
Kayseri (türk.) s. Cäsarea (Kleinasien)
Kedabek 132
Kelbadschar (arm. Karwadschar) 132, 180
Kemal s. Mustafa Kemal
Kempner, Robert (Chefankläger in Nürnberg) 111
Kerasunt (auch Gerasunt (a), türk. Giresun) 73, 122
Keri („Onkel"; Gafawjan; Arschak; Partisanenführer u. Befehlshaber arm. Freiwilligeneinheit der russ. Armee) 95
Kilikien 11, 28, 41, 44, 48–53, 66, 75, 86, 99, 106, 122, 212ff., 218, 222, 230ff., 245f., 248
  Armenierpogrom 1909 92, 247
Kimmerer 17
Kiptschaken 46
Kirakos (arm. Buchilluminator) 230
Kirakos Gandsakezi (Kirakos von Gandsak, arm. Historiograph) 236
Kirow (Kostrikow), Sergej Mironowitsch (1886–1934; sowjetrussischer Politiker; aktiv bei der Sowjetisierung des Nordkaukasus u. Aserbeidschans; Mitglied des Politbüros u. Sekretär des ZK) 135
Kirowabad 142, 248 s. auch Gandsak
Kleinarmenien 44, 246
Kleinasien 7, 9, 11, 26f., 44f., 48f., 53, 115, 119, 233
Kleopatra VII. (ägyptische Herrscherin) 29
Kolchis (westgeorg. Region) s. Westgeorgien
Komitas (Soromonjan, Soromon; arm. Geistlicher u. Komponist) 98, 227

Komitee für Einheit und Fort-
schritt 92 s. auch Ittihat ve
Terakki cemiyeti
Konstantinopel 44, 53, 57, 60, 67,
69, 79, 82 ff., 86, 92, 94 f., 97 f.,
101, 103, 105 f., 108 ff., 120, 214,
224 f., 235, 246
Armeniermassaker 1895 90
armenisches Patriarchat zu
Konstantinopel 212, 214, 240
Konstantinos (Kyrill, Slawen-
apostel) 218
Konstantinos IX. Monomachos
(bzyant. Kaiser) 40, 44
*Konstitutionell-Demokratische
Partei* s. *Sarmanadir-Ramkawar
Kussakzutjun*
Korikos 50
Korjun (altarm. Historiograph)
220
Kotom 238
Kotscharjan, Robert (Präsident
Arzachs; 1997 Ministerpräsi-
dent, seit 1998 Präsident der
Republik Armenien) 150,
157, 163 f., 168 f., 175, 180 f.,
249 f.
Krasnodar (russ. Gebietskörper-
schaft) 194
Kreta 88, 240
Krim 44, 53, 63
Krimkrieg 80
Kubatly 173
Küçük Kaynarca, Vertrag von 70
Kura 7, 9, 28, 56
Kura-Arax-Kultur 15
Kurasenke 7, 140
Kurden 59 f., 76, 82 f., 86 ff., 90,
93 f., 97, 111, 114, 118, 123, 127,
132, 186 f., 204
Kuschanen 34
Kutaissi
russisches Gouvernement 75
Kyros II. (der Große; pers. König)
26

Lasar Parbezi (Lasar von Pharp;
altarm. Historiograph) 220
Lasarjew, Iwan Lasarjewitsch s.
Rasarjan, Howhannes
Lasarjew-Gymnasium 68, 70 f.
Lasen 90, 97
Latschin (Ortschaft (arm. Sara-
landsch; seit 1992 Berdsor) und
Bezirk (seit 1992 Kaschatach)
132, 170, 180
Lausanne, Vertrag von 126 f., 247
Legran (Legrand), Boris Wassilje-
witsch (Angehöriger des sowjet-
russischen Außenministeriums
u. Verhandlungsführer mit
der Republik Armenien 1920)
128
Leipzig 79
Lemberg 67
Lemkin, Raphael (Justitiar des
Völkerbundes) 111
Lenin (Uljanow), Wladimir Iljitsch
(1870–1924, russ. Politiker,
Revolutionär u. Staatsmann)
130
Lesginen 64 f.
Lewis, Bernard (amerikanischer
Orientalist) 111 f.
Lewon I. Rubenjan s. Lewon II.
Rubenjan
Lewon II. Rubenjan (als König
Lewon I. Rubenjan, Kilikien)
49, 246
Lewon V. Hetumjan (arm. König,
Kilikien) 52
Lewon VI. Lussinjan (arm. König,
Kilikien) 52
Libanon 103, 113, 137, 194 f., 215,
218
Liberal-Demokratische Partei s.
*Ramkawar-Asatakan Kussak-
zutjun*
Liberale Partei s. *Asatakan Kuss-
sakzutjun*
Livorno 67

Lobanow-Rostowskij, Fürst Aleksej (russ. Botschafter u. Außenminister) 78, 88
London 67, 83
Lori 10, 44f., 75f.
Loris Melikow (arm. Melikjan), Graf Mikajel (arm. General der russ. Armee, 1880/81 Innenminister des Russischen Reiches) 71
Los Angeles 196
Lucullus (Lucius Licinius Lucullus, röm. Senator u. Feldherr) 29
Ludwig XIV. (1654–1715, franz. König) 62
Lukaschin (Sraponjan), Sargis (1884–1937; Mitglied von Mjasnikjans Kabinett u. 1922 sein Nachfolger als sowjetarmenischer Ministerpräsident)131
Lusignan (arm. Lussinjan, Kreuzfahrergeschlecht auf Zypern, Könige in Kilikien) 48, 52, 246
Luther, Dr. Martin (1483–1546, dt. Geistlicher u. Reformator) 41, 218
Luwier 15, 24

Madatow, Walerjan (arm. Madatjan, Rostom; 1782–1829; Generalleutnant der russ. Armee) 71
Madras 55, 67, 69
Madschkalaschen 172
Mahmud II. (türk. Mahmut, osman. Sultan) 60, 80
Majakowskij, Wladimir Wladimirowitsch (1893–1930; russ. Lyriker) 225f.
Malatya (türk.) 17, 100 s. auch Melitene
Malta 109
Mameluken 52f., 212, 246
Mamikonjan (arm. Adelsfamilie) 31, 37
Mamura 100
Mamuret-ul-Asis s. auch Charberd osmanische Provinz 56
Manaskert (Manzikert) 45, 246
Manchester 79
Mangassarjan, Arwid (geb. 1959; Opfer aserb. Willkürjustiz) 170
Manutscharjan, Aschot (arm. Oppositionspolitiker) 161
Manwel (arm. Baumeister) 237f.
Marara 172f.
Marasch (türk. Maraş) 53
Mardin 106
Markion von Sinope (Begründer einer Sonderkirche, Häretiker) 39
Marseille 67, 85
Martakert 171, 178
Massada 102
Massis (Großer Ararat) 8f. s. auch Ararat
Matewosjan, Hrant (arm. Schriftsteller 226
Makedonien 87, 92
Mchitar Sebastazi (Mchitar von Sebaste; arm.-unierter Ordensgründer) 215
Mchitar *sparapet* (Führer antitürk. Widerstands in Sjunik) 65
Meder 17f., 26, 245
Medien 23, 26
Medien-Atropatene 28
Meßcheti 196
Metsamor 139, 165f.
Melitea (hethitischer Stadtstaat) s. Melitene
Melitene 11, 40
Menua (urartäischer Herrscher) 16, 21
Mesopotamien 25, 28, 41, 83, 210
Mesopotamische Tiefebene 7
Nordmesopotamien 28
Mesrop Maschtoz (arm. Heiliger; Gelehrter) 33, 217–220, 245
Methodios (Slawenapostel) 218

MHP (Milliyetçi Hareket Partisi – „Nationalistische Bewegungspartei") 115, 146, 203
Michael I. (byzant. Kaiser) 39
Michajlov, Arsen (Vorsitzender der Vereinigung der Volksgruppen Armeniens) 184
Midhat Şükrü (Mitglied des jungtürkischen „Exekutivkomitees der Drei") 96
Mingetschaur 141
Mithridates II. (parthischer Herrscher) 27
Mithridates VI. Eupator Dionysos (pontischer Herrscher) 28 f.
Mittelasien 83, 93
Mjasnikjan (russ. Mjasnikow, eigentl. Martuni), Alexander (1921/22 sowjetarmenischer Ministerpräsident, Mitglied des Präsidiums des ZK der UdSSR) 131, 134
Mkrtitsch I. Wanezi (Mkrtitsch von Wan; Chrimjan; 1893–1907 arm. Katholikos) 82, 84
Mkrtitsch Schnork *amira* (arm. Mäzen u. Schulgründer) 69
Mkrttschjan, Artur (1959–1992) 168
Mochrablur 15
Moldawien (Moldau) 44
Möngke (mongol. Großchan) 50
Mongolen 43, 45, 47, 51 f., 59, 229, 246
Montpellier 79
Moskau 55, 63, 68, 71, 135, 138 f., 141 f., 146, 148, 174, 193 f.
Vertrag von Moskau 148, 247
Mossul 105
Mowses Chorenazi (Moses von Choren; altarm. Historiograph) 24, 189, 220, 222
Mudros 109
Waffenstillstand von Mudros 121

Münzer, Dr. Thomas (1468–1525, dt. Theologe u. Revolutionär) 41
Murad Chodscha (arm. Kaufmann u. Diplomat) 62
Murazan (Ter-Howhannisjan, Grigor; arm. Schriftsteller) 224
Musa Dağ 101 ff. s. auch Mussa Ler
Musch (türk. Muş) 10, 69, 73, 81, 83, 101 f.
Mussa Ler 137
Mustafa Kemal („der Vortreffliche", späterer Beiname „Atatürk" („Vater der Türken"), 1881–1938; osman. Militär, türk. Nationalistenführer u. erster Präsident der Republik Türkei) 104, 108 f., 115 f., 123 f., 247
Mzcheta 65

Nachitschewan 54, 56, 65, 76, 78, 124, 128–133, 137, 243, 247
iranisches Chanat 70, 75, 246
unter aserbeid. Herrschaft 132
Nadir (iran. Schah) 65 f., 190
Nancy 79
Narimanow, Dr. Nariman Kerbalay Nadschaf ogly (1870–1925; Schriftsteller u. Staatsmann, 1920 Vorsitzender des sowjetaserbeid. *Revkom*, 1922 Vorsitzender des Unionsrates der Föderativen Sozialistischen Transkaukasischen Sowjetrepublik) 132
Nazım Bey (Dr. Mehmet Nazım Bey Selanikli; Generalsekretär des „Komitees für Einheit und Fortschritt", Mitglied des „Exekutivkomitees der Drei") 95 f.
Nero (Claudius Drusus Germanicus Nero, röm. Kaiser) 30
Neronia s. Artaschat
Nerses (Warschapetjan, 1837–1884; arm. Patriarch, Konstantinopel) 83

Nerses IV. *Schnorhali* Pahlawuni („der Gnadenvolle"; 1166–1173 arm. Katholikos, Heiliger) 222
Nestorios (Patriarch, Antiochia) 211
Nicosia 213
Niederlande 55, 113
Nikolaj I. (1796–1855, russ. Zar) 74 f.
Nikolaj II. (1894–1917, russ. Zar) 77 f.
Nikon 74
Niksar 90
Nimrud (Berg, Armenien) 10, 14
Ninozminda 198 f.
Nor Dschura 54 f., 63, 67 f.
Nordamerika 7, 79
Nordarmenien 14, 142, 248
Nordkaukasier 64, 72 f., 82, 95
Nordkaukasus 75, 97 s. auch Kaukasus
nordkaukasische Sprachgruppe 211
Normannen 48, 51
Nschdeh (Ter-Harutjunjan, Garegin; General, Befehlshaber eines arm. Freiwilligenbataillons der russ. Armee; Befehlshaber in Karabach u. Sangesur Juli 1920–Juli 1921; 1918 Begründer der regulären Armee Armeniens) 129 ff.
Nucha (arm. Nuchi, seit 1968 Scheki) 130

Orontes s. Jerwand I.
Oskanjan, Wardan (geb. 1955; seit 1998 arm. Außenminister) 147
Osman I. (Begründer der osman. Dynastie) 53
Osmanen (türk. Herrschergeschlecht; Staatsvolk des Osmanischen Sultanats) 53 f., 56 f., 65 f., 71, 73, 81, 83 f., 95, 212
Osmanisches Reich 82, 250
Osmanisches Sultanat 53, 55–58, 60 f., 64, 67, 69–73, 79 ff., 83 f., 86 ff., 90 ff., 94, 97, 102, 104, 114, 122, 200, 246 f.
Ostarmenien 36 ff., 70, 75, 118, 133, 183, 211 f., 217 f., 225, 247
Nordostarmenien 209
Ostarmenisch (Sprache) 218
Südostarmenien 209
Österreich 62, 78, 83, 88, 94
Ostgeorgien 70, 76, 211
Osttürkei 139 s. auch Westarmenien
Otarbekjan, Geworg (arm. Bolschewist; Leiter der sowjetischen Geheimpolizei in Armenien) 128

Padua 79
Pajasat (arm.) 83
Palästina 52, 190
Pamuk, Orhan (geb. 1952), türk. Schriftsteller 118
Papasjan, Wahan (arm. Außenminister) 149
Paramas (Sargsjan-Paramasjan, Matewos; Parteiführer des *Hntschak*) 98
Paris 52, 79, 91, 112, 193
Pariser Friedenskonferenz (1919) 122
Pariser Konferenz (1856) 80
Parrot, Friedrich Johann Jakob Wilhelm (1791–1841; dt. Naturforscher, Arzt, Physiker) 9
Partaw 37
Parther 26 f., 29 f., 217, 237, 245
Parthien 28 ff.
Paskjewitsch, Fürst Iwan Feodorowitsch (1782–1856; Befehlshaber 1806–1812 im russ.-türk., 1826–28 im russ.-pers. Krieg; 1828 Graf von Jerewan, 1829 russ. Generalfeldmarschall) 188
Paulikianer 39 ff., 215

Paulos von Samosata (Theologe; Bischof, Antiochia) 39
Pawstos Bjusand (Faustos von Byzanz, altarm. Historiograph) 220
Peking 159
Perser 26, 30, 32–37, 64 f., 70, 132, 190, 217, 223, 229, 245 f.
Persien 23, 50 s. auch Iran
Peter I. (der Große, 1682–1725, russ. Zar) 63 ff., 71
Petersburg 67, 119
Petrograd s. Petersburg
Petros I. (Getadarz, arm. Katholikos) 44
Petrus (Apostel) 211
Philippinen 66
Photios (Patriarch, Konstantinopel) 218
Pisa 12, 50
Plechanow, Georgij Walentinowitsch (Beltow, N.; 1856–1918, russ. Marxist u. Politiker) 85
Plinius der Ältere (Gaius Secundus; röm. Offizier, Verwaltungsbeamter, Naturforscher u. wiss. Autor) 12
Polen 44, 113, 124, 194, 215
Polo, Marco (1254–1324, venezianischer Reisender) 50
Polo, Nicolò (venezianischer Kaufmann u. Reisender) 50
Pomiankowski, Joseph (Vizemarschall; österr. Militärattaché u. Bevollmächtigter im Osmanischen Sultanat während des Ersten Weltkrieges) 107
Pompejus (Gnäus Pompejus; röm. Feldherr) 29
Pontisches Reich 53
Poros Nubar Pascha (Ministerpräsident Ägyptens; Gründer u. Präsident der Armenischen Wohltätigkeitsunion; seit 1912 Leiter der Armenischen Delegation u. Sprecher auf Pariser Friedenskonferenz 1919) 122
Port Said 103
Portugaljan, Mkrtitsch (Gründer der *Armenakan*-Partei, Publizist u. Pädagoge, nationaler Erwecker) 84 f.
Pamuk, Orhan (türk. Schriftsteller) 118
Puschkin, Aleksandr Sergejewitsch (1799–1837; russ. Dichter) 225

Raffi (Melik-Hakobjan, Hakob; arm. Schriftsteller) 87, 224, 226
Ramkawar Asatakan Kussakzutjun („Liberal-Demokratische Partei") 87
Rapan 10
Ras al-Ain (auch Ras ul-Ain) 110 f.
Rasarjan, Howhannes (1735–1801; am russ. Hof einflußreicher Mäzen, Vertreter der arm. nationalen Erweckung) 68
Rascht 64
Reorganisierte Hntschaken 88 s. auch *Werakasmjal Hntschakjanner*
Reşid Bey (Dr. med. Mehmet Reşiel Şahingiroy Bey; 1873–1919; 1915 Gouverneur der Provinz Biyarbokir) 106
Republik Türkei s. Türkei
Richard I. Löwenherz (König, England) 48
Rioni 9
Ritter, Carl 8
Rom 26–29
  römisch-katholische Kirche 52, 210
Römisches Reich 27–30, 32, 34, 49
Rostow am Don 67
Ruben (arm. Fürst in Kilikien, Begründer der Rubenidendynastie) 48 f., 246

Rubeniden s. Rubenjan
Rubenjan (arm. Adels- u. Königsgeschlecht) 48 ff.
Rukasjan, Arkadi (Präsident von Berg-Karabach) 176
Ruljan, Lenston (Sozialminister in Berg-Karabach) 179
Rumänien 194
Rumelien 106
Russa I. (urartäischer Herrscher) 18, 21
Russa II. (urartäischer Herrscher) 17, 21
Russahinili 11, 17
Russen 62, 64 ff., 70–75, 83, 95, 101 f., 127, 187 f.
Russisches Reich 90, 95, 122, 233 s. auch Rußland
Rußland 47, 55, 62–65, 68, 70 f., 73 f., 76–80, 82–89, 94, 109, 113, 118 f., 146 f., 151, 153, 157, 166, 171, 174, 178, 189, 193 f., 198, 218, 224, 246 f.
Sowjetrußland 123–126, 128–133, 138 ff., 247
Rußländische Föderation 157, 192 s. auch Rußland
Sabaheddin, Prinz Mehmet (osman. Oppositionspolitiker) 91
Safarow, Ramil (Attentäter) 173
Safawiden (iran. Herrscherdynastie) 53–56, 63 f.
Sahak Artsruni (Märtyrer) 237
Sahak I. Partew („der Parther", der Große, arm. Katholikos u. Heiliger) 33
Sajat Nowa (Arutin, Harutjun; arm. Sänger am georg. Königshof) 222
Sakarjan, Iwane (arm. Heerführer im georg. Dienst) 46 f.
Sakarjan, Sakare (arm. Heerführer im georg. Dienst) 46
Saladin (der Große, 1138–1169, Sultan von Ägypten u. Syrien) 52

Salmanassar I. (assyrischer Herrscher) 16
Saloniki 92
Samarkand 47
Samsun 73
Samzche-Dschawacheti (neue georg. Gebietskörperschaft) 196
Sanassarjan, Dr. Hakob (arm. Ökologe) 165
Sangesur (arm. Region) 9, 129 ff., 133 f., 226 s. auch Sjunik
Şanlıurfa s. Urfa
Saratow (russ. Gouvernement) 74
Sardarapat 120, 137
Sarduri I. (urartäischer Herrscher) 16 f.
Sarduri II. (urartäischer Herrscher) 17
Sareh (arm. Stratege u. Herrscher) 27
Sargis (griech. Sergios; Heiliger) 209
Sargon II. (assyrischer Herrscher) 18
Sargsjan, Serge (arm. Minister für Nationale Sicherheit) 164, 249
Sargsjan, Wasgen (arm. Verteidigungsminister) 164, 249
Sarmanadir-Ramkawar Kussakzutjun (Konstitutionell-Demokratische Partei) 86
Saroyan, William (amerik.-arm. Schriftsteller) 195
Sarsang 140
Sasna Tsrer („Die Recken von Sassun", auch David von Sassun; arm. Nationalepos) 221
Sassaniden (pers. Herrscherdynastie 226–651) 30, 33 f., 217, 237
Sassun 38, 60, 88, 221
Dawit von Sassun 221
Massaker von Sassun 1894 90
Schahamirjan, Schahamir (arm. Aufklärer, nationaler Erwecker) 69

Schahumjan (Bezirk u. Ortschaft; arm. Nerkischen) 133, 169, 171, 180, 248
Schamchor 133
Schapin-Karahissar (türk. Şebin-Karahisar) 101 f.
Schemachi 64, 130
russisches Gouvernement 76
Scheubner-Richter, Max Erwin von (dt. Vizekonsul, Erzurum) 105
Schewardnadse, Eduard (sowjetischer Außenminister, Präsident Georgiens) 197 f., 200
Schirak (altarm. Provinz) 43 f., 46, 76, 151, 235, 242
Ebene von Schirak 177
Schirakjan, Arschawir (arm. Rächer an Jungtürken) 110
Schiras 54
Schirwan 55 f.
Schuschi 67, 78 f., 168, 170 f., 178
Armeniermassaker 1920 129
Schwarzes Meer 11, 46, 53, 72 f., 188
Schwarzmeerraum 52
Schweiz 79, 113, 178
Sebaste (arm.) 47 f., 56 s. auch Sivas (türk.)
Sebastia (griech.) 10 s. auch Sivas
Sefedjan (arm. Adelsfamilie, Waspurakan) 214
Seidenstraße 11
Sejtun (arm. Ulnia) 53, 81
Seldschuken 42, 44–49, 51 f., 59, 246
Seleukiden 26 ff.
Selim I. (osman. Sultan) 59, 246
Senerkerim Artsruni (arm. König, Waspurakan) 44
Serbien 80, 96
Severos (Patriarch, Antiochia) 211
Sèvres
Friedensvertrag von Sèvres 122 ff., 126, 247
Sewak (Rasarjan), Parujr (arm. Lyriker) 227

Sewan 10, 56, 126, 139, 166 f., 189
Sewan-Paß 74, 188
Siamanto (Jartschanjan, Atom; arm. Lyriker) 224
Sibirien 77, 85, 134, 196
Singapur 240
Sipan 9
Siraderjan, Wano (arm. Politiker) 161
Sis (Hauptstadt des kilikisch-armenischen Reiches) 50, 52, 212, 246
Sis (Kleiner Ararat) 8
Sivas (türk.) 11, 123
osmanische Provinz 61, 73, 106
Sjuni (arm. Adelsfamilie) 38
Sjunik (altarm. Provinz) 41, 44, 46, 56, 62, 64 f., 128, 133, 214, 231
Skythen 12, 17 f., 23
Smbat Bagratuni (Fürst, Sjunik) 41
Smbat *gundstabl* (Kilikien) 51, 232
Smbat I. Bagratuni (arm. König, Schirak) 41 f.
Smbat II. Bagratuni (arm. König, Schirak) 236
Smbat Sarehawanzi (arm. Geistlicher, Begründer der Tondraken „häresie") 41
Smyrna (türk. Izmir) 60, 67, 69, 118
Sorjan, Stepan (arm. Schriftsteller) 227
Sowjetarmenien 128, 131 ff., 139, 143, 149, 151, 158, 161, 183, 185, 187, 191, 194, 225, 227, 248
Sowjetunion 136, 139–142, 146, 148, 169, 183, 191 f., 198, 248
s. auch UdSSR
Stalin (Dschugaschwili), Iosif (1879–1953; sowjetischer Parteiführer) 137, 225
Stalinismus 227
Stalinistische Deportationen 74
Stalinistische Säuberungen 225, 248

Stawropol (russ. Gouvernement) 74
Stepanakert (vorsowjetisch: Wararakn, aserb. Hankendi) 140f., 168, 177f.
Stepanos V. Salmastezi (Stepanos von Salmas; 1545–1567 arm. Katholikos) 62
Stolypin, Pjotr Arkadijewitsch (1862–1911; 1906 russ. Innenminister u. Ministerpräsident) 79
Südamerika 214
Sumgait 141f., 169, 248
Surb Karapet (Kloster) 69
Surmalu 131
Syrer 40, 48
Syrien 27, 39, 137, 194f., 210, 214, 218, 234
Nordsyrien 28, 99f., 245

Tabris 48, 52, 133, 195
Tadschikistan 183, 193
Talaat Pascha, Mehmet Ali (Großwesir 1917–1918) 93, 96, 109f.
Tamanjan, Alexander (1878–1936, arm. Architekt) 134
Tamar Bagrationi (die Große, georg. Königin) 46
Tambow (russ. Gouvernement) 74
Tamerlan s. Timur Lenk
Tao-Klardscheti 45
Taron (altarm. Provinz) 43, 221
Tarsus 49
Taschir-Dsoraget s. Lori
Taschirk (altarm. Region) 10
s. auch Lori
Tatew (Kloster) 41, 229
Tauros 8, 11
Anti-Tauros 11
Armenischer Tauros 8, 16
Tbilissi (russ.-pers. Tiflis) 47, 65, 67, 70f., 199f., 225
Tehlirjan, Soromon (auch: Tehlerjan; arm. Rächer an Jungtürken) 109f.

Ter-Petrosjan, Lewon (1990–1995 arm. Präsident) 143, 148ff., 163, 169, 175, 198, 248f.
Terterjan, Hambarzum (arm. Finanz- u. Wohlfahrtsminister, Mitglied des arm. *Revkom*) 126
Theophilos s. Bogumil
Theophilos (oström. Kaiser) 39
Thrakien 40f.
Tiflis 46, 75f., 85f., 133, 135
s. auch Tbilissi
russisches Gouvernement 78
Tigran d.J. (Sohn des Tigran I.) 29
Tigran II. Artaschuni (der Große, arm. König u. Eroberer) 27ff., 48, 190, 245
Tigran III. Artaschuni (arm. König) 29
Tigran IV. Artaschuni (arm. König) 30
Tigranakert 28f.
Tigris 9, 28
Timur Lenk (Tamerlan, mittelasiatischer Herrscher u. Eroberer) 47f., 246
Tondrak 41
Tondraken 41
Toros Roslin (arm. Buchilluminator) 230
Transkaukasus 11, 14, 17f., 21, 28, 47, 51, 53, 55, 63, 65, 67, 71ff., 75, 78, 85, 93ff., 102, 104, 119, 122ff., 127, 139, 144, 146, 172f., 186, 188, 200
Trapesunt (türk. Trabzon) 16, 53, 56, 60, 73, 110, 119f., 200, 203, 245
osmanische Provinz 99
Trdat (arm. Baumeister) 236f.
Trdat I. Arschakuni (arm. König) 30, 49
Trdat III. Arschakuni (der Große, arm. König) 31f., 211, 245

Tripolis (Libanon, heute Tripoli) 52
Tscharenz (Soromonjan), Jerische (arm. Dichter) 225 f.
Tschechow, Anton Pawlowitsch (1860–1904; russ. Schriftsteller) 225
Tscherkessen 72, 83
Tschernobyl 139
Tschetschenen 72 f., 193
Tschetschenien 192, 194
Tschildir (türk. Çildir) 70
Tumanjan, Howhannes (arm. Dichter) 54, 225
Türkei 9, 45, 72, 78 ff., 85, 103 ff., 110, 112–118, 121–127, 130–133, 137, 145 f., 148 ff., 153, 159, 163, 174, 186, 188, 196 f., 201–205, 214, 219, 225, 241 ff., 247 f.
armenische Minderheit 201–205
Türken 9, 54, 61, 64 f., 71, 76, 88, 90–93, 95 ff., 102, 104, 106 ff., 109, 111 f., 114 ff., 118–121, 123 f., 126, 132, 149, 171, 246, 250
Turkmantschaj
Friedensvertrag von Turkmantschaj 70, 72
Turkmenen 45, 48, 53, 59, 65 f., 246
Turkmenistan 144, 153, 193 f.
Tuschpa (arm. Tosp) 17, 19, 21, 24

UdSSR 142 f., 150, 152, 194, 227, 248
Ukraine 153, 171, 189
Ulhu 20
Urartu 8, 15–25, 28, 190, 209, 245
Urartäisch (Sprache) 19, 24
Urfa 60, 100 ff., 242
Urmia-See 9, 15 ff.
Uruatri s. Urartu
Uruguay 113
USA 90, 103, 111, 113, 120, 122, 126, 145 ff., 153, 157, 159, 168, 174, 178 f., 182, 187, 193, 195 f., 214 f., 218 s. auch Nordamerika
Usbekistan 44, 47

Vatikan 62, 68, 113
Venedig 50, 66, 68, 79

Wachtang VI. (1702–1724 König, Kartlien) 64 f.
Wahan Mamikonjan (arm. Fürst, Führer des antipersischen Aufstandes) 35 f.
Wahka 48
Wajk (altarm. Provinz) 9
Wan (türk. Van) 10 f., 19, 24, 53, 56, 60, 81–84, 90, 101 f., 135, 242
osmanische Provinz 97, 99, 101 f.
Wan-Becken 8, 15, 18, 25
Wan-See 8 ff., 12, 14, 16 f., 41, 45, 214, 237, 245 f.
Wanadsor (vorsowjetisch Karakilisse, Karaklis, zur Sowjetzeit Kirowakan) 74, 189
Wanand (altarm. Region) 44, 46
Wangenheim, Hans Baron von (1912–1915 dt. Botschafter zu Konstantinopel) 104
Waraka Wank (Kloster) 69
Wararsch (484–488 Herrscher der Sassanidendynastie) 36
Wararschapat s. Etschmiadsin
Wardan (Mehrabjan, Sargis; Partisanenführer u. Befehlshaber einer Freiwilligeneinheit in der russ. Armee) 95
Wardan Mamikonjan (arm. Heerführer, Märtyrer) 35 f., 245
Wardan Mamikonjan d.J. 36
Wardan Oskanjam (arm. Außenminister) 147
Waruschan (Tschpugkarjan, Daniel; arm. Dichter) 224
Wasgen I. (Wolosges, parthischer Herrscher) 30
Wasgen I. (Paldschjan, Karapet, 1908–1994, arm. Katholikos) 212

Waspurakan 38, 42 ff., 221, 229, 235, 242, 246
Katholikat von Waspurakan 214
Wassak (arm. Fürst, Sjunik) 41
Werakasmjal Hntschakjanner (Reorganisierte Hntschaken) 85
Werfel, Franz (1890–1945; österreichischer Schriftsteller) 103
Westarmenien 36, 65, 69, 72 ff., 76, 82 ff., 87 f., 94 f., 99, 118 f., 121 ff., 134, 137, 149, 157, 247 f.
Westarmenisch (Sprache) 218
Westenenk, Louis-Constant (1914 Generalinspektor für Westarmenien) 84
Westgeorgien 70, 75
Kolchis 9
Wien 68, 86, 215
Wiesel, Elie (Friedensnobelpreisträger) 112
Wilhelm von Rubruk (Ruysbroeck; 1253–1255 flämischer Gesandter des franz. Königs Ludwig IX. u. von Papst Innozenz IV. am mongolischen Hof in Karakorum) 50
Wilson, Thomas Woodrow (1856–1924, Präsident der USA) 122
Wittelsbach, Konrad (Erzbischof, Mainz; Legat des Vatikan in Kilikien) 49
Wolffskeel von Reichenberg, Eberhard Graf (Mitglied der deutschen Militärmission im Osmanischen Sultanat, seit Juni 1915 Stabschef des 8. Armeekorps) 102
Woronzow, Fürst Michail Semjonowitsch (1782–1856; Generalfeldmarschall, 1844 erster russ. Statthalter im Transkaukasus) 75
Woronzow-Daschkow, Graf Iladion Iwanowitsch (1837–1916, 1905–1915 russ. Statthalter im Transkaukasus) 78
Wrazjan (Grusjan, Grusinjan), Simon (Publizist; verschiedene Ministerien in der Republik Armenien seit 1919; letzter Ministerpräsident der Republik) 126, 128, 130
Wrtanes (Bischof, Arzach) 140
Wrtanes Kertor ("der Erbauer", 604–608 Locum Tenens des arm. Katholikos; Gelehrter u. Autor) 229

Xerxes I. (pers. König) 24

Zarakoğlu, Ragip (türk. Verleger) 118
Zia Gökalp ("östlicher Held"; Mitglied des ZK des "Komitees für Einheit und Fortschritt", Chefideologe des Türkismus) 93
Zuraberd 41
Zypern 48, 83, 113, 246
Nordzypern 195